COLLECTION TEL

Émile Benveniste

Problèmes de linguistique générale

II

Gallimard

© *Éditions Gallimard,* 1974.

Avant-propos

Pour ses Problèmes de linguistique générale, *Émile Benveniste avait fait un choix de vingt-huit articles, parmi ses œuvres publiées de 1939 à 1964, classés en six parties :*
 I. *Transformations de la linguistique.* II. *La communication.*
 III. *Structures et analyses.* IV. *Fonctions syntaxiques.*
 V. *L'homme dans la langue.* VI. *Lexique et culture.*
 Or, depuis 1964 il a publié de nombreuses études importantes dans différents recueils et périodiques, d'accès parfois difficile.
 L'immense intérêt porté aux Problèmes de linguistique générale, *traduits assez tôt en anglais, en italien et en espagnol, a suscité de la part de bon nombre d'amis et élèves le souhait que cette entreprise ait une suite et que paraisse un nouveau volume. Lorsque nous avons exprimé, avec M. Lejeune, ce vœu auprès d'Émile Benveniste, il nous a bien volontiers donné son accord, et nous a autorisé à faire un choix parmi ses récents articles (de 1965 à 1972). C'est ainsi que nous avons pu rassembler ici vingt études (dont les deux premières se présentent sous forme d'entretiens). Elles ont été choisies et classées en six grandes parties, celles mêmes du premier volume, sous la surveillance étroite d'Émile Benveniste lui-même.*

M. Dj. Moïnfar.

I

Transformations de la linguistique

CHAPITRE PREMIER

Structuralisme et linguistique [*]

Pierre Daix. — *Vous avez vécu, au cours de ces trente dernières et même quarante années, la transformation de la linguistique, mais aussi son accession à une sorte de position centrale dans les sciences humaines, de « science pilote » comme on dit. Je voudrais vous demander ce qui vous paraît caractériser cette évolution, cette transformation, du point de vue de la linguistique. Mais, peut-être, si vous voulez, au départ, pour situer davantage les choses, j'aimerais vous poser une question personnelle, correspondant à une question que l'on a posée dans le temps à Jakobson dans mon journal. Qu'est-ce qui vous a amené à la linguistique?*

Émile Benveniste. — J'ai eu la chance d'entrer dans la carrière scientifique très jeune et en grande partie sous l'influence d'un homme qui a été un grand linguiste, qui a largement contribué à former les linguistes et à modeler la linguistique pendant on peut dire les vingt ou trente premières années de ce siècle, c'était mon maître Antoine Meillet. C'est du fait que je l'ai rencontré très jeune au cours de mes études de Sorbonne, et que j'avais sans doute beaucoup plus de goût pour la recherche que pour la routine de l'enseignement, que cette rencontre a été pour moi décisive. Il enseignait strictement la grammaire comparée. Il faut ici remonter un peu plus haut, parce que, à travers lui, c'est l'enseignement de Ferdinand de Saussure à Paris qui a été en partie transmis aux disciples de Meillet. Ceci a une très grande

---

[*] Un entretien de Pierre Daix avec Émile Benveniste. *Les Lettres françaises*, n° 1242 (24-30 juillet 1968), pp. 10-13.

importance pour quiconque fait en quelque sorte la biographie intellectuelle de la linguistique française, quoique le Saussure qui a enseigné pendant dix ans à l'École des Hautes Études n'ait pas été le Saussure dont le nom retentit aujourd'hui partout.

P. D. — *C'est en quelque sorte le comparatiste.*

E. B. — C'était strictement le comparatiste, extrêmement jeune et précoce, qui avait été, à peine âgé de 21 ou 22 ans, deviné et adopté par un homme qui avait le sens des hommes : Michel Bréal. Nous remontons là à la véritable naissance de la linguistique en France. Bréal a deviné ce que pouvait être un Saussure, ce qu'il était déjà. Il s'était affirmé par un véritable coup de génie en grammaire comparée et il avait renouvelé la restitution des formes de l'indo-européen.

P. D. — *Cela se passait à quelle époque?*

E. B. — Cela se passait exactement en 1878. Saussure a été nommé à 24 ans à l'École des Hautes Études et il y a enseigné de 81 à 91. Puis, venu à Paris, il est rentré à 34 ans à Genève, un peu contraint, abandonnant une carrière qui s'ouvrait brillante devant lui à Paris, et que certainement Bréal aurait aidé à développer encore. Il a donc pendant ce temps formé plusieurs hommes éminents, d'une même génération, en particulier les deux principaux : Antoine Meillet et Maurice Grammont. Il les a formés à la discipline comparative, c'est-à-dire à l'analyse et à la comparaison d'un certain nombre de langues issues d'une même souche, et à la restitution systématique des états anciens, que la comparaison des langues historiques permet d'atteindre. Voilà à la fois la discipline et voilà, peut-on dire, l'horizon dans lequel la linguistique s'est développée comme science historique, comme science comparative et comme science visant à la restitution d'états préhistoriques. Et toutes les démarches de la grammaire comparée étaient par nature rigoureuses et s'efforçaient toujours à une plus grande rigueur. C'est ce qui personnellement m'a attiré. C'était le caractère des lois que la linguistique était déjà en état de formuler et en même temps l'horizon qu'elle ouvrait sur l'extension possible de cette méthode à d'autres familles de langues. Et, effectivement, on peut dire que la grammaire comparée, telle que Saussure en particulier l'a modelée, telle que Meillet l'a développée à sa suite, a été le modèle des tentatives parallèles qui se font encore aujourd'hui sur d'autres familles de langues. Quand on raisonne aujourd'hui sur des langues de l'Océanie et qu'on essaie d'en constituer la généalogie ou quand on entreprend le même travail sur l'immense domaine amérindien, c'est toujours plus ou moins le modèle indo-européen qui guide les démarches, qui permet de les organiser.

P. D. — *C'est-à-dire que la linguistique comparative continue encore aujourd'hui de se développer.*

E. B. — Très largement, et elle connaît de beaux succès, enfin nous reviendrons là-dessus. Il n'y a pas de doute que toutes les linguistiques spécialisées sont destinées à passer par cette phase. Actuellement on travaille très activement en France et en Amérique aussi bien à constituer ces familles de langues, à les coordonner et à essayer de voir comment on peut se représenter le développement linguistique des différents continents. Il y a des efforts considérables qui sont faits sur le domaine africain : plusieurs écoles s'y emploient. Ainsi il n'y a pas là du tout une méthode qui date, ou qui appartienne à une époque révolue, absolument pas. Je crois qu'au contraire la linguistique comparative va renaître tout à fait transformée et de fait elle se transforme. Évidemment, celle que nous pratiquons aujourd'hui ne ressemble pas du tout à la même discipline dans la physionomie qu'elle avait il y a trente ou cinquante ans.

Voilà donc comment se définissait l'essentiel du travail linguistique à l'époque. Il y avait bien aussi une linguistique générale, mais elle transposait en traits généraux les caractéristiques dégagées par les méthodes comparatives. Les données linguistiques étaient celles qu'on recueillait dans les textes. Or comme ces textes sont, pour la plupart, j'entends dans le domaine indo-européen, des textes très anciens, textes homériques, textes védiques — et aujourd'hui, vous savez la nouvelle dimension qui s'ajoute avec les textes mycéniens qui reculent au minimum d'un demi-millénaire la proto-histoire du grec — il fallait les interpréter dans leur réalité de textes anciens, par rapport à une culture que nous ne connaissons plus. Ce qui fait que l'aspect philologico-historique tenait une place considérable dans cette étude. Il y avait donc des espèces de préalables avant d'aborder directement les faits ; préalables qui évidemment n'arrêtent pas celui qui étudie d'emblée le français, l'anglais, les langues vivantes. Je ne dirais pas qu'il y avait alors un préjugé contre les langues vivantes, pas du tout. Seulement, on concevait toujours la langue vivante comme le résultat d'une évolution historique. Certes, il y avait avant nous un homme qui tenait beaucoup de place, dont le prestige est un peu pâli aujourd'hui, c'est Gilliéron, avec l'école de dialectologie française. Gilliéron et ses élèves pensaient que justement la restitution historique n'atteint pas la réalité complexe de la langue vivante et qu'il fallait avant tout enregistrer la richesse des parlers, les collectionner d'après des questionnaires et les reporter sur des cartes.

P. D. — *Les données parlées.*

E. B. — Des données parlées, orales et reportées sur des cartes; c'est ce que l'on appelait la géographie linguistique. Voilà en quelque sorte les deux pôles de la linguistique dans les premières années de ce siècle. Quant à Saussure, on ne lisait presque plus rien de lui. Il était rentré à Genève. Il s'était presque immédiatement enfermé dans le silence. Vous connaissez, n'est-ce pas, cette histoire. C'est un homme qui a agi surtout après sa mort. Ce qu'il a enseigné de notions générales et qui est passé dans le *Cours de linguistique générale* publié par ses disciples, il l'a enseigné, il faut bien le savoir, à contrecœur. Il ne faut pas croire que Saussure ait été un homme brimé, empêché de s'exprimer, pas du tout. L'histoire des idées de Saussure n'a pas encore été retracée. Il y aura beaucoup de documents à utiliser, en particulier des lettres qui montrent dans quel état d'esprit il travaillait. Saussure refusait à peu près tout ce que l'on faisait de son temps. Il trouvait que les notions courantes manquaient de base, que tout reposait sur des présupposés non vérifiés, et surtout que le linguiste ne savait pas ce qu'il faisait. Tout l'effort de Saussure — et pour répondre à la question que vous me posez ceci est d'une importance capitale, c'est là le tournant, on peut dire de la linguistique — c'est l'exigence qu'il a posée d'apprendre au linguiste *ce qu'il fait*. De lui ouvrir les yeux sur la démarche intellectuelle qu'il accomplit et sur les opérations qu'il pratique quand, d'une façon en quelque sorte instinctive, il raisonne sur des langues ou il les compare, ou il les analyse. Quelle est donc la réalité linguistique ? Tout a commencé à partir de là, et c'est là que Saussure a posé les définitions qui aujourd'hui sont devenues classiques, sur la nature du signe linguistique, sur les différents axes selon lesquels il faut étudier la langue, la manière dont la langue se présente à nous, etc. Eh bien! tout cela s'est élaboré chez Saussure d'une façon douloureuse et sans que rien soit passé directement dans son enseignement, sauf pendant trois années vers la fin de sa vie, c'est-à-dire les années 1907 à 1911, pendant lesquelles il a été contraint, pour suppléer un collègue qui avait pris sa retraite, de donner un cours d'introduction générale à ses étudiants. C'est le cours que Bally et Sechehaye ont publié et sur lequel s'est édifiée, directement ou non, toute la linguistique moderne. Quelque chose de tout cela, quelques-uns des principes fondamentaux devaient déjà, je pense, transpercer dans les leçons que Saussure donnait tout jeune à Paris : leçons de grammaire comparée, sur le grec, le latin, sur le germanique en particulier, parce qu'il s'est beaucoup occupé des langues germaniques. Et Saussure évidemment dès cette époque subissait cette obsession à laquelle il s'est livré dans le silence pendant des années, cette interrogation sur la valeur de la langue, et sur ce qui distingue la langue de tout autre objet de science. De sorte que les idées de Saussure ont été plus facilement comprises en France, quoiqu'elles aient mis aussi longtemps à s'y imposer qu'ailleurs. Ainsi à travers la grammaire comparée c'était malgré tout cette inspiration de linguistique générale qui a passé dans l'enseignement de Meillet. Depuis ce moment-là, on a vu tout ce paysage se modifier à mesure que peu à peu ces notions saussuriennes prenaient pied ou qu'elles étaient redécouvertes par d'autres, ou que, sous diverses influences, notamment en Amérique, se produisaient certaines convergences. Des hommes comme Bloomfield, ceci est peu connu, ont découvert Saussure de leur côté bien qu'en général on considère la linguistique américaine et spécialement le courant bloomfieldien comme issus d'une réflexion indépendante. Il y a des preuves que Bloomfield connaissait les idées de Saussure et qu'il avait conscience de leur importance.

P. D. — *Cela nous amène vers les années 40, Bloomfield?*

E. B. — Il y a un compte rendu de Saussure par Bloomfield qui date de 1924. Toute différente a été la formation de Sapir, linguiste et anthropologue américain.

Néanmoins, Sapir aussi a retrouvé certaines notions essentielles comme la distinction entre les phonèmes et les sons, quelque chose qui correspond à peu près à la distinction saussurienne entre la langue et la parole. Vous le voyez, des courants indépendants ont finalement convergé et ont produit cette éclosion d'une linguistique théorique très exigeante, essayant de se formuler comme science et en progressant toujours dans cette aire scientifique. C'est-à-dire essayant de se donner un corps de définitions, de s'énoncer en structure organique. Cela a produit des orientations très différentes. Il y a eu, d'une part, le structuralisme, qui en est issu directement. Pour un linguiste qui est habitué à pratiquer le travail linguistique et qui a eu de bonne heure, c'est mon cas, des préoccupations structuralistes, c'est un spectacle surprenant que la vogue de cette doctrine, mal comprise, découverte tardivement et à un moment où le structuralisme en linguistique est déjà pour certains quelque chose de dépassé. Dans mon ouvrage, j'ai retracé brièvement l'histoire en quelque sorte lexicale de ce terme. En cette année 1968, la notion de structuralisme linguistique a exactement quarante ans. C'est beaucoup pour une doctrine dans une science qui va très vite. Aujourd'hui un effort comme celui de Chomsky est dirigé contre le structuralisme. Sa façon d'aborder les faits linguistiques est exactement inverse.

P. D. — *C'est-à-dire que vous identifiez le structuralisme en linguistique à la période où l'on s'est préoccupé de mettre au jour les structures linguistiques proprement dites?*

E. B. — Il s'est agi avant tout de montrer dans les éléments matériels de la langue et, dans une certaine mesure, au-dessus, dans les éléments signifiants, deux choses, les deux données fondamentales en toute considération structurale de la langue. D'abord, les pièces du jeu et ensuite les relations entre ces pièces. Mais il n'est pas facile du tout, même pour commencer, d'identifier les pièces du jeu. Prenons les éléments non signifiants de la langue, les sons. Quels sont les sons d'une langue donnée ? Non pas du langage en général, la question ne peut pas se poser, mais d'une langue donnée; ça veut dire quels sont les sons qui ont une valeur distinctive; qui servent à manifester les différences de sens ? Et quels sont les sons qui, quoique existant matériellement dans la langue, ne comptent pas comme distinctifs mais seulement comme variantes ou approximations des sons fondamentaux ? On constate que les sons fondamentaux sont toujours en nombre réduit, il n'y en a jamais moins de 20, et il n'y en a jamais plus de 60 ou guère plus. Ce ne sont pas là des variations énormes et pourquoi ? En tout cas quand on étudie une langue, il faut arriver à déterminer quels sont les sons distinctifs. Ainsi, qu'en français on prononce pauvre ou povre, ça n'a aucune importance; c'est simplement une question d'origine locale, n'est-ce pas, mais qui ne crée pas de différence de sens. Mais il y a des langues où cette différence, ou quelque chose de comparable à celle entre *pauvre* et *povre*, donnerait deux mots totalement différents. Et c'est la preuve que dans ce cas la distinction *ó* et *ò* en français ne compte pas, tandis que dans d'autres langues elle serait distinctive.

P. D. — *Et cependant si, en français, vous dites* pôle *et* Paul, *là elle compte?*

E. B. — Bien entendu, comme entre *saute* et *sotte* et par conséquent, c'est une distinction à reconnaître comme phonologique, mais dans des conditions qui sont à déterminer. Nous avons *pó* en français, qu'il s'agisse de la peau, d'un pot, peu importe, mais il n'existe pas de *po* avec un *o* ouvert, simplement parce que les conditions d'articulation du français exigent que l'*o* final d'un monosyllabe soit fermé et non ouvert, tandis que *marchai* et *marchais* ont deux phonèmes différents parce qu'ils différencient deux temps du verbe. Vous voyez que c'est complexe. De proche en proche, c'est toute la langue qu'il faut étudier très attentivement pour discerner ce qui est phonème et ce qui est variante. Voilà le niveau non signifiant, en ce sens qu'il s'agit simplement des sons. Il y a un niveau au-dessus où l'on aborde le même problème sous des aspects beaucoup plus difficiles, quand les éléments sont les signifiants ou les portions de signifiants et ainsi de suite. Par conséquent voilà la première considération : reconnaître les termes constitutifs du jeu.

La deuxième considération essentielle pour l'analyse structurale, c'est précisément de voir quelle est la relation entre ces éléments constitutifs. Ces relations peuvent être extrêmement variées, mais elles se laissent toujours ramener à un certain nombre de conditions de base. Par exemple il n'est pas possible que tel ou tel son coexistent. Il n'est pas possible que tel ou tel son ne soient pas syllabiques. Il y a des langues comme le serbo-croate où *r* à lui seul comme dans *krk* forme une syllabe. En français ce n'est pas possible, il faut qu'il y ait une voyelle. Voilà des lois de structure, et chaque langue en a une multitude. On n'a jamais fini de les découvrir. C'est tout un appareillage extrêmement complexe, qu'on dégage de la langue étudiée comme un objet, exactement comme le physicien analyse la structure de l'atome. Tels sont en gros, très sommairement, les principes de la considération structurale.

Quand on les étend à des notions sociales, ça prend un aspect beaucoup plus massif. Au lieu de *a* et *é*, on parle d'hommes et de femmes, ou de rois et de valets. Immédiatement les données prennent une ampleur, et en même temps une accessibilité que les faits linguistiques considérés en eux-mêmes, à leur niveau, ne permettent pas. C'est ce qui explique peut-être que ces notions se soient dégradées à partir du moment où la qualification structurale a été appliquée à d'autres réalités que celles où elle avait pris naissance. Cependant, au niveau de la réflexion sérieuse, c'est la même démarche, que ce soit en mythologie ou en mathématiques. Un épistémologiste pourrait montrer que la même considération a été appliquée en logique, en mathématiques. De fait, il y a une espèce de structuration de la mathématique, pour succéder au travail plus ou moins intuitif que les premiers mathématiciens considéraient comme seul possible. Tout cela représente en gros le même mouvement de pensée et la même manière d'objectiver la réalité. Voilà ce qui est important.

P. D. — *Tout à l'heure, vous disiez que Chomsky rompait avec ce courant de recherche.*

E. B. — C'est exact, lui considère la langue comme production, c'est tout à fait différent. Un structuraliste a d'abord besoin de constituer un corpus. Même s'il s'agit de la langue que nous parlons vous et moi, il faut d'abord l'enregistrer, la mettre par écrit. Décidons qu'elle est représentée par tel ou tel livre, par 200 pages de texte qui seront ensuite converties en matériel, classées, analysées, etc. Il faut partir des données. Tandis que Chomsky, c'est exactement le contraire, il part de la parole comme produite. Or comment produit-on la langue ? On ne reproduit rien. On a apparemment un certain nombre de modèles. Or tout homme invente sa langue et l'invente toute sa vie. Et tous les hommes inventent leur propre langue sur l'instant et chacun d'une façon distinctive, et chaque fois d'une façon nouvelle. Dire bonjour tous les jours de sa vie à quelqu'un, c'est chaque fois une réinvention. A plus forte raison quand il s'agit de phrases, ce ne sont plus les éléments constitutifs qui comptent, c'est l'organisation d'ensemble complète, l'arrangement original, dont le modèle ne peut pas avoir été donné directement, donc que l'individu fabrique. Chaque locuteur fabrique sa langue. Comment la fabrique-t-il ? C'est une question essentielle, car elle domine le problème de l'acquisition du langage. Quand l'enfant a appris une fois à dire : « la soupe est trop chaude », il saura dire : « la soupe n'est pas assez chaude », ou bien « le lait est trop chaud ». Il arrivera à construire ainsi des phrases où il utilisera en partie des structures données mais en les renouvelant, en les remplissant d'objets nouveaux et ainsi de suite.

P. D. — *Mais est-ce que vous ne pensez pas, je ne dis pas que ça s'est passé comme ça dans les faits, qu'une démarche comme celle de Chomsky devait en quelque sorte venir après le structuralisme, suppose le structuralisme ?*

E. B. — C'est très possible. D'abord en réaction peut-être contre une considération exclusivement mécanistique, empiriciste de la structure, dans sa version américaine en particulier. En Amérique, le structuralisme proscrivait tout recours à ce qu'il appelait le « mentalisme ». L'ennemi, le diable, c'était le mentalisme, c'est-à-dire tout ce qui se référait à ce que nous appelons la pensée. Il n'y avait qu'une chose qui comptait, c'étaient les données enregistrées, lues ou entendues, qu'on pouvait organiser matériellement. Alors qu'à partir du moment où il s'agit de l'homme parlant, la pensée est reine, et l'homme est tout entier dans son vouloir parler, il est sa capacité de parole. On peut donc présumer qu'il y a une organisation mentale propre à l'homme, et qui donne à l'homme la capacité de reproduire certains modèles mais en les variant infiniment. Comment est-ce que ces modèles s'enchaînent ? Quelles sont les lois qui permettent de passer d'une structure syntaxique à une autre, d'un type d'énoncé à un autre ? Comment est-ce que les phrases positives se renversent en phrases négatives ? Comment est-ce qu'une expression formulée au moyen d'un verbe actif peut se transformer en formulation passive ? Voilà le type des problèmes que se posent les transformationnistes, parce qu'il s'agit proprement d'une transformation. Alors à ce niveau-là et, dans cette considération, la structure phonématique d'une langue a peu d'importance. Il s'agit avant tout de la langue comme organisation et de l'homme comme capable d'organiser sa langue. C'est ce qui explique qu'il y ait un retour assez curieux chez Chomsky vers les anciens philosophes et une sorte de réinterprétation des vues de Descartes sur les rapports de l'esprit et de la langue. Tout cela est à la fois très excitant et très technique, très sec, algébrique.

P. D. — *Mais, chemin faisant, nous avons laissé en route une partie de l'héritage proprement saussurien qui connaît des développements considérables, je veux parler de cette science des signes qu'il envisageait, de la sémiologie.*

E. B. — En effet, c'est une grande question et qui est encore plus à l'ordre du jour, peut-être, qu'on ne le soupçonne. C'est en réalité quelque chose de très neuf. On voit bien que, quand on parle, c'est pour dire quelque chose, pour transmettre un message. On sait bien aussi que la langue se compose d'éléments isolables dont chacun a un sens et qui sont articulés selon un code. Ce sont ces éléments que les dictionnaires cataloguent et, à côté de chacun d'eux, ils mettent une définition, donnent donc ce qu'ils appellent son sens. Mais ce simple fait qu'il existe des dictionnaires implique en réalité un monde de problèmes. Qu'est-ce que c'est que le sens ? Si on regarde de près, on s'aperçoit que les dictionnaires juxtaposent quantité de choses très disparates. Si nous cherchons à *soleil* nous trouverons une définition plus ou moins développée de l'astre qu'on appelle ainsi. Si nous cherchons à *faire*, nous trouverons une douzaine ou une quinzaine de rubriques. Chez Littré, avec les subdivisions il y en a 80. Est-ce que c'est le même sens ? Est-ce que c'est beaucoup de sens ? On ne sait pas.

P. D. — *Et en fait nous sommes même les premiers à nous poser ce genre de question.*

E. B. — Absolument. Alors, en général, on dit : l'usage de la langue règle tout ça. Mais nous butons alors sur des questions fondamentales : Comment la langue admet-elle cette « polysémie » ? Comment le sens s'organise-t-il ? Plus généralement, quelles sont les conditions pour que quelque chose soit donné comme signifiant ? Tout le monde peut fabriquer une langue, mais elle n'existe pas, au sens le plus littéral, dès lors qu'il n'y a pas deux individus qui peuvent la manier nativement. Une langue est d'abord un consensus collectif.

Comment est-il donné ? L'enfant naît dans une communauté linguistique, il apprend sa langue, processus qui paraît instinctif, aussi naturel que la croissance physique des êtres ou des végétaux, mais ce qu'il apprend, en réalité, ce n'est pas l'exercice d'une faculté « naturelle », c'est le monde de l'homme. L'appropriation du langage à l'homme, c'est l'appropriation du langage à l'ensemble des données qu'il est censé traduire, l'appropriation de la langue à toutes les conquêtes intellectuelles que le maniement de la langue permet. C'est là quelque chose de fondamental : le processus dynamique de la langue, qui permet d'inventer de nouveaux concepts et par conséquent de refaire la langue, sur elle-même en quelque sorte. Eh bien! tout cela c'est le domaine du « sens ». De plus, il y a les classes élémentaires de sens, les distinctions que la langue enregistre ou n'enregistre pas, par exemple les distinctions de couleur, pour prendre un cas classique. Il n'y a pas deux langues qui organisent les couleurs de la même façon. Est-ce que les yeux sont différents ? Non, c'est la langue qui est différente. Par conséquent, certaines couleurs n'ont pas de « sens » en quelque sorte, d'autres, au contraire, en ont beaucoup, et ainsi de suite. Ici, par-dessus le marché, je suis tenté, c'est ce que j'essaie en ce moment d'élaborer, d'introduire des distinctions. On a raisonné avec la notion du sens comme avec une notion cohérente, opérant uniquement à l'intérieur de la langue. Je pose en fait qu'il y a deux domaines ou deux modalités de sens, que je distingue respectivement comme sémiotique et sémantique. Le signe saussurien est en réalité l'unité sémiotique, c'est-à-dire l'unité pourvue de sens. Est reconnu ce qui a un sens ; tous les mots qui se trouvent dans un texte français, pour qui possède cette langue, ont un sens. Mais il importe peu qu'on sache quel est ce sens et on ne s'en préoccupe pas. Le niveau sémiotique, c'est ça : être reconnu comme ayant ou non un sens. Ça se définit par oui, non.

P. D. — *Tandis que la sémantique...*

E. B. — La sémantique, c'est le « sens » résultant de l'enchaînement, de l'appropriation à la circonstance et de l'adaptation des différents signes entre eux. Ça c'est absolument imprévisible. C'est l'ouverture vers le monde. Tandis que la sémiotique, c'est le sens refermé sur lui-même et contenu en quelque sorte en lui-même.

P. D. — *C'est-à-dire qu'en somme, le sens sémiotique est un sens immédiat. En quelque sorte sans histoire ni environnement.*

E. B. — Oui, c'est ça. On le détermine par unité isolée : il s'agit de savoir si par exemple le mot *rôle* est accepté comme ayant un sens ? Oui. *Rôle* oui, *ril* non.

P. D. — *En français, non.*

E. B. — En français *ril* ne signifie rien, n'est pas signifiant, tandis que *rôle* l'est. Voilà le niveau sémiotique, c'est un point de vue tout différent que de distinguer le *rôle* de la science dans le monde, le *rôle* de tel acteur. Là est le niveau sémantique : cette fois, il faut comprendre et distinguer. C'est à ce niveau que se manifestent les 80 sens du verbe *faire* ou du verbe *prendre*. Ce sont des acceptions sémantiques. Il s'agit donc de deux dimensions tout à fait différentes. Et si on ne commence pas par reconnaître cette distinction, je crains qu'on reste dans le vague. Mais c'est là encore une vue qui m'est personnelle, qui reste à démontrer. Nous avons à élaborer peu à peu tout un corps de définitions dans cet immense domaine, lequel ne comprend pas seulement la langue. Et cela m'amène à la culture. La culture est aussi un système distinguant ce qui a un sens, et ce qui n'en a pas. Les différences entre les cultures se ramènent à cela. Je prends un exemple qui n'est pas linguistique : pour nous la couleur blanche est une couleur de lumière, de gaieté, de jeunesse. En Chine, c'est la couleur du deuil. Voilà un exemple d'interprétation de sens au sein de la culture; une articulation entre une certaine couleur et un certain comportement et, finalement, une valeur inhérente à la vie sociale. Tout cela s'intègre dans un réseau de différences : le blanc, le noir ne valent pas dans la culture occidentale comme dans la culture extrême-orientale. Tout ce qui est du domaine de la culture relève au fond de valeurs, de systèmes de valeurs. D'articulation entre les valeurs. Eh bien! ces valeurs sont celles qui s'impriment dans la langue. Seulement c'est un travail très difficile de les mettre au jour, parce que la langue charrie toute espèce de données héritées; la langue ne se transforme pas automatiquement à mesure que la culture se transforme. Et c'est justement ce qui fait souvent l'éventail sémantique. Considérez le mot *homme* (je prends le premier exemple qui me vient à l'esprit). Vous avez d'une part l'emploi du terme comme désignation; d'autre part les liaisons dont ce mot *homme* est susceptible, qui sont très nombreuses. Par exemple, « l'honnête homme », conception qui date, qui remonte à une certaine phase du vocabulaire, à un aspect de la culture française classique. En même temps, une locution comme « je suis votre homme » se réfère à l'âge féodal. Vous voyez là une stratification de culture qui laisse sa trace dans les différents emplois possibles. Ceux-ci sont tous compris aujourd'hui dans la définition du mot, parce qu'ils sont encore susceptibles d'être employés dans leur véritable sens à la même date. Nous voyons ici la contrepartie d'une définition cumulative des cultures. Dans notre culture d'aujourd'hui s'intègre toute l'épaisseur d'autres cultures. C'est en cela que la langue peut être révélatrice de la culture.

P. D. — *Il y a une notion très importante que vous avez soulignée disant que l'homme ne naissait pas dans la nature, mais dans la culture. Je crois qu'une des ruptures entre la linguistique telle que vous la pratiquez et disons ses origines au XVIIIe siècle, c'est que les premiers linguistes avaient l'idée que la langue partait de la nature, essayaient de trouver des processus naturels d'invention de la langue chez l'homme.*

E. B. — Oui, il y a eu, tout à fait au début du XIXe siècle, en particulier dans la première phase de découvertes que permettait la grammaire comparée, cette idée qu'on remontait aux origines de l'esprit humain, qu'on saisissait la naissance de la faculté de langage. On se demandait alors si c'était le verbe qui était né le premier, ou si c'était le nom. On se posait des questions de genèse absolue. Aujourd'hui on s'aperçoit qu'un tel problème n'a aucune réalité scientifique. Ce que la grammaire comparée, même la plus raffinée, celle qui bénéficie des circonstances historiques les plus favorables comme la grammaire comparée des langues indo-européennes, plutôt que celles des langues sémitiques qui sont pourtant attestées aussi à date très ancienne, ce que cette reconstruction nous livre, c'est l'étendue de quelques millénaires. C'est-à-dire, une très petite fraction de l'histoire linguistique de l'humanité. Les hommes qui, vers le XVe millénaire avant notre ère, décoraient les cavernes de Lascaux, étaient des gens qui parlaient. C'est évident. Il n'y a pas d'existence commune sans langue. Il est par conséquent impossible de dater les origines du langage, non plus que les origines de la société. Mais nous ne saurons jamais comment ils parlaient.

Nous sommes certains que nous n'atteignons rien de très élémentaire par la reconstruction la plus hardie. L'idée que l'étude linguistique révélerait le langage en tant que produit de la nature ne peut plus être soutenue aujourd'hui. Nous voyons toujours le langage au sein d'une société, au sein d'une culture. Et si j'ai dit que l'homme ne naît pas dans la nature, mais dans la culture, c'est que tout enfant et à toutes les époques, dans la préhistoire la plus reculée comme aujourd'hui, apprend nécessairement avec la langue les rudiments d'une culture. Aucune langue n'est séparable d'une fonction culturelle. Il n'y a pas d'appareil d'expression tel que l'on puisse imaginer qu'un être humain soit capable de l'inventer tout seul. Les histoires de langage inventé, spontané, hors de l'apprentissage humain sont des fables. Le langage a toujours été inculqué aux petits des hommes, et toujours en relation avec ce que l'on appelle les réalités qui sont des réalités définies comme éléments de culture, nécessairement.

P. D. — *Réalités définies en quelque sorte sous deux aspects, d'une part la ligne héréditaire, puisque la culture est une chose qui s'hérite et transmet des connaissances acquises, mais aussi, d'autre part, l'environnement immédiat, le présent.*

E. B. — Absolument, et ce que l'enfant acquiert, en apprenant comme on dit à parler, c'est le monde dans lequel il vit en réalité, que le langage lui livre et sur lequel il apprend à agir. En apprenant le nom d'une chose, il acquiert le moyen d'obtenir cette chose. En employant le mot, il agit donc sur le monde et s'en rend compte obscurément très tôt. C'est le pouvoir d'action, de transformation, d'adaptation, qui est la clef du rapport humain entre la langue et la culture, un rapport d'intégration nécessaire. Et, du coup, je réponds aussi à la question que vous me posiez sur le rôle de la linguistique comme science pilote. Il y a cette différence dans la vie de relation, que la langue est un mécanisme inconscient, tandis qu'un comportement est conscient : on croit qu'on se comporte de telle ou telle manière pour des raisons qu'on choisit, ou en tout cas qu'on a un choix. En réalité, ce n'est pas cela qui est important, c'est le mécanisme de la signification. C'est à ce niveau que l'étude de la langue peut devenir une science pilote en nous éclairant sur l'organisation mentale qui résulte de l'expérience du monde ou à laquelle l'expérience du monde s'adapte, je ne sais pas très bien lequel des deux.

Il y a, en particulier, une manière d'organiser des rapports logiques qui apparaît très tôt chez l'enfant. Piaget a beaucoup insisté sur cette capacité de former des schèmes opératoires et cela va de pair avec l'acquisition de la langue. Ce réseau complexe se retrouverait à un niveau profond dans les grandes démarches intellectuelles, dans la structure des mathématiques, dans les relations qui sont au fondement de la société. Je pense que certains des concepts marxistes pourraient à leur tour entrer peu à peu, une fois dûment élaborés, dans ce cercle de notions articulées par les mêmes rapports de base dont la langue offre l'image la plus aisément analysable. Mais j'ai tort de parler de tout cela comme de théories déjà exposées qu'il n'y aurait qu'à chercher dans un livre, alors que ce sont des choses auxquelles je réfléchis, mais qui sont encore en cours d'élaboration.

P. D. — *L'histoire que vous venez de raconter a ses origines du temps de la linguistique comparatiste. On a cherché alors au fond, par la comparaison des langues les plus anciennes que nous pouvions rencontrer, à reconstituer ce mécanisme de l'esprit humain ou du moins ses mécanismes fondamentaux. Et l'on se rend compte qu'en ayant renversé beaucoup de méthodes, de sens de recherches, la linguistique finalement revient à son objet primitif, mais par des voies tout à fait différentes, et je crois beaucoup plus scientifiques.*

E. B. — Beaucoup plus scientifiques, car il ne s'agit plus des origines, mais des fondements, et au fondement de tout se trouve la symbolique de la langue comme pouvoir de signification.

P. D. — *La symbolisation.*

E. B. — La symbolisation, le fait que justement la langue c'est le domaine du sens. Et, au fond, tout le mécanisme de la culture est un mécanisme de caractère symbolique. Nous donnons un sens à certains gestes, nous ne donnons aucun sens à d'autres, à l'intérieur de notre culture. C'est comme ça, mais pourquoi ? Il s'agira d'identifier, de décomposer puis de classer les éléments signifiants de notre culture, c'est un travail qui n'a pas encore été fait. Il y faut une capacité d'objectivation qui est assez rare. On verrait alors qu'il y a comme une sémantique qui passe à travers tous ces éléments de culture et qui les organise — qui les organise à plusieurs niveaux. Il y a ensuite la manière dont ces éléments se commandent dans leur valorisation, la prédominance que l'on donne à certaines images aujourd'hui : la hiérarchie qu'on établit entre des valeurs nouvelles. L'importance que prennent maintenant, par exemple, certaines questions de génération ; il y a trente ans, la notion de jeunesse n'avait pas du tout le même sens qu'elle a aujourd'hui. Il y a un déplacement complet qui atteint tous les éléments, matériels ou non, de la culture, qui va depuis le costume, la tenue jusqu'aux fins dernières de la vie. La hiérarchie, l'action réciproque de ces valeurs, et par conséquent les modèles qu'on se propose, les objets qu'on envie, tout cela se déplace à l'intérieur de notre culture et n'a plus rien de commun en 1910 ou en 1930 et en 1960.

P. D. — *C'est-à-dire que maintenant, en quelque sorte, non seulement la linguistique se trouve placée dans cette situation centrale dont nous parlions au début, avec ce caractère de science pilote, mais encore elle devient indissociable dans l'ensemble des sciences humaines.*

E. B. — Elle en devient indissociable, en effet, du fait surtout que d'autres sciences la rejoignent dans la recherche de modèles parallèles aux siens. Elle peut fournir à des sciences dont la matière est plus difficile à objectiver, comme la culturologie, si ce terme est admis, des modèles qui ne seront pas nécessairement à imiter mécaniquement, mais qui procurent une certaine représentation d'un système combinatoire, de manière que ces sciences de la culture puissent à leur tour s'organiser, se formaliser dans le sillage de la linguistique. Dans ce qui est déjà tenté sur le domaine social, la primauté de la linguistique est ouvertement reconnue. Ce n'est pas du tout en vertu d'une supériorité intrinsèque, mais simplement parce que nous sommes avec la langue au fondement de toute vie de relation.

P. D. — *Je voudrais vous poser une question qui me vient en vous écoutant, qui, au fond, je crois, s'adresse tout naturellement à l'universitaire que vous êtes. Est-ce que vous pensez que l'enseignement de la linguistique, j'entends l'enseignement universitaire courant tel qu'il existait disons avant les événements, était cohérent avec ce que vous venez de dire du rôle de la linguistique, dans les sciences humaines ?*

E. B. — Hélas ! dans l'Université, on traîne un poids très lourd ; on est (ou on était) soumis, je ne sais pas ce qu'il en restera, à des contraintes archaïques, celles des examens, des programmes, etc. Nombreux sont néanmoins les linguistes qui veulent renouveler les enseignements dans l'Université. Je suis, vous le savez, au Collège de France où on a, à ce point de vue-là, une liberté complète du fait qu'on n'est assujetti à aucun programme et que, au contraire, il ne faut pas qu'un cours soit jamais répété, et du fait qu'on n'a pas non plus de responsabilité d'examens, de collation de titres, qu'on n'est responsable qu'au regard de la science et de soi-même. Or, je suis très frappé de voir que de différents côtés on regarde vers la linguistique, il y a une curiosité très vive chez les jeunes pour les nouvelles sciences humaines. On constate aussi en philosophie, comme chez ceux qui ont conscience de la réalité des sciences sociales, de leur spécificité, une compréhension qui est un phénomène nouveau. De sorte que la langue n'apparaît plus ainsi qu'elle l'a été pendant longtemps comme une spécialité à côté d'autres, parallèle, mais pas plus importante. C'est ce qui donne l'espoir que dans les plans un peu idéaux qui s'élaborent les choses retrouveront leur niveau réel mais...

P. D. — *Il faut voir...*

E. B. — Je ne sais pas bien comment les choses tourneront, mais l'important, c'est cette notion de science humaine qui, maintenant, est capable de devenir organisatrice, de rassembler des réflexions éparses, chez beaucoup d'hommes qui visent à découvrir leur foyer commun. C'est très important. D'une façon générale nous sommes à l'époque des prises de conscience. C'est peut-être, au fond, ce qui caractérise toute la culture moderne, c'est qu'elle devient de plus en plus consciente. Quand on voit comment les gens raisonnaient, imaginaient et créaient, dans les siècles passés et encore au début de ce siècle, on s'aperçoit qu'il y a quelque chose de changé, et les manifestations, les créations les plus spontanées aujourd'hui (je ne sais pas si c'est un bien ou un mal, vous êtes beaucoup mieux placé que moi pour en juger) comportent une part de conscience beaucoup plus grande qu'autrefois.

P D. — *Je crois que vous avez raison.*

E. B. — Même l'artiste essaie de comprendre ce qu'il fait, n'est plus l'instrument de l'inspiration.

P. D. — *Je crois que c'est une bonne caractéristique de l'art moderne que vous donnez là...*

E. B. — C'est très nouveau... et je ne crois pas que cela altère les qualités de l'invention; savoir ce qu'on refuse et pourquoi on le refuse peut stimuler la conscience de ce qu'il y a à inventer, et aider à découvrir les cadres dans lesquels on peut inventer.

P. D. — *Parfaitement.*

E. B. — Parce que je crois qu'au fond c'est là que nous rencontrons le problème que la langue nous a appris à voir. De même que nous ne parlons pas au hasard, je veux dire sans cadre, que nous ne produisons pas la langue hors de certains cadres, de certains schémas que nous possédons, de même je crois que l'art ne se produit pas non plus en dehors de cadres ou de schémas différents mais qui existent aussi. Et qui se reforment ou qui renaissent dans la mesure même où l'on prend conscience de ce qui est périmé. Cette prise de conscience c'est déjà une voie ouverte vers le nouveau siècle. Actuellement, cela me frappe beaucoup, on voit le XXe siècle se défaire, se défaire très vite.

P. D. — *Oui, vous avez l'impression d'être déjà au-delà...*

E. B. — Très nettement. On a le sentiment d'avoir traversé une de ces phases de transformation en quelques semaines, même si, comme il arrive aussi, il y a des retours en arrière momentanés. Certes, ce n'est jamais très facile de passer d'un siècle à un autre, ni d'une forme de culture à la suivante, mais je crois que l'époque favorise ces prises de conscience du fait même que tant de valeurs acceptées se trouvent remises en question, et jusqu'aux systèmes de production.

P. D. — *Ça me paraît une bonne conclusion.*

CHAPITRE II

Ce langage qui fait l'histoire *

Guy Dumur. — *Jamais on n'a tant parlé de linguistique. Pourtant peu de gens savent de quoi il s'agit.*
Émile Benveniste. — La linguistique, c'est la tentative pour saisir cet objet évanescent : le langage, et pour l'étudier à la manière dont on étudie des objets concrets. Il s'agit de transformer les paroles qui volent — ce qu'Homère appelait les « paroles ailées » — en une matière concrète, qu'on étudie, qu'on dissèque, où l'on délimite des unités, où l'on isole des niveaux. C'est du moins une tendance de cette discipline, d'une linguistique qui essaie de se constituer comme science; c'est-à-dire qui essaie d'abord de constituer son objet, de définir la manière dont elle l'examine et essaie ensuite de forger les méthodes propres à cerner, à analyser cette matière.
G. D. — *En quoi la linguistique se distingue-t-elle des anciennes sciences du langage comme, par exemple, la grammaire, la philologie ou la phonétique?*
E. B. — La linguistique prétend englober tout cela et le transcender. Tout ce qui relève du langage est objet de la linguistique. Certaines des disciplines dont vous parlez, la philologie en particulier, ne s'occupent que de la teneur des textes, de leur transmission à travers les âges, etc. La linguistique s'occupe du phénomène que constitue le langage et, naturellement, sans négliger la portion du langage qui se transforme en écrit. Les préoccupations du philologue ne sont

---

* Propos recueillis par Guy Dumur dans *Le Nouvel Observateur*, spécial littéraire, n° 210 *bis* (20 novembre au 20 décembre 1968), pp. 28-34.

pas celles du linguiste, bien que celui-ci apporte à celui-là une aide indispensable, en particulier quand il s'agit d'interpréter des textes de langues disparues, car le linguiste a besoin de connaître le plus grand nombre possible de langues pour définir le langage. C'est là une des directions dans lesquelles s'engage la linguistique. On pourrait dire que c'est une direction positive — certains disent positiviste — avec toutes les implications que ce terme comporte.

G. D. — *La linguistique est une science récente mais elle a une histoire, un commencement.*

E. B. — En fait, la linguistique a eu plusieurs commencements. Elle s'est recommencée et s'est réengendrée elle-même à plusieurs reprises — non sans se donner chaque fois des antécédents. Dans l'absolu, pour nous Occidentaux, la linguistique est née chez les Grecs, quand les philosophes les plus anciens, contemporains de l'éveil de la pensée philosophique, ont commencé à réfléchir sur l'instrument de la réflexion, et par conséquent sur l'esprit et le langage. Il y a eu un deuxième commencement au Moyen Age, quand, à travers les catégories aristotéliciennes, on recommence à définir les fondements du langage.

Aujourd'hui, on découvre un autre commencement, hors et très loin du monde classique, c'est la théorie indienne de Pāṇini. Nous avons là quelque chose d'extraordinaire, une description linguistique purement formelle qui date, selon l'estimation la plus prudente, du IVe siècle avant notre ère. Pāṇini, ce grammairien indien, a pris la langue sanskrite comme objet. Il n'y a pas un mot de spéculation philosophique mais seulement une analyse formelle des éléments constitutifs de la langue (mots, phrases, relations entre les mots, etc.). Ce texte est extrêmement ardu, d'une densité incroyable (quand on le traduit, il faut dix mots de glose pour un mot du texte), mais cette concision est voulue parce que c'était un ensemble de formules à mémoriser destiné à un enseignement oral que des maîtres se transmettaient et qu'ils enrichissaient de commentaires. Ce texte est connu en Occident depuis le milieu du XIXe siècle, où l'on a commencé à l'interpréter, et aujourd'hui on s'y intéresse de nouveau. J'insiste beaucoup là-dessus parce qu'on retrouve là déjà l'ancêtre des recherches scientifiques d'aujourd'hui. Cela est vrai spécialement pour l'école structuraliste américaine qui voulait écarter le « mentalisme » (qui introduit, dans l'étude du langage, des notions psychologiques), pour s'en tenir à l'enregistrement et à l'analyse formelle d'un *corpus* de textes. Il s'agissait, en dissociant les unités du langage, de trouver les éléments d'une structure et de les décrire dans leur agencement : constitution vocalique et consonantique des formes, distribution statistique de ces éléments, nature des syllabes, longueur des mots, analyse de ces éléments, analyse des tons si c'est du chinois, de l'accentuation si c'est une langue qui comporte des accents, etc. Voilà ce qu'est l'étude de la langue comme système formel. Et c'est contre cette conception que réagit un linguiste comme Chomsky. Aujourd'hui cette réaction n'est déjà plus individuelle mais collective. Dans cette recherche des origines de la linguistique à travers l'histoire, il se rattache non pas à Pāṇini, mais à Descartes. Vous savez que Chomsky a écrit *Cartesian Linguistics*, qui va être traduit en français, et il retrouve dans les considérations de Descartes sur le fonctionnement de l'esprit la justification philosophique de ce qu'il appelle, lui, la « grammaire générative ».

G. D. — *Parmi les commencements, et pour nous en tenir à la chronologie banale, revenons à Saussure* [1].

E. B. — Saussure, ce n'est pas un commencement, c'est autre chose, ou c'est un autre type de commencement. Son apport consiste en ceci : « Le langage, dit-il, est forme, non substance. » Il n'y a absolument rien de substantiel dans le langage. Toutes les sciences de la nature trouvent leur objet tout constitué. La linguistique, elle, et c'est ce qui la différencie de toute autre discipline scientifique, s'occupe de quelque chose qui n'est pas objet, pas substance, mais *qui est forme*. S'il n'y a rien de substantiel dans le langage, qu'y a-t-il ? Les données du langage n'existent que par leurs différences, elles ne valent que par leurs oppositions. On peut contempler un caillou en soi, tout en le rangeant dans la série des minéraux. Tandis qu'un mot, à lui seul, ne signifie absolument rien. Il n'est que par opposition, par « vicinité » ou par différenciation avec un autre, un son par rapport à un autre son, et ainsi de suite.

L'histoire, pour Saussure, n'est pas nécessairement une

---

[1]. Dont les cours sur la linguistique, publiés après sa mort, datent de 1907-1911.

dimension de la langue, elle n'en est qu'une des dimensions possibles et ce n'est pas l'histoire qui fait vivre le langage, mais plutôt l'inverse. C'est le langage qui, par sa nécessité, sa permanence, constitue l'histoire.

Saussure a réagi contre la considération historique qui prévalait en linguistique lorsqu'il écrivait. Certes, nous suivons par exemple l'histoire des Français, pendant un certain nombre de siècles, grâce aux textes qui ont été consignés par écrit; nous pouvons donc suivre le cours de ce que nous appelons une histoire, un déroulement d'événements dans le temps, mais le langage, dans son fonctionnement, ne connaît absolument aucune référence historique : tout ce que nous disons est compris dans un contexte actuel et à l'intérieur de discours qui sont toujours synchroniques [1]. Aucune parcelle d'histoire ne se mêle à l'usage vivant de la langue. Voilà ce que Saussure a voulu affirmer. Aujourd'hui, cela ne surprend plus personne; quand il a énoncé cela, il y a environ soixante ans, alors que la linguistique était surtout marquée par une conception historique, diachronique de la langue — chaque langue était considérée comme une étape dans un devenir et décrite comme telle — c'était une nouveauté importante. En parlant, nous nous référons à des situations qui sont toujours des situations présentes ou situées en fonction du présent, de sorte que, quand nous évoquons du passé, c'est toujours au sein du présent. Si nous pouvons parler, si notre langue nous donne le moyen de construire des phrases, c'est que nous conjoignons des mots qui valent à la fois par les syntagmes [2] et par leur opposition. Saussure a vu qu'il y a ainsi deux axes dans la manière de voir la langue, qu'il a appelés *synchronique* et *diachronique*. Nous faisons deux choses quand nous parlons : nous agençons des mots, tous les éléments de ces agencements représentent chacun un choix entre plusieurs possibilités; quand je dis « je suis », j'ai éliminé « vous êtes », « j'étais », « je serai », etc. C'est donc, dans une série qu'on

---

 1. « La *linguistique synchronique* s'occupera des rapports logiques et psychologiques reliant les termes coexistants et formant système, tels qu'ils sont aperçus par la même conscience collective. La *linguistique diachronique* étudiera au contraire les rapports reliant des termes successifs non aperçus par une même conscience collective, et qui se substituent les uns aux autres sans former système entre eux » (Saussure).
 2. Groupe de mots formant une unité à l'intérieur d'une phrase.

appelle *paradigme*, une forme que je choisis, et ainsi pour chaque portion d'un énoncé qui se constitue en *syntagme*. Vous avez là le principe et la clef de ce qu'on appelle la structure. Pour y atteindre, il faut : 1° isoler les éléments distinctifs d'un ensemble fini; 2° établir les lois de combinaison de ces éléments.

Toutes les fois que vous avez ces possibilités, vous construisez une structure. La société est une structure : nous y trouvons des éléments dans un certain agencement; nous avons des hommes et des femmes de différents âges, dans différentes situations, dans différentes classes; par conséquent, nous avons déjà là les identités et les différences qui permettent de constituer un jeu, et la première caractéristique d'un jeu c'est que les pièces en soient en nombre limité; ensuite, il faut que chaque élément soit autre chose que l'autre : que prêtre soit autre chose qu'ouvrier et ouvrier autre chose que soldat et ainsi de suite. On peut essayer de constituer une espèce de combinatoire avec ces éléments. Voilà comment le problème se pose théoriquement.

G. D. — *Et le signe, la valeur symbolique du langage ? Le système que vous venez de décrire, c'est du positivisme... A quel moment intervient la sémiologie*[1] *?*

E. B. — Nous sommes là devant le problème essentiel d'aujourd'hui, celui qui dépasse ce qu'on entend banalement par structuralisme, quoiqu'il soit impliqué par le structuralisme. Qu'est-ce que le signe ? C'est l'unité de base de tout système signifiant. Vous avez un système signifiant qui est la langue. On peut en trouver d'autres. Saussure en a cité deux ou trois : le langage des sourds-muets, par exemple, qui opère avec d'autres unités qui sont les unités gestuelles; il a cité également, et c'est plus discutable, le rituel des gestes de politesse. Mais c'est un répertoire limité : on ne peut pas dire avec les gestes de politesse tout ce que le langage permet de dire mais, en gros, c'est du même ordre. Voilà des systèmes signifiants. La société par elle-même ne peut être dite si on la prend massivement comme système signifiant.

G. D. — *Vous vous êtes intéressé au langage des abeilles tel qu'il était possible de l'étudier d'après les travaux de von Frisch. Est-ce du même ordre ?*

[1]. « Science qui étudie la vie des signes au sein de la vie sociale » (Saussure).

E. B. — Ce langage a une signification. Autant que nous puissions le comprendre, les danses des abeilles représentent quelque chose et leurs compagnes le comprennent. Ce langage est signifiant parce qu'il dicte un comportement qui vérifie la pertinence signifiante du geste. En revanche, si je fais un geste pour ouvrir un livre, c'est un geste utile, mais il ne signifie pas, il n'a pas de portée conceptuelle.

Au sens strict, le structuralisme est un système formel. Il ne dit absolument rien sur ce que nous appelons la signification. Nous la mettons entre parenthèses. Nous supposons que tout le monde comprend que si nous disons : « Vous avez faim », nous mettons *avez* à cause de *vous*. Il y a donc une combinatoire avec certaines corrélations qui sont codées, fixées par un code de convention : *vous* va avec *avez* et non avec *avons*. Mais que signifie « avoir »? Quand je dis : « Vous avez raison », le verbe « avoir » signifie-t-il la même chose que si je dis : « Vous avez froid »? Cela n'intéresse absolument pas le structuralisme : cela intéresse la sémiologie.

G. D. — *Mais n'a-t-on pas confondu souvent sémiologie et structuralisme?*

E. B. — J'ai l'impression que dans les discussions auxquelles vous faites allusion, on confond beaucoup de choses. Ce qui y manque le plus, c'est la rigueur dans l'emploi des termes et la connaissance des limites à l'intérieur desquelles ils veulent dire quelque chose : ce sont des concepts opératoires. Il ne faut pas les prendre pour des vérités éternelles.

G. D. — *La linguistique se nourrit d'un certain nombre de sciences, ou du moins d'observations, et je pense qu'une des premières choses qui aient rendu service à la linguistique a été la grammaire comparative, la comparaison des langues entre elles y compris les langues « primitives ».*

E. B. — C'est exact, sauf qu'aujourd'hui on ne se sert plus du mot « primitive », non plus que de l'expression « sociétés primitives »... Jusque vers 1900, on peut dire qu'il y a eu primat des langues indo-européennes. Nous en suivons l'histoire sur des millénaires; elles ont des littératures très belles, très riches, qui nourrissent l'humanisme, aussi ont-elles été privilégiées. Vers 1900, des hommes, et tout particulièrement des Américains, ont dit : « Vos conceptions sont irréelles ou, en tout cas, très partielles, vous ne tenez compte que d'une partie du monde linguistique : le monde indo-européen. Il y a une foule de langues qui échappent à vos catégories. » Cet avertissement a été très utile et ces langues, notamment les langues indiennes d'Amérique que j'ai personnellement étudiées, sont très instructives parce qu'elles nous font connaître des types de catégorisation sémantique et de structure morphologique nettement différents de ceux que les linguistes formés dans la tradition classique considéraient comme inhérents à l'esprit humain.

G. D. — *Compte tenu de ces différences fondamentales, peut-on parler de psychologies différentes ? Vous disiez tout à l'heure : le langage est un fait en soi, il ne doit rien à l'histoire.*

E. B. — Dans son exercice. Car, d'autre part, toute langue est toujours une langue héritée et a derrière elle un passé. Il n'y a aucune raison de penser que les langues des aborigènes d'Australie ont moins de passé que les langues indo-européennes. Seulement, on n'a pas de témoignage écrit de ce passé. C'est là la grande coupure dans l'humanité : certains peuples ont des langues écrites et d'autres n'en ont pas.

G. D. — *A propos de ces langues autres qu'indo-européennes, qu'est-ce qu'un anthropologue comme Lévi-Strauss peut apporter à la linguistique ?*

E. B. — Il est toujours utile de voir comment un ethnologue conceptualise les catégories sociales puisque, dans ces langues, nous sommes beaucoup plus près de la représentation sociale que dans nos langues à nous, qui sont beaucoup plus détachées de leur objet. Dans nos sociétés, il y a une capacité de distanciation, d'abstraction, d'éloignement entre la langue et les objets concrets qu'elle décrit. On peut construire des langues sur des langues, ce qu'on appelle des métalangues, des langues qui servent à décrire une langue, dont c'est la seule et unique fonction.

G. D. — *Pouvez-vous nous donner un exemple ?*

E. B. — La langue de la grammaire, qui décrit l'usage des formes de la langue, est une métalangue : parler de substantif, d'adverbe, de voyelle, de consonne, c'est parler une métalangue. Tout le vocabulaire de la métalangue ne trouve application que dans la langue. Cette métalangue peut être à son tour décrite dans une langue « formalisée » en symboles logiques, posant les relations d'implication entre elle ou telle catégorie linguistique. Par exemple, dans le verbe français la personne est impliquée : on ne peut employer une forme verbale (sauf l'infinitif) qui ne comporte de référence à la personne. C'est le cas en français mais pas nécessairement partout.

Cela fait déjà deux étages. On peut, avec un esprit plus porté à la symbolisation mathématique, atteindre un autre niveau d'abstraction. Tandis que les langues des sociétés archaïques, ce qu'on en connaît, ce sont des textes, transmis oralement, de légendes ou de mythes, ce sont des textes traditionnels, non de simples narrations. Des rituels qui servent à faire tomber la pluie, à faire pousser les plantes. En ce sens, on est beaucoup plus près de la réalité vécue, de l'expérience. A ce point de vue déjà, les analyses des ethnographes peuvent être très éclairantes.

G. D. — *Il y a une autre discipline qui a rendu des services à la linguistique : la psychanalyse. Est-ce qu'il n'y a pas dans Freud des réflexions qui vous renseignent sur le fonctionnement du langage?*

E. B. — Elles ne sont pas très nombreuses mais elles sont toutes importantes, suggestives, instructives, même si elles ne portent que sur le langage ordinaire. Il y a ce qu'on pourrait appeler la rhétorique onirique de Freud — ce n'est pas lui qui emploie ce terme. Il a découvert que le rêve parle. Mais seul le psychanalyste peut comprendre ce langage. Freud a essayé d'en retrouver les rudiments. C'est là qu'intervient, selon moi, une espèce de rhétorique articulée par des images, fortement suggestives et qui, sous les dehors d'un enchaînement incohérent, retrouve, grâce à Freud, une espèce de signification par référence à des choses très enfouies.

G. D. — *Considérez-vous que le langage de l'inconscient, qui n'est pas parlé, est aussi important pour votre étude linguistique qu'un autre?*

E. B. — J'ai essayé d'indiquer une analogie entre le langage de l'inconscient et ce que nous appelons les grandes unités, un discours tout entier, un poème tout entier, auxquels on peut trouver un sens souvent très éloigné du sens littéral. Vous pouvez écrire une lettre dont le sens profond sera exactement le contraire de ce que les mots ont l'air de signifier. C'est ainsi qu'opère la signification à l'intérieur du rêve. De même, un discours qui essaie de vous émouvoir peut vous pousser à une certaine conduite sans jamais la prôner. Vous avez là de la rhétorique, c'est-à-dire un sens second, différent du sens littéral et agissant sur l'affectivité.

G. D. — *Vous avez prononcé le mot de poème. Est-ce que le langage poétique est intéressant pour la linguistique?*

E. B. — Immensément. Mais ce travail est à peine commencé. On ne peut dire que l'objet de l'étude, la méthode à employer soient encore clairement définis. Il y a des tentatives intéressantes mais qui montrent la difficulté de sortir des catégories utilisées pour l'analyse du langage ordinaire.

G. D. — *A partir de la linguistique et du structuralisme, on a vu se créer des œuvres de plus en plus difficiles, de moins en moins accessibles au plus grand nombre. Est-ce que cette obscurité vous semble fondée?*

E. B. — Je vois là deux choses, dont je ne sais si l'idée que je m'en fais coïncide avec le sentiment même de ceux qui les accomplissent. 1º Une tentative très neuve, curieuse, pour secouer tout ce qui est inhérent au langage, c'est-à-dire une certaine rationalisation que le langage apporte nécessairement; pour la détruire à l'intérieur du langage mais en se servant encore du langage. Vous avez donc ici une langue qui se retourne contre elle-même et qui essaie de se refabriquer à partir d'une explosion préalable. 2º Vous parlez de la non-compréhension qui est la rançon de certaines créations : il me semble que nous entrons dans une période d'expérimentation. Tout ce qui s'imprime n'est pas fait pour être lu, au sens traditionnel; il y a de nouveaux modes de lecture, appropriés aux nouveaux modes d'écriture. Ces tentatives, ces travaux n'intéressent pour l'instant que les professionnels, les autres écrivains, jusqu'au moment où — si ce moment arrive — quelque chose de positif s'en dégagera. C'est une remise en question de tout le pouvoir signifiant traditionel du langage. Il s'agit de savoir si le langage est voué à toujours décrire un monde identique par des moyens identiques, en variant seulement le choix des épithètes ou des verbes. Ou bien si on peut envisager d'autres moyens d'expression non descriptifs et s'il y a une autre qualité de signification qui naîtrait de cette rupture. C'est un problème.

G. D. — *Dans votre enseignement, avez-vous l'impression de prolonger une étude que vous avez commencée il y a très longtemps ou, chaque fois, est-ce un recommencement?*

E. B. — Il y a les deux. Il y a évidemment un certain nombre d'interrogations qui vous accompagnent pendant toute votre existence mais, après tout, c'est peut-être inévitable dans la mesure où on a une optique à soi. Mais il y a l'enrichissement constant du travail, de la lecture, la stimulation qui vient des autres. Je profite aussi du développement de toutes les sciences qui suivent le même courant. Pendant longtemps la seule compagne de la linguistique était la philologie.

Maintenant, nous voyons tout l'ensemble des sciences humaines se développer, toute une grande anthropologie (au sens de « science générale de l'homme ») se former. Et on s'aperçoit que les sciences de l'homme sont, au fond, beaucoup plus difficiles que les sciences de la nature et ce n'est pas par hasard qu'elles sont les dernières-nées. Il faut une grande capacité d'abstraction et de généralisation pour commencer à entrevoir les développements dont l'homme est le siège.

G. D. — *N'allez-vous pas voir se substituer à la mode de la linguistique cette autre mode qu'est l'épistémologie ?*

E. B. — Bien sûr, si vous considérez la linguistique comme une mode ! Pour moi, elle n'en est pas une.

G. D. — *Naturellement. Mais quand vous dites qu'il faut que les connaissances de l'homme se rejoignent, la science des sciences devrait être l'épistémologie.*

E. B. — L'épistémologie, c'est la théorie de la connaissance. Comment est acquise cette connaissance, cela n'est pas dit d'avance. Il y a bien des possibilités d'épistémologie. La linguistique est une épistémologie, on peut la considérer comme telle.

G. D. — *Oui, mais vous disiez que toutes les sciences vous avaient rejoint.*

E. B. — J'ai la conscience, de plus en plus vive, que le niveau signifiant unit l'ensemble des sciences de l'homme, et que, par conséquent, il vient un moment où l'on peut se poser cette question : « Peut-on lire une signification dans des notions qui, jusqu'à présent, semblaient appartenir à la nature pure et simple ? » On trouve maintenant des analogies entre la langue et l'économie.

Quand je vous disais que nous voyons aujourd'hui cette espèce de convergence entre plusieurs sciences, c'est pour souligner qu'on retrouve les mêmes articulations dans les notions telles que les ont configurées certains esprits qui n'avaient certainement pas en vue les catégories linguistiques. C'est cette convergence qui est intéressante et qui devient un nouveau problème pour nous. L'épistémologie, vous le voyez, cela se construit et cela se reconstruit continuellement à partir de la science telle qu'elle se fait.

G. D. — *Souhaitez-vous qu'il y ait beaucoup d'étudiants en linguistique? La linguistique est-elle utile pour d'autres études ou n'est-ce qu'une spécialisation?*

E. B. — Il faut distinguer. Il y a plusieurs linguistiques, il y a plusieurs manières de les pratiquer. Il y a, concurremment, à la même date, des études de plusieurs types, les unes de type plus traditionnel, d'autres de type plus avancé, et puis ce qui se tient entre les deux : des études qui sont la conversion de principes généraux en application, etc. Chacun fait ce qu'il peut, mais je crois d'une part qu'il y a beaucoup à faire et que, d'autre part, d'être passé par là donne à l'esprit une certaine formation. Je pense naturellement à ceux qui ne s'y intéressent pas particulièrement. Pour ceux qui s'y intéressent, c'est autre chose, il n'est pas besoin qu'on dise pourquoi. Ces études peuvent être formatrices en ce sens qu'elles détruisent beaucoup d'illusions qu'on se fait spontanément et qui sont très tenaces dans le public sur la valeur absolue de la langue, sur les valeurs absolues que chacun trouve dans sa propre langue par rapport à d'autres. Cela permet à l'esprit de prendre une certaine distance, ce qui est très utile. Partant de là, on peut généraliser la même attitude et voir qu'il y a en fait beaucoup de manières de considérer, dans le domaine littéraire par exemple, une œuvre et qu'il n'y a pas qu'une manière de comprendre un auteur. Il peut y avoir des points de vue nouveaux appliqués à des œuvres traditionnelles et qui ne les détruisent pas pour autant.

G. D. — *Y a-t-il des ouvrages de critique littéraire qui vous ont particulièrement satisfait?*

E. B. — Je vois des tentatives intéressantes pour étudier, avec rigueur, des œuvres auxquelles on ne pouvait appliquer jusque-là que des qualifications subjectives (« C'est beau », « C'est touchant », etc.) ou des épithètes conventionnelles. On essaie maintenant de construire des systèmes qui permettent de trouver les véritables dimensions de l'expression littéraire et de l'œuvre littéraire.

G. D. — *Pensez-vous aux travaux réalisés grâce aux ordinateurs?*

E. B. — Non, pas spécialement. Je ne crois pas que la

machine intervienne à ce niveau-là. Je pensais surtout à ce qu'on appelle l'explication littéraire, l'analyse littéraire dont les méthodes se renouvellent au moyen de paramètres [1] et qui peuvent déconcerter les tenants des disciplines traditionnelles. Mais, justement là, l'initiation à la linguistique donne plus d'aisance, permet d'accueillir avec plus d'ouverture des notions ou des recherches qui visent à coordonner la théorie de la littérature et celle de la langue. Vous voyez — et que ce soit notre conclusion — que bien des choses se placent ou se déplacent aujourd'hui dans la perspective de la langue. Ces changements nous contraignent à une réadaptation continue; car ce sont des changements en profondeur d'où naîtront peut-être de nouvelles sciences.

---

1. Élément constant dans un calcul.

II

La communication

CHAPITRE III

Sémiologie de la langue *

I

> *La sémiologie aura beaucoup à faire rien que pour voir où se limite son domaine.*
>
> Ferdinand de Saussure [1].

Depuis que ces deux génies antithétiques, Peirce et Saussure, ont, en complète ignorance l'un de l'autre et environ le même temps [2], conçu la possibilité d'une science des signes et travaillé à l'instaurer, un grand problème a surgi, qui n'a pas encore reçu sa forme précise, n'ayant même pas été posé clairement, dans la confusion qui règne sur ce domaine : quelle est la place de la langue parmi les systèmes de signes ?

Peirce, reprenant sous la forme *semeiotic* la dénomination Σημειωτικη que John Locke appliquait à une science des signes et des significations à partir de la logique conçue ellemême comme science du langage, s'est adonné toute sa vie à l'élaboration de ce concept. Une masse énorme de notes témoigne de son effort obstiné pour analyser dans le cadre sémiotique les notions logiques, mathématiques, physiques,

---

* *Semiotica*, La Haye, Mouton & Co., I (1969), 1, pp. 1-12 et 2, pp. 127-135.

1. Note manuscrite publiée dans les *Cahiers Ferdinand de Saussure*, 15 (1957), p. 19.

2. Charles S. Peirce (1839-1914); Ferdinand de Saussure (1857-1913).

mais aussi bien psychologiques et religieuses. Poursuivie à travers une vie entière, cette réflexion s'est donné un appareil de plus en plus complexe de définitions visant à répartir la totalité du réel, du conçu et du vécu dans les différents ordres de signes. Pour construire cette « algèbre universelle des relations »[1], Peirce a posé une triple division des signes, en ICONES, INDEX et SYMBOLES, qui est à peu près tout ce qu'on retient aujourd'hui de l'immense architecture logique qu'elle sous-tend.

En ce qui concerne la langue, Peirce ne formule rien de précis ni de spécifique. Pour lui la langue est partout et nulle part. Il ne s'est jamais intéressé au fonctionnement de la langue, si même il y a prêté attention. La langue se réduit pour lui aux mots, et ceux-ci sont bien des signes, mais ils ne relèvent pas d'une catégorie distincte ou même d'une espèce constante. Les mots appartiennent, pour la plupart, aux « symboles »; certains sont des « index », par exemple les pronoms démonstratifs, et à ce titre ils seront classés avec les gestes correspondants, par exemple le geste de pointer. Peirce ne tient donc aucun compte du fait qu'un tel geste est universellement compris, alors que le démonstratif fait partie d'un système particulier de signes oraux, la langue, et d'un système particulier de langue, l'idiome. De plus, le même mot peut apparaître en plusieurs variétés de « signe » : comme QUALISIGN, comme SINSIGN, comme LEGISIGN[2]. On ne voit donc pas quelle serait l'utilité opérative de pareilles distinctions ni en quoi elles aideraient le linguiste à construire la sémiologie de la langue comme système. La difficulté qui

1. « My universal algebra of relations, with the subjacent indices and Σ and Π is susceptible of being enlarged so as to comprise everything and so, still better, though not to ideal perfection, is the system of existential graphs » (Peirce, *Selected Writings*, ed. Philip P. Wiener [Dover Publication, 1958], p. 389).

2. « As it is in itself, a sign is either of the nature of an appearance, when I call it a QUALISIGN; or secondly, it is an individual object or event, when I call it a SINSIGN (the syllabe *sin* being the first syllabe of *semel, simul, singular*, etc.); or thirdly, it is of the nature of a general type, when I call it a LEGISIGN. As we use the term "word" in most cases, saying that "the" is one "word" and "an" is a second "word", a "word" is a legisign. But when we say of a page in a book, that it has 250 "words" upon it, of which twenty are "the's", the "word" is a sinsign. A sinsign so embodying a legisign, I term a "replica" of the legisign » (Peirce, *op. cit.*, p. 391).

empêche toute application particulière des concepts peirciens, hormis la tripartition bien connue, mais qui demeure un cadre trop général, est qu'en définitive le signe est posé à la base de l'univers entier, et qu'il fonctionne à la fois comme principe de définition pour chaque élément et comme principe d'explication pour tout ensemble, abstrait ou concret. L'homme entier est un signe, sa pensée est un signe [1], son émotion est un signe [2]. Mais finalement ces signes, étant tous signes les uns des autres, de quoi pourront-ils être signes qui NE SOIT PAS signe ? Trouverons-nous le point fixe où amarrer la PREMIÈRE relation de signe ? L'édifice sémiotique que construit Peirce ne peut s'inclure lui-même dans sa définition. Pour que la notion de signe ne s'abolisse pas dans cette multiplication à l'infini, il faut que quelque part l'univers admette une DIFFÉRENCE entre le signe et le signifié. Il faut donc que tout signe soit pris et compris dans un SYSTÈME de signes. Là est la condition de la SIGNIFIANCE. Il s'ensuivra, à l'encontre de Peirce, que tous les signes ne peuvent fonctionner identiquement ni relever d'un système unique. On devra constituer plusieurs systèmes de signes, et entre ces systèmes, expliciter un rapport de différence et d'analogie.

C'est ici que Saussure se présente, d'emblée, dans la méthodologie comme dans la pratique, à l'exact opposé de Peirce. Chez Saussure la réflexion procède de la langue et prend la langue comme objet exclusif. La langue est envisagée pour elle-même, la linguistique se voit assigner une triple tâche :

1) décrire en synchronie et en diachronie toutes les langues connues ; 2) dégager les lois générales qui sont à l'œuvre dans les langues ; 3) se délimiter et se définir elle-même [3].

Programme dont on n'a pas remarqué que, sous des dehors rationnels, il recèle une étrangeté, qui en fait justement la

---

1. « ... the word or sign which man uses is the man himself. For, as the fact that every thought is a sign, taken in conjunction with the fact that life is a train of thought, proves that man is a sign ; so that every thought is an EXTERNAL sign proves that man is an external sign » (Peirce, *op. cit.*, p. 71).
2. « Everything in which we take the least interest creates in us its particular emotion, however slight this emotion may be. This emotion is a sign and a predicate of the thing » (Peirce, *op. cit.*, p. 67).
3. F. de Saussure, *Cours de linguistique générale* (C.L.G.), 4e éd., p. 21

force et l'audace. La linguistique aura donc pour objet, en troisième lieu, de se définir elle-même. Cette tâche, si on veut bien l'entendre pleinement, absorbe les deux autres et, en un sens, les détruit. Comment la linguistique peut-elle se délimiter et se définir elle-même, sinon en délimitant et définissant son objet propre, la langue ? Mais peut-elle alors remplir ses deux autres tâches, désignées comme les deux premières qu'elle doive exécuter, la description et l'histoire des langues ? Comment la linguistique saurait-elle « chercher les forces qui sont en jeu d'une manière permanente et universelle dans toutes les langues et dégager les lois générales auxquelles on peut ramener tous les phénomènes particuliers de l'histoire », si l'on n'a pas commencé par définir les pouvoirs et les ressources de la linguistique, c'est-à-dire la prise qu'elle a sur le langage, donc la nature et les caractères propres de cette entité, la langue ? Tout se commande dans cette exigence, et le linguiste ne peut tenir l'une de ses tâches distincte des autres ni en assumer aucune jusqu'au bout, s'il n'a d'abord pris conscience de la singularité de la langue entre tous les objets de science. Dans cette prise de conscience réside la condition préalable à toute autre démarche active et cognitive de la linguistique, et loin d'être au même plan que les deux autres et de les supposer accomplies, cette troisième tâche : « se délimiter et se définir elle-même » donne à la linguistique la mission de les transcender au point d'en suspendre l'accomplissement à son accomplissement propre. Là est la grande nouveauté du programme saussurien. La lecture du *Cours* confirme aisément que pour Saussure, une linguistique n'est possible qu'à cette condition : se connaître enfin en découvrant son objet.

Tout procède alors de cette question : « Quel est l'objet à la fois intégral et concret de la linguistique ? »[1] et la première démarche vise à ruiner toutes les réponses antérieures : « De quelque côté que l'on aborde la question, nulle part l'objet intégral de la linguistique ne s'offre à nous »[2]. Le terrain ainsi déblayé, Saussure pose la première exigence de méthode : il faut séparer la LANGUE du langage. Pourquoi ? Méditons les quelques lignes où glissent, furtifs, les concepts essentiels :

1. *C.L.G.*, p. 23.
2. *C.L.G.*, p. 24.

> Pris dans son tout, le langage est multiforme et hétéroclite ; à cheval sur plusieurs domaines, à la fois physique, physiologique et psychique, il appartient encore au domaine individuel et au domaine social ; il ne se laisse classer dans aucune catégorie des faits humains, parce qu'on ne sait comment dégager son unité.
> La langue, au contraire, est un tout en soi et un principe de classification. Dès que nous lui donnons la première place parmi les faits de langage, nous introduisons un ordre naturel dans un ensemble qui ne se prête à aucune autre classification [1].

La préoccupation de Saussure est de découvrir le principe d'unité qui domine la multiplicité des aspects où nous apparaît le langage. Seul ce principe permettra de classer les faits de langage parmi les faits humains. La réduction du langage à la langue satisfait cette double condition : elle permet de poser la langue comme principe d'unité et du même coup de trouver la place de la langue parmi les faits humains. Principe de l'unité, principe de classement, voilà introduits les deux concepts qui vont à leur tour introduire la sémiologie.

Ils sont l'un et l'autre nécessaires à fonder la linguistique comme science : on ne concevrait pas une science incertaine de son objet, indécise sur son appartenance. Mais bien au-delà de ce souci de rigueur, il y va du statut propre à l'ensemble des faits humains.

Ici encore on n'a pas assez remarqué la nouveauté de la démarche saussurienne. Il ne s'agit pas de décider si la linguistique est plus proche de la psychologie ou de la sociologie ni de lui trouver une place au sein des disciplines existantes. C'est à un autre niveau que le problème est posé et dans des termes qui créent leurs propres concepts. La linguistique fait partie d'une science qui n'existe pas encore, qui s'occupera des autres systèmes du même ordre dans l'ensemble des faits humains, la SÉMIOLOGIE. Il faut citer ici la page qui énonce et situe cette relation :

> La langue est un système de signes exprimant des idées, et par là, comparable à l'écriture, à l'alphabet des sourds-muets, aux rites symboliques, aux formes de politesse, aux signaux militaires, etc., etc. Elle est seulement le plus important de ces systèmes.
> On peut donc concevoir UNE SCIENCE QUI ÉTUDIE LA VIE DES SIGNES AU SEIN DE LA VIE SOCIALE ; elle formerait une partie de la psychologie sociale, et par conséquent de la psychologie générale ;

---

1. *C.L.G.*, p. 25.

nous la nommerons SÉMIOLOGIE (du grec *sēmeîon* « signe »). Elle nous apprendrait en quoi consistent les signes, quelles lois les régissent. Puisqu'elle n'existe pas encore, on ne peut dire ce qu'elle sera ; mais elle a droit à l'existence, sa place est déterminée d'avance. La linguistique n'est qu'une partie de cette science générale, les lois que découvrira la sémiologie seront applicables à la linguistique, et celle-ci se trouvera ainsi rattachée à un domaine bien défini dans l'ensemble des faits humains.

C'est au psychologue à déterminer la place exacte de la sémiologie [1] ; la tâche du linguiste est de définir ce qui fait de la langue un système spécial dans l'ensemble des faits sémiologiques. La question sera reprise plus bas ; nous ne retenons ici qu'une chose : si pour la première fois nous avons pu assigner à la linguistique une place parmi les sciences, c'est parce que nous l'avons rattachée à la sémiologie [2].

Du long commentaire que demanderait cette page, le principal sera impliqué dans la discussion que nous entamons plus loin. Nous retiendrons seulement, pour les mettre en relief, les caractères primordiaux de la sémiologie, telle que Saussure la conçoit, telle d'ailleurs qu'il l'avait reconnue longtemps avant de l'évoquer dans son enseignement [3].

La langue se présente sous tous ses aspects comme une dualité : institution sociale, elle est mise en œuvre par l'individu ; discours continu, elle se compose d'unités fixes. C'est que la langue est indépendante des mécanismes phono-acoustiques de la parole : elle consiste en « un système de signes où il n'y a d'essentiel que l'union du sens et de l'image acoustique, et où les deux parties du signe sont également psychiques »[4]. Où la langue trouve-t-elle son unité et le principe de son fonctionnement ? Dans son caractère sémiotique. Par là se définit sa nature, par là aussi elle s'intègre à un ensemble de systèmes de même caractère.

Pour Saussure, à la différence de Peirce, le signe est d'abord une notion linguistique, qui plus largement s'étend à certains ordres de faits humains et sociaux. Là se circonscrit son domaine. Mais ce domaine comprend, outre la langue, des

1. Ici Saussure renvoie à Ad. Naville, *Classification des sciences*, 2ᵉ éd., p. 104.
2. *C.L.G.*, p. 33-34.
3. La notion et le terme se trouvaient déjà dans une note manuscrite de Saussure publiée par R. Godel, *Sources manuscrites*, p. 46 et qui date de 1894 (cf. p. 37).
4. *C.L.G.*, p. 32.

systèmes homologues à celui de la langue. Saussure en cite quelques-uns. Ceux-ci ont tous ce caractère d'être des systèmes de SIGNES. La langue « est seulement le plus important de ces systèmes ». Le plus important sous quel rapport ? Est-ce simplement parce que la langue tient plus de place dans la vie sociale que n'importe quel autre système ? Rien ne permet d'en décider.

La pensée de Saussure, très affirmative sur la relation de la langue aux systèmes de signes, est moins claire sur la relation de la linguistique à la sémiologie, science des systèmes de signes. Le destin de la linguistique sera de se rattacher à la sémiologie qui elle-même formera « une partie de la psychologie sociale, et par conséquent de la psychologie générale ». Mais il faut attendre que la sémiologie, « science qui étudie la vie des signes au sein de la vie sociale », soit constituée pour que nous apprenions « en quoi consistent les signes, quelles lois les régissent ». Saussure renvoie donc à la science future la tâche de définir le signe même. Néanmoins il élabore pour la linguistique l'instrument de sa sémiologie propre, le signe linguistique : « Pour nous, ... le problème linguistique est avant tout sémiologique, et tous nos développements empruntent leur signification à ce fait important »[1].

Ce qui rattache la linguistique à la sémiologie est ce principe, posé au centre de la linguistique, que le signe linguistique est « arbitraire ». D'une manière générale, l'objet principal de la sémiologie sera « l'ensemble des systèmes fondés sur l'arbitraire du signe »[2]. En conséquence, dans l'ensemble des systèmes d'expression la précellence revient à la langue :

> On peut ... dire que les signes entièrement arbitraires réalisent mieux que les autres l'idéal du procédé sémiologique ; c'est pourquoi la langue, le plus complexe et le plus répandu des systèmes d'expression, est aussi le plus caractéristique de tous ; en ce sens la linguistique peut devenir le patron général de toute sémiologie, bien que la langue ne soit qu'un système particulier[3].

Ainsi, tout en formulant avec netteté l'idée que la linguistique a un rapport nécessaire avec la sémiologie, Saussure s'abstient de définir la nature de ce rapport, sinon par le

1. *C.L.G.*, p. 34-35.
2. *C.L.G.*, p. 100.
3. *C.L.G.*, p. 101.

principe de l'« arbitraire du signe » qui gouvernerait l'ensemble des systèmes d'expression et d'abord la langue. La sémiologie comme science des signes reste chez Saussure une vue prospective, qui dans ses traits les plus précis se modèle sur la linguistique.

Quant aux systèmes qui, avec la langue, relèvent de la sémiologie, Saussure se borne à en citer rapidement quelques-uns, sans d'ailleurs en épuiser la liste, puisqu'il n'avance aucun critère délimitatif : « l'écriture, l'alphabet des sourds-muets, les rites symboliques, les formes de politesse, les signaux militaires, etc. »[1]. Ailleurs il parle de considérer les rites, les coutumes, etc. comme des signes[2].

Reprenant ce grand problème au point où Saussure l'a laissé nous voudrions insister d'abord sur la nécessité d'un effort préalable de classement, si l'on veut promouvoir l'analyse et affermir les bases de la sémiologie.

De l'écriture nous ne dirons rien ici, réservant pour un examen particulier ce problème difficile. Les rites symboliques, les formes de politesse sont-ils des systèmes autonomes ? Peut-on vraiment les mettre au même plan que la langue ? Ils ne se tiennent dans une relation sémiologique que par l'intermédiaire d'un discours : le « mythe », qui accompagne le « rite »; le « protocole » qui règle les formes de politesse. Ces signes, pour naître et s'établir comme système, supposent la langue, qui les produit et les interprète. Ils sont donc d'un ordre distinct, dans une hiérarchie à définir. On entrevoit déjà que, non moins que les systèmes de signes, les RELATIONS entre ces systèmes constitueront l'objet de la sémiologie.

Il est temps de quitter les généralités et d'aborder enfin le problème central de la sémiologie, le statut de la langue parmi les systèmes de signes. Rien ne pourra être assuré dans la théorie tant qu'on n'aura pas éclairci la notion et la valeur du signe dans les ensembles où l'on peut déjà l'étudier. Nous pensons que cet examen doit commencer par les systèmes non linguistiques.

---

1. Ci-dessus, p. 47.
2. *C.L.G.*, p. 35.

II

Le rôle du signe est de représenter, de prendre la place d'autre chose en l'évoquant à titre de substitut. Toute définition plus précise, qui distinguerait notamment plusieurs variétés de signes, suppose une réflexion sur le principe d'une science des signes, d'une sémiologie, et un effort pour l'élaborer. La moindre attention à notre comportement, aux conditions de la vie intellectuelle et sociale, de la vie de relation, des rapports de production et d'échange nous montre que nous utilisons concurremment et à chaque instant plusieurs systèmes de signes : d'abord les signes du langage, qui sont ceux dont l'acquisition commence le plus tôt avec le début de la vie consciente; les signes de l'écriture; les « signes de politesse », de reconnaissance, de ralliement, dans toutes leurs variétés et hiérarchies; les signes régulateurs des mouvements véhiculaires; les « signes extérieurs » indiquant les conditions sociales; les « signes monétaires », valeurs et indices de la vie économique; les signes des cultes, rites, croyances; les signes de l'art dans leurs variétés (musique, images; reproductions plastiques), bref et sans dépasser la constatation empirique, il est clair que notre vie entière est prise dans des réseaux de signes qui nous conditionnent au point qu'on n'en saurait supprimer un seul sans mettre en péril l'équilibre de la société et de l'individu. Ces signes semblent s'engendrer et se multiplier en vertu d'une nécessité interne, qui apparemment répond aussi à une nécessité de notre organisation mentale. Dans ces nombreuses et si diverses manières qu'ont les signes de se configurer, quel principe introduire qui ordonne les rapports et délimite les ensembles ?

Le caractère commun à tous les systèmes et le critère de leur appartenance à la sémiologie est leur propriété de signifier ou SIGNIFIANCE, et leur composition en unités de signifiance, ou SIGNES. Il s'agit maintenant de décrire leurs caractères distinctifs.

Un système sémiologique se caractérise :

1º par son mode opératoire,
2º par son domaine de validité,

3º par la nature et le nombre de ses signes,
4º par son type de fonctionnement.

Chacun de ces traits comporte un certain nombre de variétés.

Le MODE OPÉRATOIRE est la manière dont le système agit, notamment le sens (vue, ouïe, etc.) auquel il s'adresse.

Le DOMAINE DE VALIDITÉ est celui où le système s'impose et doit être reconnu ou obéi.

La NATURE et le NOMBRE DES SIGNES sont fonction des conditions susdites.

Le TYPE DE FONCTIONNEMENT est la relation qui unit les signes et leur confère fonction distinctive.

Éprouvons cette définition sur un système de niveau élémentaire : le système des feux du trafic routier :

— son mode opératoire est visuel, généralement diurne et à ciel ouvert;

— son domaine de validité est le déplacement des véhicules sur routes;

— ses signes sont constitués par l'opposition chromatique vert-rouge (parfois avec une phase intermédiaire, jaune, de simple transition), donc un système binaire;

— son type de fonctionnement est une relation d'alternance (jamais de simultanéité) vert/rouge signifiant voie ouverte/voie fermée, ou sous forme prescriptive : « go/stop ».

Ce système est susceptible d'extension ou de transfert, mais dans une seule de ces quatre conditions : le domaine de validité. On peut l'appliquer à la navigation fluviale, au balisage des chenaux, des pistes d'aviation, etc., à condition de garder la même opposition chromatique, dans la même signification. La nature des signes ne peut être modifiée que temporairement et pour des raisons d'opportunité [1].

Les caractères qui sont réunis dans cette définition forment deux groupes : les deux premiers, relatifs au mode d'opération et au domaine de validité, fournissent les conditions externes, empiriques, du système; les deux derniers, relatifs aux signes et à leur type de fonctionnement, en indiquent les conditions internes, sémiotiques. Les deux premières admettent certaines variations ou accommodations, les deux autres, non.

---

[1]. Des contraintes matérielles (brouillard) peuvent imposer des procédés supplétifs, par exemple des signaux sonores à la place des signaux visuels, mais ces expédients temporaires ne changent pas les conditions normales.

Cette forme structurale dessine un modèle canonique de système binaire, qu'on retrouve par exemple dans les modes de votation, par boules blanches ou noires, debout ou assis, etc., et dans toutes circonstances où l'alternative pourrait être (mais n'est pas) énoncée en termes linguistiques tels que : oui/non.

Dès à présent nous pouvons dégager deux principes qui touchent aux relations entre systèmes sémiotiques.

Le premier principe peut être énoncé comme le PRINCIPE DE NON-REDONDANCE entre systèmes. Il n'y a pas de « synonymie » entre systèmes sémiotiques; on ne peut pas « dire la même chose » par la parole et par la musique, qui sont des systèmes à base différente.

Cela revient à dire que deux systèmes sémiotiques de type différent ne peuvent être mutuellement convertibles. Dans le cas cité, la parole et la musique ont bien ce trait commun, la production de sons et le fait de s'adresser à l'ouïe; mais ce rapport ne prévaut pas contre la différence de nature entre leurs unités respectives et entre leurs types de fonctionnement, comme on le montrera plus loin. Ainsi la non-convertibilité entre systèmes à bases différentes est la raison de la non-redondance dans l'univers des systèmes de signes. L'homme ne dispose pas de plusieurs systèmes distincts pour le MÊME rapport de signification.

En revanche, l'alphabet graphique et l'alphabet Braille ou Morse ou celui des sourds-muets sont mutuellement convertibles, étant tous des systèmes de mêmes bases fondés sur le principe alphabétique : une lettre, un son.

Un second principe découle de celui-là et le complète.

Deux systèmes peuvent avoir un même signe en commun sans qu'il en résulte synonymie ni redondance, c'est-à-dire que l'identité substantielle d'un signe ne compte pas, mais seulement sa différence fonctionnelle. Le rouge du système binaire de signalisation routière n'a rien de commun avec le rouge du drapeau tricolore, ni le blanc de ce drapeau avec le blanc du deuil en Chine. La valeur d'un signe se définit seulement dans le système qui l'intègre. Il n'y a pas de signe trans-systématique.

Les systèmes de signes sont-ils alors autant de mondes clos, n'ayant entre eux qu'un rapport de coexistence peut-être fortuit? Nous formulerons une nouvelle exigence de méthode. Il faut que le rapport posé entre systèmes sémiotiques soit lui-même de nature sémiotique. Il sera déterminé d'abord par l'action d'un même milieu culturel, qui d'une manière ou d'une autre produit et nourrit tous les systèmes qui lui sont propres. C'est là encore un rapport externe, qui n'implique pas nécessairement une relation de cohérence entre les systèmes particuliers. Il y a une seconde condition : il s'agit de déterminer si un système sémiotique donné peut s'interpréter par lui-même ou s'il doit recevoir d'un autre système son interprétation. Le rapport sémiotique entre systèmes s'énoncera alors comme un rapport entre SYSTÈME INTERPRÉTANT et SYSTÈME INTERPRÉTÉ. C'est celui que nous poserons, à grande échelle, entre les signes de la langue et ceux de la société : les signes de la société peuvent être intégralement interprétés par ceux de la langue, non l'inverse. La langue sera donc l'interprétant de la société [1]. A petite échelle on pourra considérer l'alphabet graphique comme l'interprétant du Morse ou du Braille, à cause de la plus grande extension de son domaine de validité, et en dépit du fait qu'ils sont tous mutuellement convertibles.

Nous pouvons déjà inférer de là que les sous-systèmes sémiotiques intérieurs à la société seront logiquement les interprétés de la langue, puisque la société les contient et que la société est l'interprété de la langue. On aperçoit déjà dans ce rapport une dissymétrie fondamentale, et l'on peut remonter à la première cause de cette non-réversibilité : c'est que la langue occupe une situation particulière dans l'univers des systèmes de signes. Si l'on convient de désigner par S l'ensemble de ces systèmes et par L la langue, la conversion se fait toujours dans le sens $S \rightarrow L$, jamais à l'inverse. Nous avons là un principe général de hiérarchie, propre à être introduit dans la classification des systèmes sémiotiques et qui servira à construire une théorie sémiologique.

Pour faire mieux ressortir les différences entre les ordres de rapports sémiotiques, nous posons maintenant dans la même perspective un système tout autre, celui de la musique. Les différences vont nous apparaître, pour l'essentiel, dans la nature des « signes » et dans leur mode de fonctionnement.

La musique est faite de SONS, qui ont statut musical quand

---

[1]. Ce point sera développé ailleurs.

ils sont désignés et classés comme NOTES. Il n'y a pas en musique d'unités directement comparables aux « signes » de la langue. Ces notes ont un cadre organisateur, la GAMME, dans laquelle elles entrent à titre d'unités discrètes, discontinues de l'une à l'autre, en nombre fixe, chacune caractérisée par un nombre constant de vibrations en temps donné. Les gammes comprennent les mêmes notes à des hauteurs différentes qui sont définies par un nombre de vibrations en progression géométrique, les intervalles restant les mêmes.

Les sons musicaux peuvent être produits en monophonie ou en polyphonie; ils fonctionnent à l'état isolé ou en simultanéité (accords) quels que soient les intervalles qui les séparent dans leurs gammes respectives. Il n'y a pas de limitation à la multiplicité des sons produits simultanément par un assemblage d'instruments, ni à l'ordre, à la fréquence ou à l'étendue des combinaisons. Le compositeur organise librement les sons dans un discours qui n'est soumis à aucune convention « grammaticale » et qui obéit à sa propre « syntaxe ».

On voit donc en quoi le système musical admet et en quoi il n'admet pas d'être considéré comme sémiotique. Il est organisé à partir d'un ensemble constitué par la gamme, qui est elle-même formée de notes. Les notes n'ont de valeur différentielle qu'à l'intérieur de la gamme, et la gamme est elle-même un ensemble récurrent à plusieurs hauteurs, spécifié par le ton qu'indique la clef.

L'unité de base sera donc la note, unité distinctive et oppositive du son, mais elle ne prend cette valeur que dans la gamme, qui fixe le paradigme des notes. Cette unité est-elle sémiotique? On peut décider qu'elle l'est dans son ordre propre, puisqu'elle y détermine des oppositions. Mais alors elle n'a aucun rapport avec la sémiotique du signe linguistique, et de fait elle est inconvertible en unités de langue, à quelque niveau que ce soit.

Une autre analogie, qui dévoile en même temps une différence profonde, est celle-ci. La musique est un système qui fonctionne sur deux axes : l'axe des simultanéités et l'axe des séquences. On penserait à une homologie avec le fonctionnement de la langue sur ses deux axes, paradigmatique et syntagmatique. Or l'axe des simultanéités en musique contredit le principe même du paradigmatique en langue, qui est principe de sélection, excluant toute simultanéité intra-segmentale ; et l'axe des séquences en musique ne coïncide pas non plus avec l'axe syntagmatique de la langue, puisque la séquence musicale est compatible avec la simultanéité des sons, et qu'elle n'est en outre assujettie à aucune contrainte de liaison ou d'exclusion à l'égard de quelque son ou ensemble de sons que ce soit. Ainsi la combinatoire musicale qui relève de l'harmonie et du contrepoint n'a pas d'équivalent dans la langue, où tant le paradigme que le syntagme sont soumis à des dispositions spécifiques : règles de compatibilité, de sélectivité, de récurrence, etc. d'où dépendent la fréquence et la prévisibilité statistiques d'une part, et la possibilité de construire des énoncés intelligibles de l'autre. Cette différence ne dépend pas d'un système musical particulier ni de l'échelle sonore choisie ; la dodécaphonie sérielle y est astreinte aussi bien que la diatonie.

On peut dire en somme, si la musique est considérée comme une « langue », que c'est une langue qui a une syntaxe, mais pas de sémiotique. Ce contraste dessine par avance un trait positif et nécessaire de la sémiologie linguistique qui est à retenir.

Passons maintenant à un autre domaine, celui des arts dits plastiques, domaine immense, où nous nous contenterons de chercher si quelque similitude ou opposition peut éclairer la sémiologie de la langue. Ici dès l'abord on se heurte à une difficulté de principe : y a-t-il quelque chose de commun à la base de tous ces arts, sinon la notion vague du « plastique » ? Trouve-t-on dans chacun d'eux, fût-ce dans l'un d'eux seulement, une entité formelle que l'on puisse dénommer UNITÉ du système considéré ? Mais quelle peut être l'unité de la peinture ou du dessin ? Est-ce la figure, le trait, la couleur ? La question, ainsi formulée, a-t-elle encore un sens ?

Il est temps d'énoncer les conditions minimales d'une comparaison entre systèmes d'ordres différents. Tout système sémiotique reposant sur des signes doit nécessairement comporter (1) un répertoire fini de SIGNES, (2) des règles d'arrangement qui en gouvernent les FIGURES (3) indépendamment de la nature et du nombre des DISCOURS que le système permet de produire. Aucun des arts plastiques considérés dans leur ensemble ne paraît reproduire un tel modèle. Tout au plus pourrait-on en trouver quelque approximation dans l'œuvre de tel artiste ; il ne s'agirait plus alors de conditions générales et constantes, mais d'une caractéristique individuelle, et cela encore nous éloignerait de la langue.

Il apparaît que la notion d'UNITÉ est au centre de la problématique qui nous occupe [1] et qu'aucune théorie sérieuse ne pourra se constituer si elle oublie ou esquive la question de l'unité, car tout système signifiant doit se définir par son mode de signification. Un tel système doit donc désigner les unités qu'il met en jeu pour produire le « sens » et spécifier la nature du « sens » produit.

Deux questions se posent alors :

1º Peut-on réduire à des unités tous les systèmes sémiotiques ?

2º Ces unités, dans les systèmes où elles existent, sont-elles des SIGNES ?

L'unité et le signe sont à tenir pour des caractéristiques distinctes. Le signe est nécessairement une unité, mais l'unité peut n'être pas un signe. De ceci au moins nous sommes

---

[1]. Il n'a pas semblé utile ni même possible d'alourdir ces pages, qui énoncent nos vues personnelles, d'une discussion des théories antérieures. Le lecteur informé verra notamment ce qui nous sépare de Louis Hjelmslev sur des points essentiels. Ce qu'il appelle *semiotics* est défini comme « a hierarchy, any of whose components admits of a further analysis into classes defined by mutual relation, so that any of these classes admits of an analysis into derivates defined by mutual mutation » (*Prolegomena to a Theory of Language*, transl. Whitfield [1961], 106). Une pareille définition ne sera recevable que dans une adhésion globale aux principes de la glossématique. Les considérations du même auteur (*op. cit.* p. 109) sur la place du langage dans les structures sémiotiques, sur les limites entre le sémiotique et le non-sémiotique, reflètent une position toute provisoire et encore imprécise. On ne pourra qu'approuver l'invitation à étudier sous un même point de vue les diverses disciplines sémiotiques : « it seems fruitful and necessary to establish a common point of view for a large number of disciplines, from the study of literature, art, and music, and general history, all the way to logistics and mathematics, so that from this common point of view these sciences are concentrated around a linguistically defined setting of problems » (*op. cit.* p. 108). Mais ce vaste programme demeure un vœu pieux tant qu'on n'a pas élaboré les bases théoriques d'une comparaison entre les systèmes. C'est ce que nous tentons de faire ici. Plus récemment, Charles Morris, *Signification and Significance* (1964), p. 62, se borne à noter, que pour nombre de linguistes dont il cite quelques-uns, la linguistique fait partie de la sémiotique, mais il ne définit pas la situation de la langue sous ce rapport.

assurés : la langue est faite d'unités, et ces unités sont des signes. Qu'en est-il des autres systèmes sémiologiques ?

Nous considérons d'abord le fonctionnement des systèmes dits artistiques, ceux de l'image et du son, en ignorant délibérément leur fonction esthétique. La « langue » musicale consiste en combinaisons et successions de sons, diversement aticulés; l'unité élémentaire, le son, n'est pas un signe; chaque son est identifiable dans la structure scalaire dont il dépend, aucun n'est doté de signifiance. Voilà l'exemple typique d'unités qui ne sont pas des signes, qui ne désignent pas, étant seulement les degrés d'une échelle dont on fixe arbitrairement l'étendue. Nous tenons ici un principe discriminateur : les systèmes fondés sur des unités se partagent entre systèmes à unités signifiantes et systèmes à unités non signifiantes. Dans la première catégorie on mettra la langue; dans la seconde la musique [1].

Dans les arts de la figuration (peinture, dessin, sculpture) à images fixes ou mobiles, c'est l'existence même d'unités qui devient matière à discussion. De quelle nature seraient-elles ? S'il s'agit de couleurs, on reconnaît qu'elles composent aussi une échelle dont les degrés principaux sont identifiés par leur nom. Elles sont désignées, elles ne désignent pas; elles ne renvoient à rien, ne suggèrent rien d'une manière univoque. L'artiste les choisit, les amalgame, les dispose à son gré sur la toile, et c'est finalement dans la composition seule qu'elles s'organisent et prennent, techniquement parlant, une « signification », par la sélection et l'arrangement. L'artiste crée ainsi sa propre sémiotique : il institue ses oppositions en traits qu'il rend lui-même signifiants dans leur ordre. Il ne reçoit donc pas un répertoire de signes, reconnus tels, et il n'en établit pas un. La couleur, ce matériau, comporte une

---

[1]. Roland Harweg, « Language and Music, an Immanent and Sign Theoretic Approach » (*Foundations of Language*, 4 [1968], 270 sq.), constate bien que « the sign theoretic approach is inadequate for the study of music, for the only thing it can provide with regard to it are negative statements— "negative" taken in a logical, not in an evaluative sense. All it can state may be comprised in the statement that music is NOT a significational-representational institution as is language » (p. 273). Il manque toutefois à cette constatation l'appui d'une élaboration théorique. Le problème que nous discutons ici est justement celui de la validité intersémiotique de la notion de « signe ».

variété illimitée de nuances gradables, dont aucune ne trouvera d'équivalence avec un « signe » linguistique.

Quant aux arts de la figure, ils relèvent déjà d'un autre niveau, celui de la représentation, où trait, couleur, mouvement se combinent et entrent dans des ensembles gouvernés par des nécessités propres. Ce sont là des systèmes distincts, d'une grande complexité, où la définition du signe ne se précisera qu'avec le développement d'une sémiologie encore indécise.

Les relations signifiantes du « langage » artistique sont à découvrir À L'INTÉRIEUR d'une composition. L'art n'est jamais ici qu'une œuvre d'art particulière, où l'artiste instaure librement des oppositions et des valeurs dont il joue en toute souveraineté, n'ayant ni de « réponse » à attendre, ni de contradiction à éliminer, mais seulement une vision à exprimer, selon des critères, conscients ou non, dont la composition entière porte témoignage et devient manifestation.

On peut donc distinguer les systèmes où la signifiance est imprimée par l'auteur à l'œuvre et les systèmes où la signifiance est exprimée par les éléments premiers à l'état isolé, indépendamment des liaisons qu'ils peuvent contracter. Dans les premiers, la signifiance se dégage des relations qui organisent un monde clos, dans les seconds elle est inhérente aux signes eux-mêmes. La signifiance de l'art ne renvoie donc jamais à une convention identiquement reçue entre partenaires [1]. Il faut en découvrir chaque fois les termes, qui sont

1. Mieczyslaw Wallis, « Mediaeval Art as a Language », *Actes du 5ᵉ Congrès international d'esthétique* (Amsterdam, 1964), 427 n., « La notion de champ sémantique et son application à la théorie de l'Art », *Sciences de l'art*, numéro spécial (1966), 3 sq., fait d'utiles observations sur les signes iconiques, notamment dans l'art médiéval : il y discerne un « vocabulaire », et des règles de « syntaxe ». Certes, on peut reconnaître dans la sculpture médiévale un certain répertoire iconique qui correspond à certains thèmes religieux, à certains enseignements théologiques ou moraux. Mais ce sont des messages conventionnels, produits dans une topologie également conventionnelle où les figures occupent des emplacements symboliques, conformes à des représentations familières. En outre, les scènes figurées sont la transposition iconique de récits ou de paraboles; elles reproduisent une verbalisation initiale. Le véritable problème sémiologique, qui à notre connaissance n'a pas encore été posé, serait de rechercher COMMENT s'effectue cette transposition d'une énonciation verbale en une représentation iconique, quelles sont les correspondances possibles d'un système à un autre et dans quelle mesure cette confrontation se laisserait poursuivre jusqu'à la détermination de correspondances entre GNES distincts.

illimités en nombre, imprévisibles en nature, donc à réinventer pour chaque œuvre, bref inaptes à se fixer en une institution. La signifiance de la langue, au contraire, est la signifiance même, fondant la possibilité de tout échange et de toute communication, par là de toute culture.

Il reste donc loisible, moyennant quelques métaphores, d'assimiler l'exécution d'une composition musicale à la production d'un énoncé de langue; on pourra parler d'un « discours » musical, qui s'analyse en « phrases » séparées par des « pauses » ou des « silences », marquées par des « motifs » reconnaissables. On pourra aussi dans les arts de la figuration chercher les principes d'une morphologie et d'une syntaxe [1]. Une chose au moins est sûre : aucune sémiologie du son, de la couleur, de l'image ne se formulera en sons, en couleurs, en images. Toute sémiologie d'un système non-linguistique doit emprunter le truchement de la langue, ne peut donc exister que par et dans la sémiologie de la langue. Que la langue soit ici instrument et non objet d'analyse ne change rien à cette situation, qui commande toutes les relations sémiotiques; la langue est l'interprétant de tous les autres systèmes, linguistiques et non-linguistiques.

Il nous faut ici préciser la nature et les possibilités des relations entre systèmes sémiotiques. Nous posons trois types de relations.

1º Un système peut engendrer un autre système. La langue usuelle engendre la formalisation logico-mathématique; l'écriture ordinaire engendre l'écriture sténographique; l'alphabet normal engendre l'alphabet Braille. Cette RELATION D'ENGENDREMENT vaut entre deux systèmes distincts et contemporains, mais de même nature, dont le second est construit à partir du premier et remplit une fonction spécifique. Il faut soigneusement distinguer ce rapport d'engendrement du rapport de dérivation, qui suppose évolution

---

1. La possibilité d'étendre les catégories sémiologiques aux techniques de l'image, et particulièrement au cinéma est débattue d'une manière instructive par Chr. Metz, *Essais sur la signification au cinéma* (Paris, 1968), pp. 66 sq.; 84 sqq., 95 sq. — J. L. Scheffer, *Scénographie d'un tableau* (Paris, 1969), inaugure une « lecture » sémiologique de l'œuvre peinte et en propose une analyse analogue à celle d'un « texte ». Ces recherches montrent déjà l'éveil d'une réflexion originale sur les champs et les catégories de la sémiologie non-linguistique.

et transition historique. Entre l'écriture hiéroglyphique et l'écriture démotique il y a dérivation, non engendrement. L'histoire des systèmes d'écriture donne maint exemple de dérivation.

2⁰ Le deuxième type de relation est la RELATION D'HOMOLOGIE, établissant une corrélation entre les parties de deux systèmes sémiotiques. A la différence de la précédente, cette relation n'est pas constatée, mais instaurée en vertu de connexions qu'on découvre ou qu'on établit entre deux systèmes distincts. La nature de l'homologie peut varier, intuitive ou raisonnée, substantielle ou structurale, conceptuelle ou poétique. « Les parfums, les couleurs et les sons se répondent. » Ces « correspondances » ne sont qu'à Baudelaire, elles organisent son univers poétique et l'imagerie qui le reflète. De nature plus intellectuelle est l'homologie que Panofsky voit entre l'architecture gothique et la pensée scolastique [1]. On a aussi relevé l'homologie entre l'écriture et le geste rituel en Chine. Deux structures linguistiques de structures différentes peuvent révéler des homologies partielles ou étendues. Tout dépend de la manière dont on pose les deux systèmes, des paramètres qu'on emploie, des champs où l'on opère. Selon le cas, l'homologie instaurée servira de principe unificateur entre deux domaines et se limitera à ce rôle fonctionnel, ou elle créera une nouvelle espèce de valeurs sémiotiques. Rien n'assure à l'avance la validité de cette relation, rien n'en borne l'étendue.

3⁰ La troisième relation entre systèmes sémiotiques sera dénommée RELATION D'INTERPRÉTANCE. Nous désignons ainsi celle que nous instituons entre un système interprétant et un système interprété. Au point de vue de la langue, c'est le rapport fondamental, celui qui départage les systèmes en systèmes qui articulent, parce qu'ils manifestent leur propre sémiotique, et systèmes qui sont articulés et dont la sémiotique n'apparaît qu'à travers la grille d'un autre mode d'expression. On peut ainsi introduire et justifier ce principe que la langue est l'interprétant de tous les systèmes sémiotiques. Aucun autre système ne dispose d'une « langue » dans

---

1. Erwin Panofsky, *Architecture gothique et pensée scolastique*, trad. P. Bourdieu (Paris, 1967), 104 sq.; cf. P. Bourdieu, *ibid.*, 152 sq. citant les homologies entre l'écriture et l'architecture gothique indiquées par R. Marichal.

laquelle il puisse se catégoriser et s'interpréter selon ses distinctions sémiotiques, tandis que la langue peut, en principe, tout catégoriser et interpréter, y compris elle-même.

On voit ici comment le rapport sémiologique se distingue de tout autre, et notamment du rapport sociologique. Si l'on s'interroge par exemple sur la situation respective de la langue et de la société — thème à débats incessants — et sur leur mode de dépendance mutuelle, le sociologue, et probablement quiconque envisage la question en termes dimensionnels, observera que la langue fonctionne à l'intérieur de la société, qui l'englobe; il décidera donc que la société est le tout, et la langue, la partie. Mais la considération sémiologique inverse ce rapport, car seule la langue permet la société. La langue constitue ce qui tient ensemble les hommes, le fondement de tous les rapports qui à leur tour fondent la société. On pourra dire alors que c'est la langue qui contient la société [1]. Ainsi la relation d'interprétance, qui est sémiotique, va à l'inverse de la relation d'emboîtement, qui est sociologique. Celle-ci, objectivant les dépendances externes, réifie pareillement le langage et la société, tandis que celle-là les met en dépendance mutuelle selon leur capacité de sémiotisation.

Par là se vérifie un critère que nous avons indiqué plus haut quand, pour déterminer les relations entre systèmes sémiotiques, nous avons posé que ces relations doivent être elles-mêmes de nature sémiotique. La relation irréversible d'interprétance, qui inclut dans la langue les autres systèmes, satisfait cette condition.

La langue nous donne le seul modèle d'un système qui soit sémiotique à la fois dans sa structure formelle et dans son fonctionnement :

1º elle se manifeste par l'énonciation, qui porte référence à une situation donnée; parler, c'est toujours parler-de;

2º elle consiste formellement en unités distinctes, dont chacune est un signe;

3º elle est produite et reçue dans les mêmes valeurs de référence chez tous les membres d'une communauté;

4º elle est la seule actualisation de la communication intersubjective.

Pour ces raisons, la langue est l'organisation sémiotique

1. Nous traitons plus en détail de cette relation dans un exposé fait en octobre 1968 au Convegno Olivetti (cf. ci-dessous, pp. 91-102).

par excellence. Elle donne l'idée de ce qu'est une fonction de signe, et elle est seule à en offrir la formule exemplaire. De là vient qu'elle peut seule conférer — et elle confère effectivement — à d'autres ensembles la qualité de systèmes signifiants en les informant de la relation de signe. Il y a donc un MODELAGE SÉMIOTIQUE que la langue exerce et dont on ne conçoit pas que le principe se trouve ailleurs que dans la langue. La nature de la langue, sa fonction représentative, son pouvoir dynamique, son rôle dans la vie de relation font d'elle la grande matrice sémiotique, la structure modelante dont les autres structures reproduisent les traits et le mode d'action.

A quoi tient cette propriété ? Peut-on discerner pourquoi la langue est l'interprétant de tout système signifiant ? Est-ce simplement parce qu'elle est le système le plus commun, celui qui a le champ le plus large, la plus grande fréquence d'emploi et — en pratique — la plus grande efficacité ? Tout à l'inverse : cette situation privilégiée de la langue dans l'ordre pragmatique est une conséquence, non une cause, de sa prééminence comme système signifiant, et de cette prééminence un principe sémiologique peut seul rendre raison. Nous le découvrirons en prenant conscience de ce fait que la langue signifie d'une manière spécifique et qui n'est qu'à elle, d'une manière qu'aucun autre système ne reproduit. Elle est investie d'une DOUBLE SIGNIFIANCE. C'est là proprement un modèle sans analogue. La langue combine deux modes distincts de signifiance, que nous appelons le mode SÉMIOTIQUE d'une part, le mode SÉMANTIQUE de l'autre [1].

[1]. Cette distinction a été proposée pour la première fois à la séance inaugurale du XIIIe Congrès des Sociétés de Philosophie de Langue Française qui s'est tenue à Genève le 3 septembre 1966. L'exposé en a été publié dans les *Actes* de ce XIIIe Congrès, II, 29-40 (avec discussion pp. 41-47) (cf. ci-dessous, pp. 215-238). On y verra l'aboutissement de l'analyse présentée antérieurement sous le titre de *Niveaux de l'analyse linguistique* (dans nos *Problèmes de linguistique générale*, I (1966), p. 119 sq). Nous aurions préféré choisir, pour faire ressortir cette distinction, des termes moins semblables entre eux que SÉMIOTIQUE et SÉMANTIQUE, puisque l'un et l'autre assument ici un sens technique. Il fallait bien cependant que l'un et l'autre évoquent la notion du *séma* à laquelle ils se rattachent tous les deux, quoique différemment. Cette question terminologique ne devrait pas gêner ceux qui voudront bien considérer la perspective entière de notre analyse.

Le sémiotique désigne le mode de signifiance qui est propre au SIGNE linguistique et qui le constitue comme unité. On peut, pour les besoins de l'analyse, considérer séparément les deux faces du signe, mais sous le rapport de la signifiance, unité il est, unité il reste. La seule question qu'un signe suscite pour être reconnu est celle de son existence, et celle-ci se décide par oui ou non : *arbre* - *chanson* - *laver* - *nerf* - *jaune* - *sur*, et non *orbre - *vanson - *laner - *derf - *saune - *tur. Au-delà, on le compare pour le délimiter soit à des signifiants partiellement semblables : *sabre* : *sobre*, ou *sabre* : *sable*, ou *sabre* : *labre*, soit à des signifiés voisins : *sabre* : *fusil*, ou *sabre* : *épée*. Toute l'étude sémiotique, au sens strict, consistera à identifier les unités, à en décrire les marques distinctives et à découvrir des critères de plus en plus fins de la distinctivité. Par là chaque signe sera appelé à affirmer toujours plus clairement sa propre signifiance au sein d'une constellation ou parmi l'ensemble des signes. Pris en lui-même, le signe est pure identité à soi, pure altérité à tout autre, base signifiante de la langue, matériau nécessaire de l'énonciation. Il existe quand il est reconnu comme signifiant par l'ensemble des membres de la communauté linguistique, et il évoque pour chacun, en gros, les mêmes associations et les mêmes oppositions. Tel est le domaine et le critère du sémiotique.

Avec le sémantique, nous entrons dans le mode spécifique de signifiance qui est engendré par le DISCOURS. Les problèmes qui se posent ici sont fonction de la langue comme productrice de messages. Or le message ne se réduit pas à une succession d'unités à identifier séparément; ce n'est pas une addition de signes qui produit le sens, c'est au contraire le sens (l' « intenté »), conçu globalement, qui se réalise et se divise en « signes » particuliers, qui sont les MOTS. En deuxième lieu, le sémantique prend nécessairement en charge l'ensemble des référents, tandis que le sémiotique est par principe retranché et indépendant de toute référence. L'ordre sémantique s'identifie au monde de l'énonciation et à l'univers du discours.

Qu'il s'agit bien de deux ordres distincts de notions et de deux univers conceptuels, on peut le montrer encore par la différence dans le critère de validité qui est requis par l'un et par l'autre. Le sémiotique (le signe) doit être RECONNU;

le sémantique (le discours) doit être COMPRIS. La différence entre reconnaître et comprendre renvoie à deux facultés distinctes de l'esprit : celle de percevoir l'identité entre l'antérieur et l'actuel, d'une part, et celle de percevoir la signification d'une énonciation nouvelle, de l'autre. Dans les formes pathologiques du langage, les deux facultés sont fréquemment dissociées.

La langue est le seul système dont la signifiance s'articule ainsi sur deux dimensions. Les autres systèmes ont une signifiance unidimensionnelle : ou sémiotique (gestes de politesse; *mudrās*), sans sémantique; ou sémantique (expressions artistiques), sans sémiotique. Le privilège de la langue est de comporter à la fois la signifiance des signes et la signifiance de l'énonciation. De là provient son pouvoir majeur, celui de créer un deuxième niveau d'énonciation, où il devient possible de tenir des propos signifiants sur la signifiance. C'est dans cette faculté métalinguistique que nous trouvons l'origine de la relation d'interprétance par laquelle la langue englobe les autres systèmes.

Quand Saussure a défini la langue comme système de signes, il a posé le fondement de la sémiologie linguistique. Mais nous voyons maintenant que si le signe correspond bien aux unités signifiantes de la langue, on ne peut l'ériger en principe unique de la langue dans son fonctionnement discursif. Saussure n'a pas ignoré la phrase, mais visiblement elle lui créait une grave difficulté et il l'a renvoyée à la « parole »[1], ce qui ne résout rien; il s'agit justement de savoir si et comment du signe on peut passer à la « parole ». En réalité le monde du signe est clos. Du signe à la phrase il n'y a pas transition, ni par syntagmation ni autrement. Un hiatus les sépare. Il faut dès lors admettre que la langue comporte deux domaines distincts, dont chacun demande son propre appareil conceptuel. Pour celui que nous appelons sémiotique, la théorie saussurienne du signe linguistique servira de base à la recherche. Le domaine sémantique, par contre, doit être reconnu comme séparé. Il aura besoin d'un appareil nouveau de concepts et de définitions.

La sémiologie de la langue a été bloquée, paradoxalement,

---

1. Cf. *C.L.G.*[4], pp. 148, 172, et les observations de R. Godel, *Current Trends in Linguistics* III, *Theoretical Foundations* (1966), 490 sq.

par l'instrument même qui l'a créée : le signe. On ne pouvait écarter l'idée du signe linguistique sans supprimer le caractère le plus important de la langue ; on ne pouvait non plus l'étendre au discours entier sans contredire sa définition comme unité minimale.

En conclusion, il faut dépasser la notion saussurienne du signe comme principe unique, dont dépendraient à la fois la structure et le fonctionnement de la langue. Ce dépassement se fera par deux voies :

— dans l'analyse intra-linguistique, par l'ouverture d'une nouvelle dimension de signifiance, celle du discours, que nous appelons sémantique, désormais distincte de celle qui est liée au signe, et qui sera sémiotique ;

— dans l'analyse translinguistique des textes, des œuvres, par l'élaboration d'une métasémantique qui se construira sur la sémantique de l'énonciation.

Ce sera une sémiologie de « deuxième génération », dont les instruments et la méthode pourront aussi concourir au développement des autres branches de la sémiologie générale

CHAPITRE IV

Le langage et l'expérience humaine [*]

Toutes les langues ont en commun certaines catégories d'expression qui semblent répondre à un modèle constant. Les formes que revêtent ces catégories sont enregistrées et inventoriées dans les descriptions, mais leurs fonctions n'apparaissent clairement que si on les étudie dans l'exercice du langage et dans la production du discours. Ce sont des catégories élémentaires, qui sont indépendantes de toute détermination culturelle et où nous voyons l'expérience subjective des sujets qui se posent et se situent dans et par le langage. Nous essayons ici d'éclairer deux catégories fondamentales du discours, d'ailleurs conjointes nécessairement, celle de la personne et celle du temps.

Tout homme se pose dans son individualité en tant que *moi* par rapport à *toi* et *lui*. Ce comportement sera jugé « instinctif »; il nous paraît refléter en réalité une structure d'oppositions linguistiques inhérente au discours. Celui qui parle se réfère toujours par le même indicateur *je* à lui-même qui parle. Or cet acte de discours qui énonce *je* apparaîtra, chaque fois qu'il est reproduit, comme le même acte pour celui qui l'entend, mais pour celui qui l'énonce, c'est chaque fois un acte nouveau, fût-il mille fois répété, car il réalise chaque fois l'insertion du locuteur dans un moment nouveau du temps et dans une texture différente de circonstances et de discours. Ainsi, en toute langue et à tout moment, celui qui

[*] *Diogène*, Paris, U.N.E.S.C.O., Gallimard, n° 51 (juillet-septembre 1965), pp. 3-13.

parle s'approprie *je*, ce *je* qui, dans l'inventaire des formes de la langue, n'est qu'une donnée lexicale pareille à une autre, mais qui, mis en action dans le discours, y introduit la présence de la personne sans laquelle il n'est pas de langage possible. Dès que le pronom *je* apparaît dans un énoncé où il évoque — explicitement ou non — le pronom *tu* pour s'opposer ensemble à *il*, une expérience humaine s'instaure à neuf et dévoile l'instrument linguistique qui la fonde. On mesure par là la distance à la fois infime et immense entre la donnée et sa fonction. Ces pronoms sont là, consignés et enseignés dans les grammaires, offerts comme les autres signes et également disponibles. Que l'un des hommes les prononce, il les assume, et le pronom *je*, d'élément d'un paradigme, est transmué en une désignation unique et produit, chaque fois, une personne nouvelle. C'est l'actualisation d'une expérience essentielle, dont on ne conçoit pas que l'instrument puisse jamais manquer à une langue.

Telle est l'expérience centrale à partir de laquelle se détermine la possibilité même du discours. Nécessairement identique dans sa forme (le langage serait impossible si l'expérience chaque fois nouvelle devait s'inventer dans la bouche de chacun une expression chaque fois différente), cette expérience n'est pas décrite, elle est là, inhérente à la forme qui la transmet, constituant la personne dans le discours et par conséquent toute personne dès qu'elle parle. En outre, ce *je* dans la communication change alternativement d'état : celui qui l'entend le rapporte à l'*autre* dont il est le signe indéniable; mais, parlant à son tour, il assume *je* pour son compte propre.

Une dialectique singulière est le ressort de cette subjectivité. La langue pourvoit les parlants d'un même système de références personnelles que chacun s'approprie par l'acte de langage et qui, dans chaque instance de son emploi, dès qu'il est assumé par son énonciateur, devient unique et nonpareil, ne pouvant se réaliser deux fois de la même manière. Mais hors du discours effectif, le pronom n'est qu'une forme vide, qui ne peut être attachée ni à un objet ni à un concept. Il reçoit sa réalité et sa substance du discours seul.

Le pronom personnel n'est pas l'unique forme de cette nature. Quelques autres indicateurs partagent la même situation, notamment la série des déictiques. Montrant les objets, les démonstratifs ordonnent l'espace à partir d'un point central, qui est Ego, selon des catégories variables : l'objet est près ou loin de moi ou de toi, il est ainsi orienté (devant ou derrière moi, en haut ou en bas), visible ou invisible, connu ou inconnu, etc. Le système des coordonnées spatiales se prête ainsi à localiser tout objet en n'importe quel champ, une fois que celui qui l'ordonne s'est lui-même désigné comme centre et repère.

Des formes linguistiques révélatrices de l'expérience subjective, aucune n'est aussi riche que celles qui expriment le *temps*, aucune n'est aussi difficile à explorer, tant les idées reçues, les illusions du « bon sens », les pièges du psychologisme sont tenaces. Nous voudrions montrer que ce terme *temps* recouvre des représentations très différentes, qui sont autant de manières de poser l'enchaînement des choses, et nous voudrions montrer surtout que la langue conceptualise le temps tout autrement que ne le fait la réflexion.

Une confusion assez répandue est de croire que certaines langues ignorent le temps, du fait que, n'appartenant pas à la famille des langues flexionnelles, elles semblent ne pas avoir de verbe. On sous-entend que seul le verbe permet d'exprimer le temps. Il y a là plusieurs confusions que l'on doit dénoncer : la catégorie du verbe se laisse reconnaître même dans les langues non flexionnelles, et l'expression du temps est compatible avec tous les types de structures linguistiques. L'organisation paradigmatique propre aux formes temporelles de certaines langues, notablement des langues indo-européennes, n'a ni en droit ni en fait le privilège exclusif d'exprimer le temps.

Plus générale et, si l'on peut dire, naturelle est une autre confusion qui consiste à penser que le système temporel d'une langue reproduit la nature du temps « objectif », si forte est la propension à voir dans la langue le calque de la réalité. Les langues ne nous offrent en fait que des constructions diverses du réel, et c'est peut-être justement dans la manière dont elles élaborent un système temporel complexe qu'elles divergent le plus. Nous avons à nous demander à quel niveau de l'expression linguistique nous pouvons atteindre la notion du temps qui informe nécessairement toutes les langues, et ensuite, comment se caractérise cette notion.

Il y a en effet un temps spécifique de la langue, mais avant d'y accéder, il faut franchir deux étapes et reconnaître successivement — pour s'en dégager — deux notions distinctes du temps.

Le *temps physique* du monde est un continu uniforme, infini, linéaire, segmentable à volonté. Il a pour corrélat dans l'homme une durée infiniment variable que chaque individu mesure au gré de ses émotions et au rythme de sa vie intérieure. C'est une opposition bien connue et sans doute n'est-il pas nécessaire de s'y arrêter ici.

Du temps physique et de son corrélat psychique, la durée intérieure, nous distinguerons avec grand soin le *temps chronique* qui est le temps des événements, qui englobe aussi notre propre vie en tant que suite d'événements. Dans notre vue du monde, autant que dans notre existence personnelle, il n'y a qu'un temps, celui-là. Il faut nous efforcer de le caractériser dans sa structure propre et dans notre manière de le concevoir.

Notre temps vécu s'écoule sans fin et sans retour, c'est l'expérience commune. Nous ne retrouvons jamais notre enfance, ni hier si proche, ni l'instant enfui à l'instant. Notre vie a pourtant des repères que nous situons exactement dans une échelle reconnue de tous, et auxquels nous rattachons notre passé immédiat ou lointain. Dans cette contradiction apparente gît une propriété essentielle du temps chronique, qu'il faut éclaircir.

L'observateur qu'est chacun de nous peut promener son regard sur les événements accomplis, les parcourir dans deux directions, du passé vers le présent ou du présent vers le passé. Notre propre vie fait partie de ces événements que notre vision descend ou remonte. En ce sens, le temps chronique, figé dans l'histoire, admet une considération bidirectionnelle, tandis que notre vie vécue s'écoule (c'est l'image reçue) dans un seul sens. La notion d'événement est ici essentielle.

Dans le temps chronique, ce que nous appelons « temps » est la continuité où se disposent en série ces blocs distincts que sont les événements. Car les événements ne sont pas le temps, il sont *dans* le temps. Tout est dans le temps, hormis le temps même. Or le temps chronique, comme le temps physique, comporte une double version, objective et subective.

Dans toutes les formes de culture humaine et à toute époque, nous constatons d'une manière ou d'une autre un effort pour objectiver le temps chronique. C'est une condition nécessaire de la vie des sociétés, et de la vie des individus en société. Ce temps socialisé est celui du calendrier.

Toutes les sociétés humaines ont institué un comput ou une division du temps chronique fondé sur la récurrence de phénomènes naturels : alternance du jour et de la nuit, trajet visible du soleil, phases de la lune, mouvements des marées, saisons du climat et de la végétation, etc.

Les calendriers ont des traits communs qui indiquent à quelles conditions nécessaires ils doivent répondre.

Ils procèdent d'un moment axial qui fournit le point zéro du comput : un événement si important qu'il est censé donner aux choses un cours nouveau (naissance du Christ ou du Bouddha; avènement de tel souverain, etc.). C'est la condition première, que nous appelons *stative*.

De celle-là découle la deuxième condition, qui est *directive*. Elle s'énonce par les termes opposés « avant.../après... » relativement à l'axe de référence.

La troisième condition sera dite *mensurative*. On fixe un répertoire d'unités de mesure servant à dénommer les intervalles constants entre les récurrences de phénomènes cosmiques. Ainsi l'intervalle entre l'apparition et la disparition du soleil à deux points différents de l'horizon sera le « jour »; l'intervalle entre deux conjonctions de la lune et du soleil sera le « mois »; l'intervalle défini par une révolution complète du soleil et des saisons sera l' « année ». On peut à volonté y ajouter d'autres unités, qu'elles soient de groupement (semaine, quinzaine, trimestre, siècle) ou de division (heure, minute...), mais elles sont moins usuelles.

Telles sont les caractéristiques du temps chronique, fondement de la vie des sociétés. A partir de l'axe *statif*, les événements sont disposés selon l'une ou l'autre visée *directive*, ou antérieurement (en arrière) ou postérieurement (en avant) par rapport à cet axe, et ils sont logés dans une division qui permet de *mesurer* leur distance à l'axe : tant d'années avant ou après l'axe, puis tel mois et tel jour de l'année en question. Chacune des divisions (an, mois, jour) s'aligne dans une série infinie dont tous les termes sont identiques et constants, qui n'admet ni inégalité ni lacune, de sorte que l'événement à situer est exactement localisé dans la chaîne chronique par sa coïncidence avec telle division particulière. L'an 12 *après J.-C.* est le seul qui se place après l'an 11 et avant l'an 13; l'an 12 *avant J.-C.* se place aussi après l'an 11 et avant l'an 13, mais dans une visée de direction opposée, qui, comme on dit, remonte le cours de l'histoire.

Ce sont ces repères qui donnent la position objective des événements, et qui définissent donc aussi *notre* situation par rapport à ces événements. Ils nous disent au sens propre *où* nous sommes dans la vastitude de l'histoire, quelle place est la nôtre parmi la succession infinie des hommes qui ont vécu et des choses qui sont arrivées.

Le système obéit à des nécessités internes qui sont contraignantes. L'axe de référence ne peut être déplacé puisqu'il est marqué par quelque chose qui est réellement survenu dans le monde, et non par une convention révocable. Les intervalles sont constants de part et d'autre de l'axe. Enfin le comput des intervalles est fixe et immuable. S'il n'était pas fixe, nous serions perdus dans un temps erratique et tout notre univers mental s'en irait à la dérive. S'il n'était pas immuable, si les années permutaient avec les jours ou si chacun les comptait à sa manière, aucun discours sensé ne pourrait plus être tenu sur rien et l'histoire entière parlerait le langage de la folie.

Il peut donc sembler naturel que la structure du temps chronique soit caractérisée par sa permanence et sa fixité. Mais il faut bien se rendre compte en même temps que ces caractères résultent de ce que l'organisation sociale du temps chronique est en réalité *intemporelle*. On n'énonce ici aucun paradoxe.

Intemporel, ce temps mesuré par le calendrier l'est en vertu de sa fixité même. Les jours, les mois, les années sont des quantités fixes, que des observations immémoriales ont déduites du jeu des forces cosmiques, mais ces quantités sont des dénominations du temps qui ne participent en rien à la nature du temps et sont par elles-mêmes vides de toute temporalité. Compte tenu de leur spécificité lexicale, on les assimilera aux nombres, qui ne possèdent aucune propriété des matières qu'ils dénombrent. Le calendrier est extérieur au temps. Il ne s'écoule pas avec lui. Il enregistre des séries d'unités constantes, dites jours, qui se groupent en unités supérieures (mois, ans). Or comme un jour est identique à un autre jour, rien ne dit de tel jour du calendrier, pris en lui-même, s'il est passé, présent ou futur. Il ne peut être rangé sous l'une de ces trois catégories que pour celui qui *vit* le temps. « 13 février 1641 » est une date explicite et complète en vertu du système, mais qui ne nous laisse pas savoir en quel temps elle est énoncée ; on peut donc la prendre aussi bien comme prospective, par exemple dans une clause garantissant la validité d'un traité conclu un siècle plut tôt, ou comme rétrospective et évoquée deux siècles plus tard. Le temps chronique fixé dans un calendrier est étranger au temps vécu et ne peut coïncider avec lui ; du fait même qu'il est objectif, il propose des mesures et des divisions uniformes où se logent les événements, mais celles-ci ne coïncident pas avec les catégories propres à l'expérience humaine du temps.

Par rapport au temps chronique, qu'en est-il du *temps linguistique* ? Abordant ce troisième niveau du temps, il faut de nouveau instaurer des distinctions et séparer des choses différentes, même ou surtout si l'on ne peut éviter de les appeler du même nom. Autre chose est de situer un événement dans le temps chronique, autre chose de l'insérer dans le temps de la langue. C'est par la langue que se manifeste l'expérience humaine du temps, et le temps linguistique nous apparaît également irréductible au temps chronique et au temps physique.

Ce que le temps linguistique a de singulier est qu'il est organiquement lié à l'exercice de la parole, qu'il se définit et s'ordonne comme fonction du discours.

Ce temps a son centre — un centre générateur et axial ensemble — dans le *présent* de l'instance de parole. Chaque fois qu'un locuteur emploie la forme grammaticale de « présent » (ou son équivalent), il situe l'événement comme contemporain de l'instance du discours qui le mentionne. Il est évident que ce présent en tant qu'il est fonction du discours ne peut être localisé dans une division particulière du temps chronique, parce qu'il les admet toutes et n'en appelle aucune. Le locuteur situe comme « présent » tout ce qu'il implique tel en vertu de la forme linguistique qu'il emploie. Ce présent est réinventé chaque fois qu'un homme parle parce que c'est, à la lettre, un moment neuf, non encore vécu. C'est là, encore une fois, une propriété originale du langage, si particulière qu'il y aura sans doute lieu de chercher un terme distinct pour désigner le temps linguistique et le séparer ainsi des autres notions confondues sous le même nom.

Le présent linguistique est le fondement des oppositions temporelles de la langue. Ce présent qui se déplace avec le progrès du discours tout en demeurant présent constitue la ligne de partage entre deux autres moments qu'il engendre et qui sont également inhérents à l'exercice de la parole : le moment où l'événement n'est plus contemporain du discours, est sorti du présent et doit être évoqué par rappel mémoriel, et le moment où l'événement n'est pas encore présent, va le devenir et surgit en prospection.

On remarquera qu'en réalité le langage ne dispose que d'une seule expression temporelle, le présent, et que celui-ci, signalé par la coïncidence de l'événement et du discours, est par nature implicite. Quand il est explicité formellement, c'est par une de ces redondances fréquentes dans l'usage quotidien. Au contraire les temps non-présents, ceux-ci toujours explicités dans la langue, à savoir le passé et l'avenir, ne sont pas au même niveau du temps que le présent. La langue ne les situe pas dans le temps selon leur position propre, ni en vertu d'un rapport qui devrait être alors autre que celui de la coïncidence entre l'événement et le discours, mais seulement comme points vus en arrière ou en avant *à partir du présent.* (En arrière et en avant, parce que l'homme va à la rencontre du temps ou que le temps vient vers lui, selon l'image qui anime notre représentation.) La langue doit par nécessité ordonner le temps à partir d'un axe, et celui-ci est toujours et seulement l'instance de discours. Il serait impossible de déplacer cet axe référentiel pour le poser dans le passé ou dans l'avenir ; on ne peut même imaginer ce que deviendrait une langue où le point de départ de l'ordonnance du temps ne coïnciderait pas avec le présent linguistique et où l'axe temporel serait lui-même une variable de la temporalité.

On arrive ainsi à cette constatation — surprenante à première vue, mais profondément accordée à la nature réelle du langage — que le seul temps inhérent à la langue est le présent axial du discours, et que ce présent est implicite. Il détermine deux autres références temporelles ; celles-ci sont nécessairement explicitées dans un signifiant et en retour font apparaître le présent comme une ligne de séparation entre ce qui n'est plus présent et ce qui va l'être. Ces deux références ne reportent pas au temps, mais à des vues sur le temps, projetées en arrière et en avant à partir du point présent. Telle paraît être l'expérience fondamentale du temps dont toutes les langues témoignent à leur manière. Elle informe les systèmes temporels concrets et notamment l'organisation formelle des différents systèmes verbaux.

Sans entrer dans le détail de ces systèmes, qui sont souvent d'une grande complexité, nous noterons un fait significatif. On constate que dans les langues des types les plus variés, la forme du passé ne manque jamais, et que très souvent elle est double ou même triple. Les langues indo-européennes anciennes disposent pour cette expression du prétérit et de l'aoriste, et même du parfait. En français on a encore deux formes distinctes (traditionnellement : passé défini et indéfini), et l'écrivain tire parti instinctivement de cette différence pour séparer le plan de l'histoire et celui de la narration. D'après Sapir, il y a dans certains dialectes de la langue chinook (parlée dans la région du fleuve Columbia) trois formes de passé, distinguées par leurs préfixes : *ni-* indique le passé indéfini ; *ga-*, le passé très reculé des mythes ; *na-*, le passé tout récent, hier : « il alla » se dira selon la circonstance *niyuya* (*ni* préfixe + *y* « il » + *uya* « aller ») ou *gayuya* (préfixe *ga* + *y* + *uya*) ou *nayuya* (*na* + *y* + *uya*). Au contraire, beaucoup de langues n'ont pas de forme spécifique de futur. On se sert souvent du présent avec quelque adverbe ou particule qui indique un moment à venir. Dans le même dialecte chinook qui possède trois formes du passé, il n'y en a qu'une pour le futur, et elle est caractérisée par un morphème redondant *a* qui est à la fois préfixé et suffixé, à la différence des préfixes du prétérit. Ainsi on dit *ačimluda*, « il te le donnera », décomposable en *a-* futur + *č* « il » + *i* « le » + *m* « toi » + *l* « à » + *ud* « donner » + *a* futur. L'analyse diachronique, dans les langues où elle est possible, montre que le futur se constitue souvent à date récente par la spécialisation de certains auxiliaires, notamment « vouloir ».

Ce contraste entre les formes du passé et celles du futur est instructif par sa généralité même dans le monde des langues. Il y a évidemment une différence de nature entre cette temporalité rétrospective, qui peut prendre plusieurs distances dans le passé de notre expérience, et la temporalité prospective qui n'entre pas dans le champ de notre expérience et qui à vrai dire ne se temporalise qu'en tant que prévision d'expérience. La langue met ici en relief une dissymétrie qui est dans la nature inégale de l'expérience.

Un dernier aspect de cette temporalité mérite attention : c'est la manière dont elle s'insère dans le procès de la communication.

Du temps linguistique, nous avons indiqué l'émergence au sein de l'instance de discours qui le contient en puissance et l'actualise en fait. Mais l'acte de parole est nécessairement individuel; l'instance spécifique d'où résulte le présent est chaque fois nouvelle. En conséquence la temporalité linguistique devrait se réaliser dans l'univers intrapersonnel du locuteur comme une expérience irrémédiablement subjective et impossible à transmettre. Si je raconte ce qui « m'est arrivé », le passé auquel je me réfère n'est défini que par rapport au présent de mon acte de parole, mais comme l'acte de parole surgit de moi et que personne autre ne peut parler par ma bouche non plus que voir par mes yeux ou éprouver ce que je sens, c'est à moi seul que ce « temps » se rapportera et c'est à ma seule expérience qu'il se restreindra. Mais le raisonnement est en défaut. Quelque chose de singulier, de très simple et d'infiniment important se produit qui accomplit ce qui semblait logiquement impossible : la temporalité qui est mienne quand elle ordonne mon discours est d'emblée acceptée comme sienne par mon interlocuteur. Mon « aujourd'hui » se convertit en son « aujourd'hui », quoiqu'il ne l'ait pas lui-même instauré dans son propre discours, et mon « hier » en son « hier ». Réciproquement, quand il parlera en réponse, je convertirai, devenu récepteur, sa temporalité en la mienne. Telle apparaît la condition d'intelligibilité du langage, révélée par le langage : elle consiste en ce que la temporalité du locuteur, quoique littéralement étrangère et inaccessible au récepteur, est identifiée par celui-ci à la temporalité qui informe sa propre parole quand il devient à son tour locuteur. L'un et l'autre se trouvent ainsi accordés sur la même longueur d'onde. Le temps du discours n'est ni ramené aux divisions du temps chronique ni enfermé dans une subjectivité solipsiste. Il fonctionne comme un facteur d'intersubjectivité, ce qui d'unipersonnel qu'il devrait être le rend omnipersonnel. La condition d'intersubjectivité permet seule la communication linguistique.

Spécifique, le temps linguistique l'est encore d'une autre manière. Il comporte ses propres divisions dans son propre ordre, l'un et les autres indépendants de ceux du temps chronique. Quiconque dit « maintenant, aujourd'hui, en ce moment » localise un événement comme simultané à son discours ; son « aujourd'hui » prononcé est nécessaire et suffisant pour que le partenaire le rejoigne dans la même représentation. Mais séparons « aujourd'hui » du discours qui le contient, mettons-le dans un texte écrit ; « aujourd'hui » n'est plus alors le signe du présent linguistique puisqu'il n'est plus parlé et perçu, et il ne peut non plus renvoyer le lecteur à aucun jour du temps chronique puisqu'il ne s'identifie avec aucune date ; il a pu être proféré n'importe quel jour du calendrier et s'appliquera indifféremment à tout jour. Le seul moyen de l'employer et de le rendre intelligible hors du présent linguistique est de l'accompagner d'une correspondance explicite avec une division du temps chronique : « aujourd'hui 12 juin 1924 ». On est dans la même situation avec un *je* soustrait au discours qui l'introduit et qui, convenant alors à tout locuteur possible, ne désigne pas son locuteur réel : il faut l'actualiser en y accrochant le nom propre de ce locuteur : « moi, X... ». D'où il ressort que les choses désignées et ordonnées par le discours (le locuteur, sa position, son temps) ne peuvent être identifiées que pour les partenaires de l'échange linguistique. Autrement on doit, pour rendre intelligibles ces références intradiscursives, relier chacune d'elles à un point déterminé dans un ensemble de coordonnées spatio-temporelles. La jonction se fait ainsi entre le temps linguistique et le temps chronique.

La temporalité linguistique est à la fois très tranchée dans ses trois articulations distinctives et très bornée dans chacune d'elles. Centrée dans « aujourd'hui », elle ne peut être décalée en arrière et en avant que de deux distances de jours : en arrière, « hier » et « avant-hier » ; en avant, « demain » et « après-demain ». C'est tout. Une troisième graduation

(« avant-avant-hier »; « après-après-demain ») est chose exceptionnelle; et même la seconde n'a pas le plus souvent d'expression lexicale indépendante; « avant-hier » et « après-demain » ne sont que « hier » et « demain » portés un degré plus loin dans leur ordre. Il ne reste donc que « hier » et « demain », séparés et déterminés par « aujourd'hui », comme termes originaux marquant les distances temporelles à partir du présent linguistique. Certaines qualifications sont à ranger dans la même perspective : « dernier » (« l'hiver dernier; la nuit dernière ») et « prochain » (« la semaine prochaine; l'été prochain ») ne comportent pas plus que « hier » et « demain » de localisation fixe et unique. Ce qui caractérise les séries de désignations de l'ordre intersubjectif, comme on le voit, c'est qu'une translocation spatiale et temporelle devient nécessaire pour objectiver des signes tels que « ce », « je », « maintenant », qui ont chaque fois un référent unique dans l'instance de discours et qui ne l'ont que là. Ce transfert fait apparaître la différence des plans entre lesquels glissent les mêmes formes linguistiques selon qu'elles sont considérées dans l'exercice du discours ou à l'état de données lexicales.

Quand, pour des raisons pragmatiques, le locuteur doit porter sa visée temporelle au-delà des limites énoncées par « hier » et « demain », le discours sort de son plan propre et utilise la graduation du temps chronique, et d'abord la numérations des unités : « il y a huit jours »; « dans trois mois ». Néanmoins « il y a... » et « dans... » restent les indices de la distanciation subjective; ils ne pourraient passer dans une relation historique sans conversion : « il y a (huit jours) » devient « (huit jours) auparavant », et « dans (trois mois) » devient « (trois mois) après; plus tard », comme « aujourd'hui » doit devenir « ce jour-là ». Ces opérateurs effectuent le transfert du temps linguistique au temps chronique.

L'intersubjectivité a ainsi sa temporalité, ses termes, ses dimensions. Là se reflète dans la langue l'expérience d'une relation primordiale, constante, indéfiniment réversible, entre le parlant et son partenaire. En dernière analyse, c'est toujours à l'acte de parole dans le procès de l'échange que renvoie l'expérience humaine inscrite dans le langage.

CHAPITRE V

L'appareil formel de l'énonciation [*]

Toutes nos descriptions linguistiques consacrent une place souvent importante à l' « emploi des formes ». Ce qu'on entend par là est un ensemble de règles fixant les conditions *syntactiques* dans lesquelles les formes peuvent ou doivent normalement apparaître, pour autant qu'elles relèvent d'un paradigme qui recense les choix possibles. Ces règles d'emploi sont articulées à des règles de formation préalablement indiquées, de manière à établir une certaine corrélation entre les variations morphologiques et les latitudes combinatoires des signes (accord, sélection mutuelle, prépositions et régimes des noms et des verbes, place et ordre, etc.). Il semble que, les choix étant limités de part et d'autre, on obtient ainsi un inventaire qui pourrait être, théoriquement, exhaustif des emplois comme des formes, et en conséquence une image au moins approximative de la langue en emploi.

Nous voudrions cependant introduire ici une distinction dans un fonctionnement qui a été considéré sous le seul angle de la nomenclature morphologique et grammaticale. Les conditions d'emploi des formes ne sont pas, à notre avis, identiques aux conditions d'emploi de la langue. Ce sont en réalité des mondes différents, et il peut être utile d'insister sur cette différence, qui implique une autre manière de voir les mêmes choses, une autre manière de les décrire et de les interpréter.

L'emploi des formes, partie nécessaire de toute description, a donné lieu à un grand nombre de modèles, aussi

[*] *Langages*, Paris, Didier-Larousse, 5ᵉ année, n° 17 (mars 1970), pp. 12-18.

variés que les types linguistiques dont ils procèdent. La diversité des structures linguistiques, autant que nous savons les analyser, ne se laisse pas réduire à un petit nombre de modèles qui comprendraient toujours et seulement les éléments fondamentaux. Du moins disposons-nous ainsi de certaines représentations assez précises, construites au moyen d'une technique éprouvée.

Tout autre chose est l'emploi de la langue. Il s'agit ici d'un mécanisme total et constant qui, d'une manière ou d'une autre, affecte la langue entière. La difficulté est de saisir ce grand phénomène, si banal qu'il semble se confondre avec la langue même, si nécessaire qu'il échappe à la vue.

L'énonciation est cette mise en fonctionnement de la langue par un acte individuel d'utilisation.

Le discours, dira-t-on, qui est produit chaque fois qu'on parle, cette manifestation de l'énonciation, n'est-ce pas simplement la « parole »? — Il faut prendre garde à la condition spécifique de l'énonciation : c'est l'acte même de produire un énoncé et non le texte de l'énoncé qui est notre objet. Cet acte est le fait du locuteur qui mobilise la langue pour son compte. La relation du locuteur à la langue détermine les caractères linguistiques de l'énonciation. On doit l'envisager comme le fait du locuteur, qui prend la langue pour instrument, et dans les caractères linguistiques qui marquent cette relation.

Ce grand procès peut être étudié sous divers aspects. Nous en voyons principalement trois.

Le plus immédiatement perceptible et le plus direct — bien qu'en général on ne le mette pas en rapport avec le phénomène général de l'énonciation — est la réalisation vocale de la langue. Les sons émis et perçus, qu'ils soient étudiés dans le cadre d'un idiome particulier ou dans leurs manifestations générales, comme procès d'acquisition, de diffusion, d'altération — ce sont autant de branches de la phonétique — procèdent toujours d'actes individuels, que le linguiste surprend autant que possible dans une production native, au sein de la parole. Dans la pratique scientifique, on s'efforce d'éliminer ou d'atténuer les traits individuels de l'énonciation phonique en recourant à des sujets différents et en multipliant les enregistrements, de manière à obtenir une image moyenne des sons, distincts ou liés. Mais chacun sait que, chez le même sujet, les mêmes sons ne sont jamais reproduits exactement, et que la notion d'identité n'est qu'approximative là même où l'expérience est répétée dans le détail. Ces différentes tiennent à la diversité des situations où l'énonciation est produite.

Le mécanisme de cette production est un autre aspect majeur du même problème. L'énonciation suppose la conversion individuelle de la langue en discours. Ici la question — très difficile et peu étudiée encore — est de voir comment le « sens » se forme en « mots », dans quelle mesure on peut distinguer entre les deux notions et dans quels termes décrire leur interaction. C'est la sémantisation de la langue qui est au centre de cet aspect de l'énonciation, et elle conduit à la théorie du signe et à l'analyse de la signifiance [1]. Sous la même considération nous rangerons les procédés par lesquels les formes linguistiques de l'énonciation se diversifient et s'engendrent. La « grammaire transformationnelle » vise à les codifier et à les formaliser pour en dégager un cadre permanent, et, d'une théorie de la syntaxe universelle, propose de remonter à une théorie du fonctionnement de l'esprit.

On peut enfin envisager une autre approche, qui consisterait à définir l'énonciation dans le cadre formel de sa réalisation. C'est l'objet propre de ces pages. Nous tentons d'esquisser, à l'intérieur de la langue, les caractères formels de l'énonciation à partir de la manifestation individuelle qu'elle actualise. Ces caractères sont les uns nécessaires et permanents, les autres incidents et liés à la particularité de l'idiome choisi. Pour la commodité, les données utilisées ici sont tirées du français usuel et de la langue de la conversation.

Dans l'énonciation, nous considérons successivement l'acte même, les situations où il se réalise, les instruments de l'accomplissement.

L'acte individuel par lequel on utilise la langue introduit d'abord le locuteur comme paramètre dans les conditions nécessaires à l'énonciation. Avant l'énonciation, la langue n'est que la possibilité de la langue. Après l'énonciation, la langue est effectuée en une instance de discours, qui émane

---

1. Nous en traitons particulièrement dans une étude publiée par la revue *Semiotica*, I, 1969 (cf. ci-dessus, pp. 43-66).

d'un locuteur, forme sonore qui atteint un auditeur et qui suscite une autre énonciation en retour.

En tant que réalisation individuelle, l'énonciation peut se définir, par rapport à la langue, comme un procès d'*appropriation*. Le locuteur s'approprie l'appareil formel de la langue et il énonce sa position de locuteur par des indices spécifiques, d'une part, et au moyen de procédés accessoires, de l'autre.

Mais immédiatement, dès qu'il se déclare locuteur et assume la langue, il implante l'*autre* en face de lui, quel que soit le degré de présence qu'il attribue à cet autre. Toute énonciation est, explicite ou implicite, une allocution, elle postule un allocutaire.

Enfin, dans l'énonciation, la langue se trouve employée à l'expression d'un certain rapport au monde. La condition même de cette mobilisation et de cette appropriation de la langue est, chez le locuteur, le besoin de référer par le discours, et, chez l'autre, la possibilité de co-référer identiquement, dans le consensus pragmatique qui fait de chaque locuteur un co-locuteur. La référence est partie intégrante de l'énonciation.

Ces conditions initiales vont régir tout le mécanisme de la référence dans le procès d'énonciation, en créant une situation très singulière et dont on ne prend guère conscience.

L'acte individuel d'appropriation de la langue introduit celui qui parle dans sa parole. C'est là une donnée constitutive de l'énonciation. La présence du locuteur à son énonciation fait que chaque instance de discours constitue un centre de référence interne. Cette situation va se manifester par un jeu de formes spécifiques dont la fonction est de mettre le locuteur en relation constante et nécessaire avec son énonciation.

Cette description un peu abstraite s'applique à un phénomène linguistique familier dans l'usage, mais dont l'analyse théorique commence seulement. C'est d'abord l'émergence des indices de personne (le rapport *je-tu*) qui ne se produit que dans et par l'énonciation : le terme *je* dénotant l'individu qui profère l'énonciation, le terme *tu*, l'individu qui y est présent comme allocutaire.

De même nature et se rapportant à la même structure d'énonciation sont les indices nombreux de l'*ostension* (type *ce, ici*, etc.), termes qui impliquent un geste désignant l'objet en même temps qu'est prononcée l'instance du terme.

Les formes appelées traditionnellement « pronoms personnels », « démonstratifs » nous apparaissent maintenant comme une classe d' « individus linguistiques », de formes qui renvoient toujours et seulement à des « individus », qu'il s'agisse de personnes, de moments, de lieux, par opposition aux termes nominaux qui renvoient toujours et seulement à des concepts. Or le statut de ces « individus linguistiques » tient au fait qu'ils naissent d'une énonciation, qu'ils sont produits par cet événement individuel et, si l'on peut dire, « semel-natif ». Ils sont engendrés à nouveau chaque fois qu'une énonciation est proférée, et chaque fois ils désignent à neuf.

Une troisième série de termes afférents à l'énonciation est constituée par le paradigme entier — souvent vaste et complexe — des formes temporelles, qui se déterminent par rapport à l'EGO, centre de l'énonciation. Les « temps » verbaux dont la forme axiale, le « présent », coïncide avec le moment de l'énonciation, font partie de cet appareil nécessaire [1].

Cette relation au temps mérite qu'on s'y arrête, qu'on en médite la *nécessité*, et qu'on s'interroge sur ce qui la fonde. On pourrait croire que la temporalité est un cadre inné de la pensée. Elle est produite en réalité dans et par l'énonciation. De l'énonciation procède l'instauration de la catégorie du présent, et de la catégorie du présent naît la catégorie du temps. Le présent est proprement la source du temps. Il est cette présence au monde que l'acte d'énonciation rend seul possible, car, qu'on veuille bien y réfléchir, l'homme ne dispose d'aucun autre moyen de vivre le « maintenant » et de le faire actuel que de le réaliser par l'insertion du discours dans le monde. On pourrait montrer par des analyses de systèmes temporels en diverses langues la position centrale du présent. Le présent formel ne fait qu'expliciter le présent inhérent à l'énonciation, qui se renouvelle avec chaque production de discours, et à partir de ce présent continu, coextensif à notre présence propre, s'imprime dans la conscience le sentiment d'une continuité que nous appelons « temps »;

---

1. Le détail des faits de langue que nous embrassons ici d'une vue synthétique est exposé dans plusieurs chapitres de nos *Problèmes de linguistique générale*, I (Paris, 1966), ce qui nous dispense d'y insister.

continuité et temporalité s'engendrant dans le présent incessant de l'énonciation qui est le présent de l'être même, et se délimitant, par référence interne, entre ce qui va devenir présent et ce qui vient de ne l'être plus.

Ainsi l'énonciation est directement responsable de certaines classes de signes qu'elle promeut littéralement à l'existence. Car ils ne pourraient prendre naissance ni trouver emploi dans l'usage cognitif de la langue. Il faut donc distinguer les entités qui ont dans la langue leur statut plein et permanent et celles qui, émanant de l'énonciation, n'existent que dans le réseau d' « individus » que l'énonciation crée et par rapport à l' « ici-maintenant » du locuteur. Par exemple; le « je », le « cela », le « demain » de la description grammaticale ne sont que les « noms » métalinguistiques de *je, cela, demain* produits dans l'énonciation.

Outre les formes qu'elle commande, l'énonciation donne les conditions nécessaires aux grandes fonctions syntaxiques. Dès lors que l'énonciateur se sert de la langue pour influencer en quelque manière le comportement de l'allocutaire, il dispose à cette fin d'un appareil de fonctions. C'est, d'abord, l'*interrogation*, qui est une énonciation construite pour susciter une « réponse », par un procès linguistique qui est en même temps un procès de comportement à double entrée. Toutes les formes lexicales et syntaxiques de l'interrogation, particules, pronoms, séquence, intonation, etc., relèvent de cet aspect de l'énonciation.

On y attribuera pareillement les termes ou formes que nous appelons d'*intimation* : ordres, appels conçus dans des catégories comme l'impératif, le vocatif, impliquant un rapport vivant et immédiat de l'énonciateur à l'autre dans une référence nécessaire au temps de l'énonciation.

Moins évidente, peut-être, mais tout aussi certaine est l'appartenance de l'*assertion* à ce même répertoire. Dans son tour syntaxique comme dans son intonation, l'assertion vise à communiquer une certitude, elle est la manifestation la plus commune de la présence du locuteur dans l'énonciation, elle a même des instruments spécifiques qui l'expriment ou l'impliquent, les mots *oui* et *non* assertant positivement ou négativement une proposition. La négation comme opération logique est indépendante de l'énonciation, elle a sa forme propre, qui est *ne... pas*. Mais la particule assertive *non*, substitut d'une proposition, se classe comme la particule *oui*, dont elle partage le statut, dans les formes qui relèvent de l'énonciation.

Plus largement encore, quoique d'une manière moins catégorisable, se rangent ici toutes sortes de modalités formelles, les unes appartenant aux verbes comme les « modes » (optatif, subjonctif) énonçant des attitudes de l'énonciateur à l'égard de ce qu'il énonce (attente, souhait, appréhension), les autres à la phraséologie (« peut-être », « sans doute », « probablement ») et indiquant incertitude, possibilité, indécision, etc., ou, délibérément, refus d'assertion.

Ce qui en général caractérise l'énonciation est l'*accentuation de la relation discursive au partenaire*, que celui-ci soit réel ou imaginé, individuel ou collectif.

Cette caractéristique pose par nécessité ce qu'on peut appeler le *cadre figuratif* de l'énonciation. Comme forme de discours, l'énonciation pose deux « figures » également nécessaires, l'une source, l'autre but de l'énonciation. C'est la structure du *dialogue*. Deux figures en position de partenaires sont alternativement protagonistes de l'énonciation. Ce cadre est donné nécessairement avec la définition de l'énonciation.

On pourrait objecter qu'il y peut y avoir dialogue hors de l'énonciation ou énonciation sans dialogue. Les deux cas doivent être examinés.

Dans la joute verbale pratiquée chez différents peuples et dont une variété typique est le *hain-teny* des Merinas, il ne s'agit en réalité ni de dialogue ni d'énonciation. Aucun des deux partenaires ne s'énonce : tout consiste en proverbes cités et en contre-proverbes contre-cités. Il n'y a pas une seule référence explicite à l'objet du débat. Celui des deux jouteurs qui dispose du plus grand stock de proverbes, ou qui en fait l'usage le plus adroit, le plus malicieux, le moins prévu met l'autre à quia et il est proclamé vainqueur. Ce jeu n'a que les dehors d'un dialogue.

A l'inverse, le « monologue » procède bien de l'énonciation. Il doit être posé, malgré l'apparence, comme une variété du dialogue, structure fondamentale. Le « monologue » est un dialogue intériorisé, formulé en « langage intérieur », entre un moi locuteur et un moi écouteur. Parfois le moi locuteur est seul à parler; le moi écouteur reste néanmoins présent; sa présence est nécessaire et suffisante pour rendre signifiante l'énonciation du moi locuteur. Parfois aussi le moi écouteur intervient par une objection, une question, un doute, une insulte. La forme linguistique que prend cette intervention diffère selon les idiomes, mais c'est toujours une forme « personnelle ». Tantôt le moi écouteur se substitue au moi locuteur et s'énonce donc comme « première personne »; ainsi en français où le « monologue » sera coupé de remarques ou d'injonctions telles que : « Non, je suis idiot, j'ai oublié de lui dire que... ». Tantôt le moi écouteur interpelle à la « deuxième personne » le moi locuteur : « Non, tu n'aurais pas dû lui dire que... ». Il y aurait une intéressante typologie de ces relations à établir; en certaines langues on verrait prédominer le moi auditeur comme substitut du locuteur et se posant à son tour comme *je* (français, anglais), ou en d'autres, se donnant comme partenaire de dialogue et employant *tu* (allemand, russe). Cette transposition du dialogue en « monologue » où EGO tantôt se scinde en deux, tantôt assume deux rôles, prête à des figurations ou transpositions psychodramatiques : conflits du « *moi* profond » et de la « conscience », dédoublements provoqués par l' « inspiration », etc. La possibilité en est fournie par l'appareil linguistique de l'énonciation sui-réflexive qui comprend un jeu d'oppositions du pronom et de l'antonyme (*je/me/moi*) [1].

Ces situations appelleraient une double description, de forme linguistique et de condition figurative. On se contente trop facilement d'invoquer la fréquence et l'utilité pratiques de la communication entre les individus pour admettre la situation de dialogue comme résultant d'une nécessité et se dispenser d'en analyser les multiples variétés. L'une d'elles se présente dans une condition sociale des plus banales d'apparence, des moins connues en fait. B. Malinowski l'a signalée sous le nom de *communion phatique*, la qualifiant ainsi comme phénomène psycho-social à fonctionnement linguistique. Il en a dessiné la configuration en partant du rôle qu'y joue le langage. C'est un procès où le discours, sous la forme d'un dialogue, fonde un apport entre les

---

1. Voir un article du BSL 60 (1965), fasc. 1, p. 71 sqq.

individus. Il vaut la peine de citer quelques passages de cette analyse [1] :

> Le cas du langage employé dans des rapports sociaux libres, sans but, mérite une considération spéciale. Quand des gens s'assoient ensemble auprès d'un feu de village après avoir achevé leur tâche quotidienne ou quand ils causent pour se délasser du travail, ou quand ils accompagnent un travail simplement manuel d'un bavardage sans rapport avec ce qu'ils font, il est clair qu'ici nous avons affaire à une autre manière d'employer la langue, avec un autre type de fonction du discours. Ici la langue ne dépend pas de ce qui arrive à ce moment, elle semble même privée de tout contexte de situation. Le sens de chaque énoncé ne peut être relié avec le comportement du locuteur ou de l'auditeur, avec l'intention de ce qu'ils font.
> Une simple phrase de politesse, employée aussi bien parmi les tribus sauvages que dans un salon européen, remplit une fonction à laquelle le sens de ses mots est presque complètement indifférent. Questions sur l'état de santé, remarques sur le temps, affirmation d'un état de choses absolument évident, tous ces propos sont échangés non pour informer, non dans ce cas pour relier des gens en action, certainement pas pour exprimer une pensée...
> On ne peut douter que nous ayons ici un nouveau type d'emploi de la langue — que, poussé par le démon de l'invention terminologique, je suis tenté d'appeler *communion phatique*, un type de discours dans lequel les liens de l'union sont créés par un simple échange de mots... Les mots dans la communion phatique sont-ils employés principalement pour transmettre une signification, la signification qui est symboliquement la leur ? Certainement pas. Ils remplissent une fonction sociale et c'est leur principal but, mais ils ne sont pas le résultat d'une réflexion intellectuelle et ils ne suscitent pas nécessairement une réflexion chez l'auditeur. Une fois encore nous pourrons dire que la langue ne fonctionne pas ici comme un moyen de transmission de la pensée.
> Mais pouvons-nous la considérer comme un mode d'action ? Et dans quel rapport se trouve-t-elle avec notre concept crucial de contexte de situation ? Il est évident que la situation extérieure n'entre pas directement dans la technique de la parole. Mais que peut-on considérer comme *situation* quand nombre de gens bavardent ensemble sans but ? Elle consiste simplement en cette atmosphère de sociabilité et dans le fait de la communion personnelle de ces gens. Mais celle-ci est en fait accomplie par la parole, et la situation en tous ces cas est créée par l'échange de mots, par les sentiments spécifiques qui forment la grégarité conviviale, par le va-et-vient des propos qui composent le bavardage ordinaire. La situation entière consiste en événements linguistiques. Chaque énonciation est un acte visant directement à lier l'auditeur au locu-

---

1. Nous traduisons ici quelques passages de l'article de B. Malinowski publié chez Ogden et Richards, *The meaning of meaning*, 1923, p. 313 sq.

teur par le lien de quelque sentiment, social ou autre. Une fois de plus le langage en cette fonction ne nous apparaît pas comme un instrument de réflexion, mais comme un mode d'action.

On est ici à la limite du « dialogue ». Une relation personnelle créée, entretenue, par une forme conventionnelle d'énonciation revenant sur elle-même, se satisfaisant de son accomplissement, ne comportant ni objet, ni but, ni message, pure énonciation de paroles convenues, répétée par chaque énonciateur. L'analyse formelle de cette forme d'échange linguistique reste à faire [1].

Bien d'autres développements seraient à étudier dans le contexte de l'énonciation. Il y aurait à considérer les changements lexicaux que l'énonciation détermine, la phraséologie qui est la marque fréquente, peut-être nécessaire, de l' « oralité ». Il faudrait aussi distinguer l'énonciation parlée de l'énonciation écrite. Celle-ci se meut sur deux plans : l'écrivain s'énonce en écrivant et, à l'intérieur de son écriture, il fait des individus s'énoncer. De longues perspectives s'ouvrent à l'analyse des formes complexes du discours, à partir du cadre formel esquissé ici.

---

1. Elle n'a encore fait l'objet que de quelques références, par exemple chez Grace de Laguna, *Speech, its function and development*, 1927, p. 244 n.; R. Jakobson, *Essais de linguistique générale*, trad. N. Ruwet, 1963, p. 217.

III

Structures et analyses

CHAPITRE VI

Structure de la langue et structure de la société [*]

Mesdames et messieurs, j'ai à traiter d'un sujet qui conduit tantôt à énoncer l'évidence et tantôt à poser une contradiction. Il s'agit en effet d'examiner les relations entre deux grandes entités qui sont respectivement la langue et la société.

Le langage est pour l'homme un moyen, en fait le seul moyen d'atteindre l'autre homme, de lui transmettre et de recevoir de lui un message. Par conséquent le langage pose et suppose l'autre. Immédiatement, la société est donnée avec le langage. La société à son tour ne tient ensemble que par l'usage commun de signes de communication. Immédiatement, le langage est donné avec la société. Ainsi chacune de ces deux entités, langage et société, implique l'autre. Il semblerait que l'on puisse et même qu'on doive les étudier ensemble, les découvrir ensemble, puisque ensemble elles sont nées. Il semblerait aussi qu'on puisse et même qu'on doive trouver de l'une à l'autre, de la langue à la société, des corrélations précises et constantes, puisque l'une et l'autre sont nées de la même nécessité.

Or, tous ceux qui à maintes reprises, et encore récemment, ont étudié ces rapports sont amenés finalement à conclure qu'on ne découvre en réalité de la langue à la société aucune relation qui révélerait une analogie dans leur structure respective. Ceci est bien connu et immédiatement apparent. Nous constatons en effet, à parcourir le monde d'un premier

[*] *Linguaggi nella società e nella tecnica* (= Convegno internazionale Olivetti, Milano 14-17 ottobre 1968), Milano, Edizioni di Comunità, 1970, pp. 459-460.

coup d'œil, que des langues de structures comparables servent à des sociétés très différentes entre elles. Ce fait résulte, en particulier, de ce qu'on appelle l'extension des langues communes, du fait qu'une langue est adoptée par des sociétés de structures différentes qui ne sont pas en principe détruites ou modifiées comme telles. On voit aussi dans l'histoire que des langues, au contraire, très éloignées par leur type l'une de l'autre vivent et se développent dans des sociétés qui partagent le même régime social. Il n'y a qu'à ouvrir les yeux aujourd'hui et voir par exemple la situation où elles se trouvent l'une par rapport à l'autre dans la moitié orientale de l'Europe, où nous voyons des langues slaves, finno-ougriennes, germaniques ou romanes servir d'organes à des sociétés qui sont essentiellement de même structure.

Si l'on prend l'évolution historique, on voit aussi que langue et société évoluent séparément. Une même langue demeure stable à travers les bouleversements sociaux les plus profonds. Depuis 1917 la structure de la société russe a été profondément modifiée, c'est le moins qu'on puisse dire, mais rien de comparable n'est survenu dans la structure de la langue russe.

De ces observations maintes fois répétées naît ce sentiment qui a été souvent exprimé, chez les linguistes et chez les anthropologues aussi bien, que la société et la culture inhérente à la société sont indépendantes de la langue.

Un homme qui connaissait les deux aspects de ces réalités, Sapir, a affirmé que des types de langues simples et complexes d'un nombre infini de variétés peuvent être constatés à n'importe quel niveau de la culture, et qu'il n'y a pas à ce point de vue-là, puisqu'il emploie la même langue, de différence entre Platon et un gardien de porcs macédonien. On devrait donc conclure que langue et société ne sont pas isomorphes, que leur structure ne coïncide pas, que leurs variations sont indépendantes, et se borner à constater cette discordance.

Mais d'autres auteurs affirment, et c'est également l'évidence, que la langue est — comme ils disent — le miroir de la société, qu'elle reflète la structure sociale dans ses particularités et ses variations et qu'elle est même par excellence l'indice des changements qui s'opèrent dans la société et dans cette expression privilégiée de la société qui s'appelle la culture. On ne peut guère concilier ces vues. Elles montrent en tout cas que le problème est loin d'être simple et c'est en effet le problème essentiel de la situation de la langue dans la société; elles montrent aussi que la manière dont ce problème a été débattu jusqu'à maintenant ne nous rapproche guère d'une solution.

En réalité nous avons là des notions immenses et dont on n'a pas fini d'explorer la complexité, respectivement la langue et la société. L'idée de chercher entre ces deux entités des relations univoques qui feraient correspondre telle structure sociale à telle structure linguistique, semble trahir une vue très simpliste des choses. Naturellement ce sont des grandeurs non-isomorphes, on le voit déjà à la différence qui les sépare dans leur organisation structurale.

La base de la structure linguistique est composée d'unités distinctives, et ces unités se définissent par quatre caractères : elles sont des unités discrètes, elles sont en nombre fini, elles sont combinables et elles sont hiérarchisées.

La structure de la société ne peut pas être réduite à ce schéma, elle est de nature double. Il y a d'une part un système relationnel, qui est appelé le système de la parenté; et de l'autre un autre système de relation, de division, c'est le système des classes sociales qui est agencé par les fonctions de production. Or, ni les individus ni les groupes variés d'individus ne peuvent se transposer en unités ou groupes d'unités comparables à celles de la langue. On parle souvent de la famille comme de la cellule sociale. C'est une métaphore qui ne doit pas masquer le fond des choses. La société ne consiste pas dans un agrégat de pareilles cellules, un agrégat de familles, et des ensembles de familles n'ont pas la moindre analogie avec les groupements des unités signifiantes dans la langue.

Il faut donc constater qu'il n'y a de correspondance ni de nature ni de structure entre les éléments constitutifs de la langue et les éléments constitutifs de la société. Mais en réalité c'est là un point de vue un peu sommaire qu'il faut dépasser. Il faut prendre conscience des implications que portent la notion de langue et celle de société quand on entreprend de les comparer. Ainsi il faut signaler et corriger une confusion qui est commise entre deux acceptions du terme langue et du terme société respectivement.

Il y a d'une part la société comme donnée empirique, historique. On parle de la société chinoise, de la société française, de la société assyrienne ; il y a d'autre part la société comme collectivité humaine, base et condition première de l'existence des hommes. De même il y a la langue comme idiome empirique, historique, la langue chinoise, la langue française, la langue assyrienne ; et il y a la langue comme système de formes signifiantes, condition première de la communication.

En opérant cette première distinction, on sépare dans chacune des deux entités deux niveaux, l'un historique, l'autre fondamental. On aperçoit alors que le problème des relations possibles entre la langue et la société se pose à chacun de ces deux niveaux, et qu'on peut donc admettre deux réponses différentes. Nous avons vu que, entre une langue historique et une société historique, on ne peut pas poser de corrélation avec un signe de nécessité ; mais au niveau fondamental, nous pouvons apercevoir immédiatement des homologies. Quelques caractères sont communs à l'une et à l'autre, à la langue et à la société — je répète — à ce niveau. Langue et société sont pour les hommes des réalités inconscientes, l'une et l'autre représentent la nature, si l'on peut dire, le milieu naturel et l'expression naturelle, ceux qui ne peuvent pas être conçus comme autres qu'ils ne sont et qui ne peuvent pas être imaginés absents. L'un et l'autre sont toujours hérités, et on n'imagine pas dans l'exercice de la langue et dans la pratique de la société, à ce niveau fondamental, qu'il ait pu jamais y avoir un commencement à l'une et à l'autre. Ni l'une ni l'autre ne peuvent être changées par la volonté des hommes. Ce que les hommes voient changer, ce qu'ils peuvent changer, ce qu'effectivement ils changent à travers l'histoire, ce sont les institutions, parfois la forme entière d'une société particulière, mais non, jamais, le principe de la société qui est le support et la condition de la vie collective et individuelle. De même, ce qui change dans la langue, ce que les hommes peuvent changer, ce sont les désignations, qui se multiplient, qui se remplacent et qui sont toujours conscientes, mais jamais le système fondamental de la langue. C'est que si la diversification constante, croissante des activités sociales, des besoins, des notions exige des désignations toujours nouvelles, il faut qu'en retour il y ait une force unifiante qui fasse équilibre. Au-dessus des classes, au-dessus des groupes et des activités particularisées, il règne un pouvoir cohésif qui fait une communauté d'un agrégat d'individus et qui crée la possibilité même de la production et de la subsistance collective. Ce pouvoir est la langue et la langue seule. C'est pourquoi la langue représente une permanence au sein de la société qui change, une constance qui relie les activités toujours diversifiées. Elle est une identité à travers les diversités individuelles. Et de là procède la double nature profondément paradoxale de la langue, à la fois immanente à l'individu et transcendante à la société. Cette dualité se retrouve dans toutes les propriétés du langage.

Et alors comment pouvons-nous poser le rapport de la langue et la société pour éclairer par l'analyse de l'une (la langue), l'analyse de l'autre (la société)? Ce rapport ne sera pas une corrélation structurale, puisque nous avons vu que l'organisation des hommes n'est pas comparable à celle de la langue. Elle ne sera pas typologique, le type de la langue, monosyllabique, polysyllabique, tonal ou morphologique, n'influe absolument pas sur la nature spécifique de la société. Elle ne sera pas non plus historique ou génétique, parce que nous ne faisons pas dépendre la naissance de l'une de la naissance de l'autre. La langue naît et se développe au sein de la communauté humaine, elle s'élabore par le même procès que la société, par l'effort de produire les moyens de subsistance, de transformer la nature et de multiplier les instruments.

C'est dans ce travail collectif et par ce travail collectif que la langue se différencie, accroît son efficience, de même que la société se différencie dans ses activités matérielles et intellectuelles. Nous envisageons ici la langue seulement comme moyen d'analyse de la société. A cette fin nous les poserons en synchronie et dans un rapport sémiologique, le rapport de l'interprétant à l'interprété. Et nous formulerons ces deux propositions conjointes : premièrement, la langue est l'interprétant de la société; deuxièmement, la langue contient la société.

La justification de la première proposition : la langue comme interprétant de la société, est donnée par la seconde : la langue contient la société. Cela se vérifie de deux manières : d'abord empiriquement, du fait qu'on peut isoler la langue, l'étudier et la décrire pour elle-même sans se référer à son emploi dans la société, ni avec ses rapports avec les normes et les représentations sociales qui forment la culture. Tandis qu'il est impossible de décrire la société, de décrire la culture, hors de leurs expressions linguistiques. En ce sens la langue inclut la société, mais elle n'est pas incluse par elle.

En deuxième lieu, et je reviendrai dans un moment sur ce point, la langue fournit la base constante et nécessaire de la différenciation entre l'individu et la société. Je dis la langue elle-même, toujours et nécessairement.

Considérons donc que la langue interprète la société. La société devient signifiante dans et par la langue, la société est l'interprété par excellence de la langue.

Pour que la langue puisse remplir ce rôle d'interprétant qui est d'abord et au point de vue tout à fait littéral de faire exister l'interprété et de le transformer en notion intelligible, la langue doit remplir deux conditions à l'égard de la société. Puisque cette société est de la nature humaine fixée en institutions et modelée par la technique, par les conditions de la production, la société est apte à se différencier ou à évoluer constamment, tantôt lentement, tantôt très vite. Mais l'interprétant ne doit pas changer comme tel, tout en restant capable d'enregistrer, de désigner et même d'orienter les changements qui surviennent dans l'interprété. C'est là une condition de sémiologie générale. Un principe sémiologique que je voudrais poser, c'est que deux systèmes sémiotiques ne peuvent pas coexister en condition d'homologie, s'ils sont de nature différente; il ne peuvent pas être mutuellement interprétants l'un de l'autre, ni être convertibles l'un dans l'autre. Telle est en effet la situation de la langue à l'égard de la société; la langue peut accueillir et dénommer toutes les nouveautés que la vie sociale et les conditions techniques produisent, mais aucun de ces changements ne réagit directement sur sa propre structure. En dehors des changements violents, produits par les guerres, les conquêtes, le système de la langue ne change que très lentement, et sous la pression de nécessités internes, de sorte que — c'est là une condition qu'il faut souligner — dans les conditions de vie normale les hommes qui parlent ne sont jamais témoins du changement linguistique. On ne s'en aperçoit que rétrospectivement, au bout de plusieurs générations, et par conséquent seulement dans les sociétés qui conservent les témoins des états linguistiques plus anciens, les sociétés dotées de l'écriture.

Maintenant, qu'est-ce qui assigne à la langue cette position d'interprétant ? C'est que la langue est — on le sait — l'instrument de communication qui est et doit être commun à tous les membres de la société. Si la langue est un instrument de communication ou l'instrument même de la communication, c'est qu'elle est investie de propriétés sémantiques et qu'elle fonctionne comme une machine à produire du sens, en vertu de sa structure même. Et ici nous sommes au cœur du problème. La langue permet la production indéfinie de messages en variétés illimitées. Cette propriété unique tient à la structure de la langue qui est composée de signes, d'unités de sens, nombreuses mais toujours en nombre fini, qui entrent dans des combinaisons régies par un code et qui permettent un nombre d'énonciations qui dépasse tout calcul, et qui le dépasse nécessairement de plus en plus, puisque l'effectif des signes va toujours s'accroissant et que les possibilités d'utilisation des signes et de combinaison de ces signes s'accroissent en conséquence.

Il y a donc deux propriétés inhérentes à la langue, à son niveau le plus profond. Il y a la propriété qui est constitutive de sa nature d'être formée d'unités signifiantes, et il y a la propriété qui est constitutive de son emploi de pouvoir agencer ces signes d'une manière signifiante. Ce sont là deux propriétés qu'il faut tenir distinctes, qui commandent deux analyses différentes et qui s'organisent en deux structures particulières. Entre ces deux propriétés le lien est établi par une troisième propriété. Nous avons dit qu'il y a d'une part des unités signifiantes, en second lieu la capacité d'agencer ces signes en manière signifiante et en troisième lieu, dirons-nous, il y a la propriété *syntagmatique*, celle de les combiner dans certains règles de consécution et seulement de cette manière. Rien ne peut être compris, il faut s'en convaincre, qui n'ait été réduit à la langue. Par suite la langue est nécessairement l'instrument propre à décrire, à conceptualiser, à interpréter tant la nature que l'expérience, donc ce composé de nature et d'expérience qui s'appelle la société. C'est grâce à ce pouvoir de transmutation de l'expérience en signes et de réduction catégorielle que la langue peut prendre pour objet n'importe quel ordre de données et jusqu'à sa propre nature. Il y a une métalangue, il n'y a pas de métasociété.

La langue entoure de toute part la société et la contient

dans son appareil conceptuel, mais en même temps, en vertu d'un pouvoir distinct, elle configure la société en instaurant ce qu'on pourrait appeler le sémantisme social. C'est cette partie de la langue qui a été le plus souvent étudiée. Elle consiste en effet, surtout mais non pas exclusivement, en désignations, en faits de vocabulaire. Le vocabulaire fournit ici une matière très abondante où puisent de toute main les historiens de la société et de la culture. Le vocabulaire conserve des témoignages irremplaçables sur les formes et les phases de l'organisation sociale, sur les régimes politiques, sur les modes de production qui ont été successivement ou simultanément employés, etc. Comme c'est l'aspect le mieux exploré de la relation de la langue à la société, de la langue comme ensemble et comme système de désignations, par conséquent constante, constamment renouvelée, élargie, nous n'y insisterons pas longuement. Nous nous bornons à faire ressortir ici quelques traits de cette faculté sémantique.

Les témoignages que la langue livre à ce point de vue ne prennent tout leur prix que s'ils sont liés entre eux et coordonnés à leur référence. Il y a là un mécanisme complexe dont il faut interpréter prudemment les enseignements. L'état de la société à une époque donnée n'apparaît pas toujours reflété dans les désignations dont elle fait usage, car les désignations peuvent souvent subsister alors que les référents, les réalités désignées ont changé. C'est là un fait d'expérience fréquente et qui se vérifie constamment, et les meilleurs exemples sont précisément le terme « langue » et le terme « société » que nous utilisons en ce moment à chaque instant. La diversité des références qu'on peut donner à l'un et à l'autre de ces deux termes est le témoin justement et la condition de l'emploi que nous devons faire des formes. Ce qu'on appelle la polysémie résulte de cette capacité que la langue possède de *subsumer* en un terme constant une grande variété de types et par suite d'admettre la variation de la référence dans la stabilité de la signification.

En troisième lieu, pour passer à une considération un peu différente, mais sur laquelle il y a lieu d'insister plus particulièrement aujourd'hui, chacun parle à partir de soi. Pour chaque parlant le parler émane de lui et revient à lui, chacun se détermine comme sujet à l'égard de l'autre ou des autres. Cependant, et peut-être à cause de cela, la langue qui est ainsi l'émanation irréductible du soi le plus profond dans chaque individu est en même temps une réalité supraindividuelle et coextensive à la collectivité tout entière. C'est cette coïncidence entre la langue comme réalité objectivable, supraindividuelle, et la production individuelle du parler qui fonde la situation paradoxale de la langue à l'égard de la société. En effet la langue fournit au parlant la structure formelle de base, qui permet l'exercice de la parole. Elle fournit l'instrument linguistique qui assure le double fonctionnement, subjectif et référentiel, du discours : c'est la distinction indispensable, toujours présente en n'importe quelle langue, en n'importe quelle société ou époque, entre le moi et le non-moi, opérée par des indices spéciaux qui sont constants dans la langue et qui ne servent qu'à cet usage, les formes dites en grammaire les pronoms, qui réalisent une double opposition, l'opposition du « moi » à « toi » et l'opposition du système « moi/toi » à « lui ».

La première, l'opposition « moi-toi », est une structure d'allocution personnelle qui est exclusivement interhumaine. Il n'y a qu'un code spécial, religieux ou poétique, qui autorise à employer cette opposition hors du milieu humain.

La seconde opposition, celle de « moi-toi » / « lui », opposant la personne à la non-personne, effectue l'opération de la référence et fonde la possibilité du discours sur quelque chose, sur le monde, sur ce qui n'est pas l'allocution. Nous avons là le fondement sur lequel repose le double système relationnel de la langue.

Ici apparaît une nouvelle configuration de la langue qui s'ajoute aux deux autres que j'ai sommairement analysées ; c'est l'inclusion du parlant dans son discours, la considération pragmatique qui pose la personne dans la société en tant que participant et qui déploie un réseau complexe de relations spatio-temporelles qui déterminent les modes d'énonciation.

Cette fois l'homme se situe et s'inclut par rapport à la société et à la nature et il se situe nécessairement dans une classe, que ce soit une classe d'autorité ou une classe de production. La langue en effet est considérée ici en tant que pratique humaine, elle révèle l'usage particulier que les groupes ou classes d'hommes font de la langue et les différenciations qui en résultent à l'intérieur de la langue commune.

Je pourrais décrire ce phénomène comme une appropriation par des groupes ou des classes de l'appareil de dénotation qui est commun à tous. Chaque classe sociale s'approprie des termes généraux, leur attribue des références spécifiques et les adapte ainsi à sa propre sphère d'intérêt et souvent les constitue en base de dérivation nouvelle. A leur tour ces termes, chargés de valeurs nouvelles, entrent dans la langue commune dans laquelle ils introduisent les différenciations lexicales. On pourrait étudier ce processus en examinant un certain nombre de vocabulaires spécialisés, mais qui portent en eux-mêmes leur référence, qui constituent un univers particulier relativement coordonné. Ce pourrait être par exemple — mais je n'ai pas le temps de développer ici cet exemple — l'analyse de certains vocabulaires de classes spécifiques comme le vocabulaire du sacré dans la langue des pontifes romains. Je prends exprès une langue facile à analyser et un vocabulaire assez abondant, où l'on pourrait trouver à la fois tout un répertoire de termes spécifiques et aussi des manières spécifiques de l'agencer, un style particulier, bref les caractères d'une prise de possession de la langue commune, réalisée en la chargeant de notions, de valeurs nouvelles. On pourrait vérifier ainsi sur un modèle réduit le rôle de la langue à l'intérieur de la société en tant que cette langue est l'expression de certains groupes professionnels spécialisés, pour qui leur univers est l'univers par excellence. En distinguant, comme nous avons essayé de le faire, les différents types de rapports qui unissent la langue à la société, qui sont propres à les éclairer l'un par l'autre, nous avons eu à faire surtout au mécanisme qui permet à la langue de devenir le dénominateur, l'interprétant des fonctions et des structures sociales. Mais au-delà on entrevoit certaines analogies moins visibles entre les structures profondes, le fonctionnement même de la langue et les principes fondamentaux de l'activité sociale. Ce sont là des comparaisons encore sommaires, des homologies larges dont il faudrait pousser beaucoup plus loin la théorie pour les rendre fructueuses, mais je les crois nécessaires et fondées. Je ne peux donner ici qu'une première approximation en désignant trois notions essentielles.

La langue peut être envisagée à l'intérieur de la société comme un système productif : elle produit du sens, grâce à sa composition qui est entièrement une composition de signification et grâce au code qui conditionne cet agencement. Elle produit aussi indéfiniment des énonciations grâce à certaines règles de transformation et d'expansion formelles ; elle crée donc des formes, des schèmes de formation ; elle crée des objets linguistiques qui sont introduits dans le circuit de la communication. La « communication » devrait être entendue dans cette expression littérale de mise en commun et de trajet circulatoire.

On est là dans le domaine de l'économie. Déjà Saussure a relevé une analogie entre certaines notions propres à l'économie et celles qu'il fondait, qu'il énonçait, qu'il organisait pour la première fois dans le processus de la communication linguistique. Il a signalé que l'économie comme la langue est un système de *valeurs* : voici un autre terme qui est un terme fondamental. C'est une analogie qui éveillerait de longues réflexions, mais nous pouvons la prolonger dans une troisième notion qui est liée à la valeur, c'est la notion de l'*échange*, qu'on pourrait assimiler à l'échange paradigmatique. On sait que l'axe paradigmatique de la langue est celui qui est justement caractérisé, par rapport à l'axe syntagmatique, par la possibilité de remplacer un terme par un autre, une fonction par une autre dans la mesure où justement elle a une valeur d'utilisation syntagmatique. Et nous sommes là tout près des caractères de la valeur en économie. Saussure avait comparé le rapport salaire-travail au rapport signifiant-signifié, parce que des deux côtés c'est une valeur qui est en jeu et parce que les deux membres de ce binôme sont de nature tout à fait différente et rapprochés dans une relation arbitraire. Je ne suis pas absolument certain que ce soit le meilleur exemple ou que le rapport salaire-prix, salaire-travail soit rigoureusement homologue à celui du signifiant-signifié, mais il s'agit ici moins de cet exemple particulier que du principe du rapprochement et de la vue qui en résulte sur la manière d'appliquer certains critères, certaines notions communes à la langue et à la société.

Il suffira donc de poser, en vue d'une élaboration future, ces trois notions de base qui fournissent déjà à la réflexion le moyen de dépasser le cadre traditionnel qui pose l'une à côté de l'autre, la langue et la société.

J'ai essayé bien sommairement de faire ressortir la nécessité et la possibilité d'introduire dans la discussion de ce vaste sujet des distinctions essentielles et aussi de poser entre la langue et la société des rapports qui soient à la fois logiques et fonctionnels : logiques sous une considération de leurs facultés et de leur rapport signifiants, fonctionnels parce que l'un et l'autre peuvent être considérés comme des systèmes productifs chacun selon sa nature. Ainsi peuvent émerger des analogies profondes sous les discordances de surface. C'est dans la pratique sociale, comme dans l'exercice de la langue, dans cette relation de communication interhumaine que les traits communs de leur fonctionnement seront à découvrir, car l'homme est encore et de plus en plus un objet à découvrir, dans la double nature que le langage fonde et instaure en lui.

CHAPITRE VII

Convergences typologiques *

On entend généralement par typologie l'étude des types linguistiques définis par leur structure générale. De cette notion assez sommaire est issue la classification traditionnelle des langues en flexionnelles, isolantes, etc., qui était en faveur autrefois. Il paraît plus instructif de caractériser comme « types » des ensembles plus limités, mais mieux définis, qui peuvent d'ailleurs être de nature assez variée, pourvu qu'ils offrent dans une langue donnée une particularité notable. Si l'observation initiale est correcte et si elle dégage les conditions du phénomène, elle conduit parfois à reconnaître le même type dans une langue de structure tout autre, où les mêmes conditions l'ont produit. Voici un exemple de ces convergences entre langues différentes.

Le français, dont on ne manque jamais de souligner la faible aptitude à la composition, possède néanmoins deux types de composés verbaux, entièrement distincts l'un de l'autre, et pareillement dignes d'attention.

L'un, le plus connu, est le type *porte-monnaie, taille-crayon, garde-chasse*, caractérisé par la séquence régissant + régi ou déterminé + déterminant. Il subsume une construction verbale transitive à objet direct. Le premier membre, qui est le terme verbal, demeure invariable ; le second seul, terme nominal, est assujetti à une variation de nombre, qui s'applique en fait au composé entier, puisque ce composé est nominal [1].

* *L'Homme*, La Haye, Mouton & Co., VI (1966), cahier n° 2, pp. 5-12.
1. Nous ne tenons aucun compte des caprices de l'orthographe qui prescrit que *porte-monnaie* est invariable, que *garde-barrière* fait au pluriel

Cette classe de composés pose un problème formel qui a été souvent débattu : quelle est la nature de la forme verbale au premier membre ? Il semble que les avis se partagent entre deux possibilités seulement : *porte-, taille-*,... serait ou un impératif ou un présent. La première interprétation s'appuie surtout sur un argument historique et comparatif tiré de la formation, à l'état roman, de noms propres tels que *Boileau* (fr.), *Bevilacqua* (ital.). Cela n'est guère probant pour les composés non onomastiques. De toute manière, les considérations historiques ne sont ici d'aucune aide ; c'est dans la structure actuelle du français, où il s'oppose à d'autres types de composés, que celui-ci doit être défini.

Dans une vue synchronique de ce type de composé, le premier membre apparaît non comme une forme du paradigme flexionnel, mais comme un thème verbal, exprimant la notion hors de toute actualisation temporelle ou modale. Cette notion est ainsi posée à l'état virtuel, ce qui répond à la nature des composés : d'une manière générale, un composé a pour fonction de mettre en suspens l'actualisation inhérente à chacun des deux termes pris dans son exercice propre, et de la transférer au composé unitaire. Ainsi le type *garde-chasse* transpose en substantif ou en adjectif un syntagme verbe + nom [1]. C'est en partant de la fonction prédicative du syntagme **il garde la chasse* qu'on peut former un composé *garde-chasse*, où *il garde* et *la chasse* sont réduits à leur forme virtuelle *garde* et *chasse*. Telle est la condition qui fait que le syntagme verbal à fonction prédicative peut devenir un composé nominal à fonction dénotative. Le rôle de la fonction prédicative dans la genèse de cette classe de composés doit être souligné. La même fonction est sous-jacente à une partie notable de la dérivation. Nous reviendrons ailleurs sur ce point.

*

Le second type de composés verbaux est celui de ***maintenir***. Il contraste à tous points de vue avec le précédent : peu abon-

---

gardes-barrière ou *barrières*, et que le pluriel de *garde-côte*, s'il désigne un soldat, est *gardes-côtes*, mais si c'est un bateau, *garde-côtes*.

[1]. La rection transitive du premier au second membre est commune à la presque totalité de ces composés. Très rares et littéraires sont ceux où le thème d'un verbe intransitif est conjoint à un adverbe : *gagne-petit, lève-tôt, trotte-menu.*

dant, improductif, fait en partie de survivances, quoique certains de ses représentants soient fort usités. Il est cependant très intéressant à étudier parce qu'il perpétue dans la langue — fût-ce à l'état de résidu — non plus seulement un composé verbal, comme le précédent, mais un véritable *verbe composé*, à flexion complète : *maintenir* possède la flexion entière de *tenir* ou de *soutenir*. Or un verbe composé est une rareté, en général. Dans le type linguistique indo-européen on n'en connaît pas d'exemple. Là où il s'en présente, c'est à titre de formation secondaire et comme dérivé d'un composé nominal : ainsi grec *oikodomeîn, -nomeîn, -phoreîn* sont en réalité des dénominatifs de *oikodómos, -nomós, -phorós :* de même *gonupeteîn, -klineîn* sortent de *gonupetés, -klinés*. Une fois constitué, le présent grec *gonuklinein* « s'agenouiller » a servi de modèle au tardif *genuflectere* du latin d'Église, à moins que ce dernier ne procède directement de *genuflexio* (imité de gr. *gonuklisía*), de même que, en français, d'après *génuflexion*, Alfred Jarry [1] a fait *génufléchir*. Il n'y a donc pas d'ancêtre ni de parallèle à une formation de composé où un verbe serait déterminé par un substantif le précédant. Seul un préverbe est admis devant le verbe. Cela revient à dire que le français ne connaît pas de verbe composé, c'est-à-dire de composé qui ait la forme : substantif régi + verbe régissant et fléchi. Il connaît seulement, comme on l'a vu, un composé *nominal* d'ordre inverse : thème verbal régissant + substantif régi.

Comment se caractérise alors le type *maintenir*, qui est bien pourtant un verbe *tenir* composé avec le substantif *main* ? Ici c'est la relation syntaxique entre les deux membres qui est spécifique et distinctive. Nous constatons qu'un substantif *main* détermine et précède le verbe *tenir*, mais il ne le fait pas en qualité d'objet direct. *Maintenir* n'est pas « tenir la main », ce qui n'aurait pas de sens, et contredirait la rection transitive du verbe *maintenir*, mais « tenir *avec* la main » (d'où « consolider un objet dans sa position »). Le substantif a une relation d'*instrument* avec le verbe. Là est le trait distinctif de cette classe de verbes composés, et il se vérifie dans tous les verbes du type *maintenir* encore en usage. Nous pensons les énu-

---

1. *Gestes et opinions du Docteur Faustroll*, p. 95 : « Découvre-toi devant le Pauvre Pêcheur, t'incline devant les Monet, génufléchis devant les Degas et Whistler... »

mérer ici au complet [1] : *bouleverser, chavirer, chantourner, colporter, culbuter, maintenir, manœuvrer, morfondre, saupoudrer ;* en outre, à l'état de dérivés nominaux : *vermoulu, saugrenu, saupiquet.*

Une douzaine de représentants au total, que nous reprenons maintenant séparément pour une traduction analytique de leurs composants :

Bouleverser, c'est littéralement « retourner (sens premier de *verser*) en boule »;

Chavirer (cf. provençal *capvirar*) « virer sur le chef; se retourner tête en bas »;

Chantourner « tourner de chant » (qu'on écrit à tort « de champ »);

Colporter « porter (suspendu) au cou »; cf. Pasquier [2] : « les revendeurs de livres, qui les portent à leur col par la ville, sont appelez... colporteurs »;

Culbuter, litt. « buter sur le cul »;

Maintenir « tenir avec la main » (pour empêcher de tomber et conserver dans sa position);

Manœuvrer « faire fonctionner (-œuvrer) avec la main »;

Morfondre, litt. « fondre de morve » (se dit du cheval catarrheux; terme de vétérinaire);

Saupoudrer « poudrer de sel (*sau-*) ;*

*Saupiquer (provençal *salpicar*) « piquer de sel », ne survit que dans le dérivé nominal *saupiquet* « ragoût piquant »; le même *sau-* dans l'adjectif *saugrenu,* ancien *saugreneux* « greneux (= grenu ?) de sel »;

Vermoulu, litt. « moulu de vers », « réduit en poudre par l'action des vers ».

A cet inventaire [3] ajoutons quelques témoins d'un état plus ancien de la formation, alors qu'elle était encore productive :

Billebarrer « barrer (un tissu) avec des billes (= raies) », le « marquer de raies »;

Blanc-poudré « poudré de blanc »;

1. Cf. *Dictionnaire Général,* I, p. 86, § 203, auquel nous ajoutons quelques données. La formation n'y est considérée que dans ses antécédents latins.
2. Cité par Littré, s.v. *colporteur.*
3. Nous laissons de côté quelques verbes qui relèvent très probablement de la même classe, mais où le sens et parfois la forme du premier terme ne se laissent plus déterminer : *boursoufler, cailleboter, houspiller.* Il suffit de renvoyer aux dictionnaires étymologiques.

Chanfraindre « tailler en biseau », litt. « abattre (*fraindre*) de chant », cf. *chantourner*;
Cloufichier « fixer avec des clous (= crucifier) »;
Ferarmer, ferlier, fervestir « armer, lier, vêtir de fer »;
Pelleverser « verser (= retourner) à la pelle, labourer à la bêche ».

La revue de ces verbes montre à l'évidence que :

1º Le terme nominal n'a jamais fonction de régime direct ou indirect; c'est toujours un *instrumental*, précisant la modalité d'accomplissement de la notion verbale.

2º Le substantif, au premier membre, peut avoir une forme un peu différente de celle qu'il a comme vocable libre : *man-* pour « main »; *sau-* pour « sel », tendant à l'état de véritables *préfixes*.

3º Les substantifs sont des termes généraux — parties du corps, substances, outils — qui peuvent s'associer à des verbes variés : à côté de *saupoudrer, saupiquer*, on peut imaginer *saugarnir, *saupiler (« garnir, piler avec du sel »); la série *fer- -armer -lier -vêtir* pouvait continuer par **fer-cercler -barder*, etc., à partir du moment où ces termes de composition étaient devenus *préfixes instrumentaux*.

Ce type de composition apparaît assez singulier. S'il n'est pas inconnu des autres langues romanes (cf. ital. *mantenere, calpestare, capovoltare*, esp. *mantener*) [1], il constitue, à quelque niveau synchronique qu'on le prenne, une anomalie structurale par rapport au modèle indo-européen. Celui-ci n'admet la composition d'un substantif instrumental qu'avec un *participe passif*; les exemples sont notoires, soit anciens, comme skr. *deva-datta-*, got. *handu-waurhts*, soit modernes, comme allemand *Gottgesandt*, anglais *man-made* [2]. L'instrumental est syntaxiquement justifié auprès d'un participe passif. Mais autant est régulier un composé participial anglais *hand-woven* « tissé à la main », aussi peu serait concevable un *verbe* tel que *to handweave. Il n'y a pas de verbe composé en indo-européen, où seul le préverbe peut être préfixé au verbe. Il semble donc que le type français *maintenir* réalise, dans la structure

---

1. Il mériterait d'être étudié en propre dans les autres langues romanes et confronté avec celui du français qui est seul étudié ici.
2. Voir pour l'anglais, H. Marchand, *Categories and Types of Present Day English Word-Formation*, pp. 52 sq.; pour l'allemand, Henzen, *Deutsche Wortbildung*, 2ᵉ éd., p. 66.

générale du français, un modèle qui n'est pas indo-européen.

De fait, c'est hors de l'indo-européen, si surprenant que cela semble, que nous lui trouverons un parallèle, dans le groupe linguistique le plus distant à tous égards, celui des langues amérindiennes.

Nous pensons plus particulièrement à une des langues de la grande famille dite uto-aztèque : la langue Paiute méridionale (parlée au sud-ouest de l'Utah et au nord-ouest de l'Arizona) dont Edward Sapir a fait une description magistrale [1].

En paiute on dispose d'une très grande facilité de composition. On peut joindre verbe et verbe, nom et nom, et aussi nom et verbe. Or voici un procédé de composition typique et très productif : il consiste à préfixer certains substantifs de grande fréquence et diversité d'emploi, tels que « main, pied, feu... », etc., à des verbes de sens variés, de manière à constituer des verbes composés. Dans cette classe de composés, le trait notable est que le premier membre détermine le verbe non comme objet grammatical, mais comme indice de modalité ou d'instrument. Sapir appelle ces formes nominales « instrumental prefixes » [2]. Souvent en effet ces noms en composition se présentent sous une forme réduite, et tendent à l'état de préfixes, tout en restant identifiables comme lexèmes : *mɔʼɔ-* « main » devient en composition *(ma(n)-)* ; — *muvʷi-* « nez » devient *mu(n)-* ; — *qunˑa-* « feu » devient *qu-*, etc. [3].

Avec le préfixe instrumental *ma-* « main », on constituera par exemple les composés suivants [4] :

Ma-xwivu- « presser avec la main » *(ma + qwivi-, cf. ta-qwivu-* « presser avec le pied »);

Ma-riŋqa- « façonner avec la main » *(ma + tiŋqa-* « créer »)

Ma-vitcʼa- « écraser avec la main » *(ma + pitcʼa-)* ;

Ma-yuwai- « frotter avec la main » *(ma + yuwai-,* cf. *ta-yuwai-* « frotter avec le pied »);

M(a)-ainˑi- « toucher avec la main » (cf. *t(a)-ainˑi-* « toucher avec le pied [5] »);

---

1. Edward Sapir, *Southern Paiute, a Shoshonean Language*, Boston, 1930.
2. Sapir, *op. cit.*, § 21, p. 101 : « ... they are on the whole specialized forms of incorporated nouns with instrumental function ».
3. Voir le détail chez Sapir, *op. cit.*, § 21.
4. Toutes les formes du paiute sont citées dans la transcription de Sapir, qu'il a fallu simplifier un peu pour des raisons typographiques.
5. Sapir, *op. cit.*, pp. 544-545.

Ma-ntcavai- « faire un adieu de la main »;
Ma-'nik·i- « to stick one's hand in (water) » (Sapir) n'est transitif que dans cette traduction : le thème *'niɣi- 'nik·i-* signifie « to stick, be stuck in »[1] et les exemples sont bien ceux d'un verbe intransitif. Il vaudrait mieux traduire « to be stuck with one's hand in (water) ».

Le sens de certains verbes les rend aptes à recevoir un paradigme abondant de préfixes instrumentaux. Ainsi de *pantu-* « secouer »[2] on a : *qī-pantu-* « secouer avec les dents »;

Tcaʿ-pantu- « secouer avec les mains »[3];
Taʿ-pantu- « secouer avec les pieds »;
Tcɔʿ-pantu- « secouer avec la tête »[4];
Piʿ-pantu-iʿ « shakes, moves about (his) buttocks ».

De *paqˑa-* « souffrir, avoir mal »[5], on compose : *Taŋwa-mpaqa-* « avoir mal aux dents » (*taŋwa-*);
Tɔʿtsi-ɸaqa- « avoir mal à la tête » (*tɔtsi-*);
Movʷi-pˑaxa- « avoir mal au nez » (*movʷi-*);
Saxwia-ɸaqa- « avoir mal à l'estomac » (*saɣwia-*);
Taɣu-pˑaqa- « souffrir de soif » (*taɣu-*)[6].

Ce type n'est pas également développé dans toutes les langues du groupe shoshon; il a assez peu d'exemples en tübatulabal[7]. Mais il est notoirement caractéristique de l'aztec, où il a été souvent signalé. On parle de l' « incorporation » en nahuatl comme équivalant à la construction du verbe avec un objet direct[8]. Il faudrait cependant préciser cette définition. La construction syntaxique et la composition sont-elles vraiment équivalentes et interchangeables en aztec ? La question mérite d'être examinée de plus près.

Nous aurons avantage à procéder de la description que

1. Sapir, *op. cit.*, p. 584.
2. Sapir, *op. cit.*, p. 602.
3. Le sens de ce préfixe est mal défini; Sapir, *op. cit.*, pp. 106-107 lui donne le sens de « main » dans un exemple comme celui-ci.
4. Cf. ci-après, p. 111.
5. Sapir, *op. cit.*, p. 603.
6. Sapir, *op. cit.*, pp. 84 et 670.
7. Par exemple *hani-* « maison » + *hal-* « s'asseoir » produit le thème verbal *hanihal-* « to visit » (« to house-sit ») : Voegelin, *Tübatulabal Grammar*, 1935, p. 89.
8. Cf. Bloomfield, *Language*, p. 241. Sur ce problème général, cf. Sapir, *Amer. Anthrop.*, 1911, pp. 250 sq.

Whorf a donnée de ce type de composition en aztec (dialecte de Milpa Ata) [1]. Il s'agit des composés nom + verbe :

> « The first term of a compound is usually a bare noun stem, contracted if the noun is of the contract class, or it may be a noun with absolutive suffix in form –ti– (this type is associated today with derived verbal nouns, also found in old petrified compounds), or an adjective, usually in adverbial form with suffix –ka–. If the final is a transitive verb the antecedent may refer to its object ('incorporated object') in which case the verb is inflected like an intransitive, without pronominal object, e.g., mepam-po'powa 'weeds agave-row(s)', < mepami'-λ < me-λ 'agave', pami'-λ 'row'. But the antecedent is basically a modifier, and its equivalence to an object is conditioned by grammatical logic; e.g., λe. -k^w epo· ni (intransitive verb, no object) 'bursts *from the action of* fire (λe· λ)'. Cl λa-šoči'-i'k^wilowa (transitive with transitive inflection) 'paints or engraves something (λa-) *with* flowers, floral designs (šoči λ 'flower')' [2] ».

Sans entrer dans la discussion du problème général posé ici par la notion d' « objet », nous devons faire ressortir dans l'analyse de Whorf un point qui importe à la présente démonstration. Whorf souligne lui-même (et nous attirons l'attention sur les termes qu'il met en italique dans ses traductions) que l'objet nominal incorporé doit être interprété comme un modificateur ("a modifier") « dont l'équivalence avec un objet est conditionnée par la logique grammaticale », en fait, dirons-nous, comme un déterminant instrumental du verbe. C'est ce que montre la flexion des verbes composés. La traduction de *mepam-po'powa* par « il sarcle (*–po'powa*) des rangées d'agaves (*mepami'–*λ) » ferait penser à une rection transitive. Mais ce verbe est fléchi comme un intransitif ; il est donc de même construction que le suivant : λe·–k^wepo·*ni* « il feu-éclate », c'est-à-dire « il éclate *par l'effet du* feu (λe·λ) ». De même aussi λa–šoči'–i'k^w*ilowa* « quelque chose (λa–) il fleur-peint », c'est-à-dire « il peint quelque chose *avec* des fleurs = il orne quelque chose d'un motif floral ». Dans ce dernier exemple, le verbe est bien transitif par sa flexion, mais la transitivité s'applique au pronom objet indéfini λa– « quelque chose », non à *šoči*λ « fleur », qui a clairement fonction d'instrumental.

---

1. B. L. Whorf, *The Milpa Alta Dialect of Aztec*, ap. Hoijer, ed., *Linguistic Structures of Native America*, 1946, pp. 367 sq.
2. *Op. cit.*, p. 378, § 5.

Ainsi tous ces exemples de l'aztec reproduisent bien le même modèle que nous avons en paiute. L'unité typologique de cette classe de verbes composés est vérifiée dans deux langues différentes de la famille [1].

On peut maintenant revenir aux verbes composés du français et s'assurer qu'ils répondent aux mêmes critères descriptifs dans les mêmes distinctions catégorielles.

Que ce type de composés soit vivant et productif en paiute et seulement résiduel en français ne touche en rien au principe de cette comparaison et n'en altère pas la légitimité. Il s'agit essentiellement de la même structure formelle et fonctionnelle : un nom entre en composition avec un verbe qu'il précède à titre de déterminant instrumental. Les exemples cités pour le français comme pour le paiute offrent une similitude frappante.

En outre, la morphologie de la composition présente un curieux trait d'analogie. Dans les deux langues, le substantif, premier membre du composé, peut avoir une forme réduite ou simplifiée par rapport au lexème libre :

Français *main*, composé *man–*;

Sel, composé *sau–*;

Morve, composé *mor–*;

comme paiute *mɔ'ɔ–* « main », composé *ma(n)–*;

Quna– « feu », composé *qu–*.

Mais ce n'est pas une nécessité : français *boule*, *ver*, *fer* demeurent pareils en forme libre et en composition comme paiute *ta–* « pied », *pa–* « eau ».

En outre, certains composés traditionnels peuvent conserver une forme ou un sens fossiles du substantif : français *boule–*, *bille–*, *chan–*; piaute *tcɔ–* « tête » seulement en composition, en face de *tɔtsi–* « tête », forme libre.

De telles corrélations sont utiles à retenir. Elles aident à voir combien la typologie est indépendante de la parenté linguistique. Des convergences typologiques peuvent se produire hors de toute filiation génétique. Il y faut cependant un minimum d'analogie dans la structure formelle des langues

---

1. Dans un examen plus large du problème, on devrait encore tenir compte d'autres familles de langues américaines, par exemple de l'iroquois, ou du takelma (sur lequel cf. Sapir, *Handbook of the American Indian Languages*, II, pp. 66 et 68 sq.)

comparées. Dans le cas présent on peut relever que le paiute distingue clairement nom et verbe [1], qu'il utilise largement la composition des thèmes nominaux et verbaux, qu'il a des préfixes et des suffixes. Tous ces traits se retrouvent en français, avec cette différence cependant que le champ de la composition y est réduit. Le français n'a réellement développé la composition mixte (thème verbal + thème nominal) que dans le type « *porte-monnaie* », qui est nominal. Cela n'a pas empêché la création en français aussi d'un type de *verbe composé* à premier élément nominal instrumental, réalisant, quoique dans une mesure moindre, une formule de composition dont l'analogue se trouve dans une langue aussi différente que le paiute. Des langues comme l'anglais ou l'allemand, beaucoup plus aptes que le français à la composition, n'ont pas été aussi loin. Cette création romane que nous considérons en français, quoiqu'elle se soit épuisée assez vite, demeure comme le témoignage d'une innovation typologique de grande portée générale.

---

[1]. Sapir, *op. cit.*, § 47, p. 213.

CHAPITRE VIII

Mécanismes de transposition *

Le rôle considérable de la transposition pourrait être illustré dans tous les chapitres d'une description fonctionnelle. Mais on ne l'étudie guère dans certaines parties de la morphologie nominale où cependant il est essentiel, notamment dans la dérivation.

Noux essayons ici de mettre en lumière le fonctionnement et l'importance de la transposition en analysant les dérivés en *-eur*, dits noms d'agent, en français moderne. On a ici l'avantage d'étudier une catégorie intermédiaire entre le nom et le verbe, où le mécanisme de la transposition met en jeu deux classes de formes distinctes. Nous aurons l'occasion de montrer que la syntaxe et le sens des dérivés en *-eur* sont étroitement solidaires de la transposition qui les détermine.

*

L'adjectif en *-eur* constitue une classe distincte. Son statut le sépare du nom d'agent. Bien que certaines formes, comme *travailleur, joueur*, soient communes aux deux catégories, elles ne sont pas prises dans le même sens, et n'ont pas la même construction. Comme tous les adjectifs, ceux-ci sont susceptibles de gradation, ils peuvent être qualifiés ou quantifiés par un adverbe. C'est ce qui les distingue des substantifs

* *Cahiers Ferdinand de Saussure*, Genève, Droz, 25 (1969) (= Mélanges H. Frei), pp. 47-59.

en *-eur*. Alors qu'on énonce pareillement : *il est travailleur* et *il est paveur*, on dira :
il est très travailleur
il est plus travailleur (que son frère)
mais non :
*il est très paveur
*il est plus paveur (que son frère).

Pour le sens, ces adjectifs indiquent une inclination morale, un trait dominant et permanent du caractère : *travailleur* « porté au travail », *joueur* « porté au jeu », *rieur, moqueur, querelleur, farceur, menteur, jouisseur, rageur*. Ils se prêtent à des déterminations adverbiales assez variées : « il est *foncièrement* joueur »; « il est joueur *dans l'âme* ». Certains peuvent devenir des substantifs quand le trait de caractère qu'ils dénotent est élevé jusqu'au type. *Le Menteur, le Joueur* sont des titres de comédies de mœurs. Aucun adjectif en *-eur*, par contre, n'indique jamais une occupation, un métier, ni une capacité physique, tout à l'opposé des substantifs en *-eur*, et particulièrement des noms d'agent proprement dits.

Parfois certains noms flottent entre l'adjectif et le nom d'agent. C'est notamment le cas de *travailleur*. Comme adjectif, *travailleur* « qui aime le travail » est attesté dès l'ancien français. D'autre part, le sens de classe professionnelle (*Les Travailleurs de la Mer*; *les travailleurs du bâtiment*) connaît aujourd'hui une large diffusion, mais il résulte d'un développement assez récent. Pendant toute l'époque classique, *travailleur* n'est qu'adjectif. C'est au XIXe siècle seulement que *travailleur* prend un sens social, quand s'éveille la conscience des classes, exprimée dans l'opposition *capitaliste/ travailleur* qui fait pendant à celle de *capital/travail*[1]. Une condition particulière le sépare cependant des noms de métier, c'est le caractère collectif et vague du terme, qui interdit pratiquement de l'employer au singulier (« *un* travailleur » est en réalité un singulatif, il veut dire « un membre de la classe des travailleurs »). Cela tient à la nature sociale, et non

---

1. On trouvera dans l'ouvrage de Jean Dubois, *Le vocabulaire politique et social en France de 1869 à 1872*, Paris, 1962, pp. 37-46, une description très documentée des emplois de *travailleur*, pendant cette période où il s'est formé et fixé dans sa valeur sociale. Les nombreux exemples qui y sont cités donnent le mot presque toujours au pluriel.

professionnelle, de cette désignation « *les travailleurs* ». Le travail n'est pas un métier. C'est pourquoi *travailleur* n'admet pas la construction prédicative : « il est travailleur » se dit seulement de celui « qui aime le travail ». L'adjectif et le nom d'agent se délimitent ainsi.

Aujourd'hui *travailleur* comme substantif entre dans deux classes d'emploi :

1. *Travailleur* « qui travaille » n'existe qu'avec détermination : *travailleur de nuit, à domicile, à plein temps*; seule cette détermination lui donne statut de substantif;

2. *Travailleur*, terme de classe, et qui ne se trouve pratiquement qu'au pluriel, dérive en réalité non de *travailler*, mais de *travail*. Il a pris naissance dans les doctrines socialistes qui, au milieu du XIXe siècle, opposaient le *travail* au *capital*, et les *travailleurs* aux *capitalistes*. Quand l'entité *travail* s'est chargée d'un sens social et qu'elle est devenue l'enseigne d'une classe, *travailleur* a été, en fait, recréé comme désignation des membres de cette classe. On eût pu faire *travailliste, comme *capitaliste*, anticipant sur l'innovation qui devait survenir plus tard pour rendre l'anglais *labourite*, mais *travailleur* avait l'avantage, pour l'idéologie et la propagande, de se lier à l'opposition *travailleur/oisif* et *travailleur/bourgeois*.

*

Dans la classe très riche et en constant accroissement des « noms d'agent » en *-eur* [1], nous ne traitons que par prétérition le large contingent des noms qui répondent strictement à cette définition et désignent ceux qui exercent une activité professionnelle : *tourneur, balayeur, imprimeur*. Pour la plupart, ils se rattachent à des verbes, mais on constate maintes fois qu'ils sont dérivés d'un nom avec valeur de « qui fait ... » : *chroniqueur* de *chronique* (« qui *fait* des chroniques »); *parfumeur* de *parfum* : le parfumeur fait et vend

---

1. Seul nous occupera ici le mécanisme des transpositions syntaxiques entre le verbe et le nom. Nous ne traiterons ni de la distinction entre noms d'agent et noms d'instrument en *-eur*, ni de l'extension de cette classe lexicale en français moderne. Cet aspect de la question est traité en détail par Jean Dubois, *Étude sur la dérivation suffixale en français moderne*, Paris, 1962, p. 40 sq.

des parfums, il ne parfume pas ; d'ailleurs *parfumer* n'admet guère un sujet personnel. De même *mineur* de *mine*, bien plutôt que de *miner*. D'où des créations comme *phraseur* « qui fait des phrases », *gaffeur* « qui fait des gaffes » (plutôt que « qui gaffe »).

La valeur d'activité professionnelle qui marque profondément cette classe de noms en facilite l'expansion, qui suit la création de métiers ou de techniques. Même du verbe *penser*, le moins susceptible de spécialisation, on a tiré *penseur*, comme pour faire de la pensée un métier.

Cependant cette fonction de sens est-elle la seule ? A l'intérieur de la masse des noms en -*eur* que l'on classifie indistinctement comme noms d'agent, nous allons introduire une distinction profonde qui les répartit en deux catégories, d'après le mécanisme de la transposition dont ils proviennent et en vertu de critères syntaxiques et sémantiques [1].

Les noms d'agent en -*eur* transposent le verbe en substantif avec le sens de « qui fait... ». Mais ils le font de deux manières différentes. Au sens strict un nom d'agent comme *danseur* désigne « celui qui danse », mais il a deux emplois : l'un professionnel « danseur de ballet », l'autre qu'on peut dire occasionnel « celui qui est occupé à danser » à un moment donné : « de nombreux danseurs tournaient dans la salle ». Les deux emplois se distinguent à la fois par leur sens et par leur syntaxe : le premier peut se construire en prédicat « il est danseur (à l'Opéra) », le second, non.

Or, tous les deux sont la transposition nominale d'un même prédicat verbal « il danse ». Il faut donc penser que là est l'origine de la distinction, au sein même du prédicat. Les deux sens de *danseur* font apparaître deux lignes différentes de transposition et celles-ci présupposent en effet deux acceptions différentes de « il danse ». L'une sert de définition « il danse (par métier) », l'autre de description : « il danse (sous mes yeux) ». De là deux transpositions nominales distinguées non par la forme mais par la construction : *danseur* 1 « qui fait métier de danseur » et *danseur* 2 « qui est en train de danser ».

---

1. Cette distinction, que nous établissons dans la synchronie du français moderne et d'après des critères explicites, est indépendante de celle que nous avons posée entre deux types de noms d'agent et de noms d'action en indo-européen et dans d'autres familles linguistiques (*Noms d'agent et noms d'action en indo-européen*, Paris, 1948).

En français, ces deux fonctions sont représentées par une forme unique dans le verbe, comme dans la transposition nominale. D'autres langues les distinguent par des moyens variés : ainsi l'espagnol mexicain oppose *Maria canta* « Marie est chanteuse » à *canta Maria* « Marie est en train de chanter »[1].

Le critère indiqué se vérifie dans tous les cas où le nom en *-eur* est susceptible de deux acceptions : *voyageur* (de commerce) et *voyageur* « qui se trouve en voyage », par exemple « les voyageurs à destination de Bordeaux; avis aux voyageurs ». Le premier est prédicable : « Pierre est voyageur », le second ne l'est pas, il faut dire « Pierre est en voyage ».

D'autres différences apparaissent entre les deux catégories. Le *-eur* « occasionnel », si on peut l'appeler ainsi, indique une situation incidente, un rôle qu'on assume dans une circonstance donnée, un comportement fortuit. Il est rarement le fait d'un individu isolé. Le plus souvent ces noms en *-eur* se présentent au pluriel : « les *spectateurs* ont applaudi les *joueurs*; les *dîneurs* n'étaient pas nombreux; une foule de *baigneurs*, de *promeneurs*, de *flâneurs* », etc. Toute activité de circonstance peut donner lieu à une telle dénomination : « mettre les *rieurs* de son côté; les *conseilleurs* ne sont pas les *payeurs* ». La base de ces dérivés est généralement un verbe dénotant un comportement physique, dans une circonstance où il est visible, public; jamais une activité mentale ou un état affectif. Le nom transposé en *-eur* indique la performance actuelle, momentanée, observable, collective, non la capacité ou la pratique individuelle d'un métier, d'une occupation permanente. Dans cette distinction, de sens et de fonction syntaxique, se réalise, par l'intermédiaire de la transposition, une distinction latente dans la prédication verbale.

*

Un type de conversion qui ne semble pas avoir été étudié ni même dûment signalé dans cette catégorie, est celui du nom en *-eur* accompagné d'un adjectif : *un bon marcheur*; *un gros mangeur*. Nous voudrions montrer que la relation entre les deux termes du syntagme est moins simple qu'elle ne paraît, et qu'elle ne se réduit pas à une relation de qualification.

1. Cf. Kahane, *Language*, 26 (1950).

A première vue, on assimilerait *un bon marcheur* à n'importe quelle expression de même construction, comme *un célèbre écrivain*. Ce serait là une grave confusion à la fois logique et syntaxique et il importe d'en faire apparaître les raisons.

Comparons des deux propositions :
Pierre est un bon marcheur;
Pierre est un célèbre écrivain.

Un « célèbre écrivain » conjugue deux qualités : il est célèbre et il est écrivain. On peut donc dire de lui : « cet écrivain est célèbre ». Mais on ne peut dire d'un « bon marcheur » qu'il est « bon » et qu'il est « marcheur », et il est impossible d'énoncer : « *ce marcheur est bon ». L'identité de la structure formelle recouvre une disparité dans la structure profonde.

Une nouvelle différence apparaît dans l'ordre séquentiel : « bon marcheur » obéit à un ordre fixe; l'adjectif est toujours antéposé. Mais l'ordre inverse « un écrivain célèbre » est admis autant qu'un « célèbre écrivain » : la différence entre les deux tours est seulement celle qui résulte de la position de l'adjectif, mais elle n'intéresse pas le rapport de qualification entre l'adjectif et le nom.

Ces dissymétries tiennent à une raison essentielle, la nature du substantif qualifié : « un célèbre écrivain » est « un écrivain », tandis qu' « un bon marcheur » n'est pas un « marcheur » : ce terme ne peut s'employer seul. L'adjectif n'a donc pas le même statut dans les deux cas : il est différent dans « un bon marcheur », et dans « un célèbre écrivain ». Tout procède en réalité du nom « marcheur », ici inséparable de son épithète qui est « bon ». Il se caractérise comme la conversion nominale d'un prédicat « qui marche... » ici inséparable d'un qualifiant qui sera « bien ». Nous expliquerons donc *un bon marcheur* comme la transposition de « qui marche bien ». Le groupe nominal trouve dans cette relation son fondement logique et sa définition syntaxique. L'adjectif *bon* est ici un adverbe transposé, non un adjectif de fonction primaire, et « marcheur » est ici un prédicat verbal transposé, non un substantif de fonction primaire. La différence entre « un bon marcheur » et « un célèbre écrivain » apparaît maintenant : « un célèbre écrivain » n'est pas la transposition d'un prédicat verbal, du fait que *écrivain* ne se laisse pas ramener à « qui écrit ». Nous avons là le critère de la distinction entre les deux énoncés si semblables en apparence.

Il s'ensuit que la définition de *marcheur* comme nom d'agent de *marcher*, bien qu'elle soit matériellement exacte quant au rapport formel, ne suffit pas à en caractériser la fonction. Il faut expliquer la création de *marcheur* à partir d'une expression prédicative où la forme verbale est accompagnée d'une qualification dite adverbe : par exemple « il marche bien ». La condition est alors donnée pour la transposition de « il marche... » en « il est... marcheur », ce qui entraîne la nécessité de transposer à son tour la qualification adverbiale *bien* en forme nominale, d'où *bon*. Mais cet adjectif malgré l'apparence ne qualifie pas un substantif, il qualifie, sous le déguisement nominal, l'accomplissement d'un acte : « Pierre est *un bon marcheur* » signifie « Pierre a la propriété de bien marcher ». Le noyau générateur du syntagme nominal (*un bon marcheur*) et donc de la catégorie de noms en *-eur* qui tire de ce syntagme son origine, se trouve dans un prédicat verbal accompagné d'un qualifiant « il marche bien ».

Le mécanisme de cette transposition est fonction du rapport particulier qui relie l'adjectif et l'adverbe. Il ne suffit pas de poser l'adverbe et l'adjectif en symétrie de fonction et de dire que l'adverbe est au verbe comme l'adjectif au nom. Il faut voir qu'en réalité l'adjectif et l'adverbe appartiennent à deux niveaux logiques distincts unis par une corrélation spécifique. Ceci doit être montré explicitement.

Soit les deux propositions : *Pierre est un bon garçon* (1)
Pierre est un bon marcheur (2).

La proposition (1) peut se ramener à la conjonction des deux propositions : *Pierre est un garçon* + *Pierre est bon*. Mais on ne saurait décomposer (2) en **Pierre est un marcheur* + *Pierre est bon*, ce que ni le sens ni la syntaxe ne permettent.

Pour les raisons indiquées, *Pierre est un bon marcheur* est à prendre comme la transposition de *Pierre marche bien*. En conséquence *Pierre est un bon marcheur* prédique le « bien-marcher » comme une propriété de Pierre, mais transpose la qualité du marcher de Pierre en qualité de Pierre-marchant.

Ainsi *bon* a deux fonctions syntaxiques distinctes. En (1) *bon garçon*, il dénote la propriété d'un substantif; en (2) *bon marcheur*, il dénote la propriété de la propriété *marcheur*. On pourrait le définir en (1) comme adjectif de fonction primaire, en (2) comme adjectif de fonction secondaire.

La transformation de *Pierre marche bien* en *Pierre est un bon marcheur* n'affecte pas seulement la nature des formes, leur fonction syntagmatique; elle produit une délimitation du sens. La proposition *Pierre marche bien* peut être entendue diversement, selon que Pierre est un jeune enfant faisant ses premiers pas à la satisfaction de ses parents, ou que Pierre a surmonté des difficultés qu'il éprouvait à marcher, ou que Pierre prend part à un défilé, etc. Mais la transposition *Pierre est un bon marcheur* élimine tout emploi de circonstance : on prédique ainsi comme propriété de Pierre la capacité de bien marcher, à entendre exclusivement comme la capacité de marcher longtemps sans fatigue, hors de tout contexte de situation. Il faut noter que *(bon) marcheur, (gros) mangeur* et tous les noms de la même série procèdent d'une forme verbale d'emploi absolu et non-actualisée, indiquant la notion à l'état virtuel. De là procède la valeur de capacité attachée aux transposés *marcheur, mangeur* qui prédiquent cette propriété hors du cadre temporel, à la différence de la catégorie *promeneur, baigneur*, déterminée temporellement.

Concluons que la transposition effectuée au moyen du nom en *-eur* dans *un bon marcheur* crée une classe de noms mettant en évidence la capacité constatée, non la pratique habituelle ou professionnelle d'une activité.

Dans le mécanisme de cette transposition de l'adverbe en adjectif, une condition de morphologie, tenant à la structure du français, a joué un rôle déterminant. En français, il n'est pas fréquent qu'on ait à transposer un adverbe en adjectif; normalement la conversion s'exerce en sens inverse : c'est l'adjectif qui fournit à l'adverbe son radical, soit par transposition directe (« parler *bas*, marcher *droit*, boire *sec* »), soit en lui prêtant la forme du féminin que l'addition de *-ment* convertit en adverbe : *lentement, sèchement, cruellement*. Ici la situation est retournée. Quand on transpose un verbe en nom d'agent, il faut aussi que le qualificateur verbal (l'adverbe) puisse être transposé en qualificateur nominal (l'adjectif), et cela crée un problème difficile dans une langue où l'adverbe ne produit guère de dérivés. C'est pourquoi on a choisi des adjectifs déjà existants en leur donnant une fonction nouvelle. Le choix de ces adjectifs a été guidé par des raisons de sens, qu'il est intéressant de dégager. On verra ainsi que le même adverbe peut être transposé en plusieurs adjectifs.

I. Prenons d'abord le quantifiant verbal *beaucoup*. On pourrait lui trouver des équivalents adjectifs, tels que *nombreux, maint*. Aucun n'a même été essayé dans l'usage. C'est *gros* que la langue a employé, par exemple dans « un *gros* mangeur » pour transposer « il mange *beaucoup* ». Justement parce que le choix de « gros » ne se justifie pas d'emblée (un « *gros* mangeur » n'est pas nécessairement « gros »), il doit être mis en corrélation avec une des valeurs sémantiques de *beaucoup*, qui en comporte plusieurs, avec celle précisément qui se réalise dans « il mange *beaucoup* ». Nous la définirons comme « grande quantité (en volume ou en masse) de matière consommable », communément d'argent ou de nourriture. On voit en effet *gros* comme qualifiant dans maintes expressions relatives à l'argent, en équivalence avec *beaucoup* : « perdre une *grosse* somme », c'est « perdre *beaucoup* d'argent ». De même : « posséder une *grosse* fortune, avoir de *gros* moyens, de *gros* besoins, faire de *gros* bénéfices, de *grosses* pertes, de *grosses* dépenses, prendre de *gros* risques ». Dans « jouer *gros* jeu », l'équivalence *gros* = « beaucoup (d'argent) » est implicite, elle permet de transposer *gros* en adverbe : « gagner *gros*, parier *gros*, il y a *gros* à parier ». Aussi bien l'adverbe *gros* ainsi fixé fait retour à la condition d'adjectif pour effectuer la transposition nominale de ces locutions : « Il parie *gros* », « il joue *gros* » devient « un *gros* parieur, un *gros* joueur ». De l'adverbe *beaucoup* (dans « *beaucoup* d'argent ») à l'adjectif *gros* une relation de transposition est établie. Elle se réalise de même quand *beaucoup* quantifie un verbe de consommation tel que *manger* : « manger *beaucoup* », c'est manger « une masse de nourriture »; en conséquence « il mange *beaucoup* » se transpose en « un *gros* mangeur ». Ce rapport vaut aussi au figuré : de « consommer *beaucoup* d'électricité » on tire « un *gros* consommateur d'électricité ». Par analogie, avec *travailler*, comme *beaucoup* souligne surtout la masse du travail fourni, « il travaille *beaucoup* » se transposera en « un *gros* travailleur ». C'est comme quantificateur de l'acquisition, de la dépense, de la consommation, en termes de volume et de masse, que *beaucoup* se transpose en *gros*.

En cette fonction, *gros* a pour opposé *petit* qui transpose *peu* : « un *petit* mangeur » < « il mange *peu* ».

Quand *beaucoup* accompagne des verbes de mouvement et indique la fréquence de l'exercice, l'adjectif de transposition est en général *grand* :

« il voyage *beaucoup* » : « un *grand* voyageur »
« il chasse *beaucoup* » : « un *grand* chasseur »[1]
« il court *beaucoup* (les femmes) » : « un *grand* coureur »

par extension pour l'exercice d'autres activités :

« il lit *beaucoup* » : « un *grand* liseur »
« il ment, hâble *beaucoup* » : « un *grand* menteur, hâbleur »
« il discourt *beaucoup* » : « un *grand* discoureur ».

La relation opposée ne donne pas lieu à transposition : « voyager *peu* » n'est pas une caractéristique qu'on ait besoin de prédiquer en forme nominale.

Mais l'adverbe *beaucoup* peut avoir, avec la même construction, une autre valeur, plus abstraite : celle d'un haut degré dans la connaissance, dans le goût, avec des verbes comme *aimer*, (s'y) *connaître*. Pour le transposer, on emploie également *grand*, et l'adjectif devient susceptible d'accompagner les dérivés *amateur, connaisseur* :

« il aime *beaucoup* la musique » > « il est *grand* amateur de musique »
« je ne m'y connais pas *beaucoup* » > « je ne suis pas *grand* connaisseur ».

Cette valeur implique évaluation et appréciation. Elle est susceptible, le cas échéant, d'un terme contraire, tel que *piètre* : « un *piètre* connaisseur » < « il s'y connaît *peu, mal* ».

II. L'autre adverbe fréquemment utilisé est le qualificateur *bien*. Il a pour transposé l'adjectif *bon* :

« il conduit *bien* : un *bon* conducteur ».

En symétrie, le qualificateur *mal* a pour transposé l'adjectif *mauvais* :

« il conduit *mal* : un *mauvais* conducteur ».

---

1. L'expression devenue stéréotype « grand chasseur devant l'Éternel » provient de l'Ancien Testament où elle qualifie Nemrod. Mais il faut prendre garde que « *grand* (chasseur) » n'est qu'une des traductions de l'hébreu *gibbor* « vigoureux, puissant ». Le grec des Septante l'a rendu par *gígas (kunēgós)* « géant, puissant », la Vulgate par *robustus (venator)*, la Bible de Jérusalem par « vaillant (chasseur) ». Mais Bossuet a écrit : « Nemrod, le premier guerrier et le premier conquérant, est appelé dans l'Écriture un fort chasseur ». De *fort* à *grand*, le statut de l'adjectif change. Bien qu'on entende parfois l'expression « un *fort* mangeur », l'adjectif *fort* est au moins ambigu dans sa relation syntaxique avec « chasseur ».

Avec *mauvais* et à titre de variante, on comptera *piètre, pauvre* :

« il cause *mal* : un *pauvre* causeur ».

Les deux qualifiants, *bien* et *bon*, se rapportent à des activités physiques : « un *bon* marcheur, un *bon* grimpeur, un *bon* nageur », parfois à d'autres performances : *bon entendeur* dans « à bon entendeur, salut » = « qui entend (comprend) bien ».

Inversement certaines qualifications ne se présentent que négativement : l'adjectif typique et pour ainsi dire unique en est *mauvais*. Surtout dans quelques locutions traditionnelles : « un *mauvais* payeur; un *mauvais* coucheur »[1]; mais aussi en d'autres liaisons : « un *mauvais* conducteur » < « qui conduit *mal* ». Cependant l'emploi reste limité; on n'a pas si souvent l'occasion ou l'intention de catégoriser défavorablement une activité, et d'ailleurs *mauvais* est parfois ambigu : « *mauvais* joueur » peut s'opposer à « *bon* joueur », mais aussi à « *beau* joueur » (commenté ci-dessous).

Le mécanisme de l'opposition apparaît ainsi. La qualification adverbiale *bien* qui se transpose en l'adjectif *bon* est complémentaire de la quantification adverbiale *beaucoup* qui se transpose en l'adjectif *grand* ou *gros*. Ce système assure le fonctionnement et la distribution des adjectifs *bon* (opp. *mauvais*) et *grand, gros* (opp. *petit*) dans leur liaison avec un nom en *-eur*, selon que le sens de celui-ci est comparable avec une détermination de qualité ou de quantité.

Certains de ces noms admettent un ou deux autres adjectifs, avec des nuances particulières et hors système. Ainsi *beau* dans « un *beau* parleur » transpose un adverbe théorique *bellement*, différent du *bellement* historique qui signifie « doucement » (cf. *tout beau!*), plus proche de l'adverbe *beau* dans la locution *porter beau*. Dans l'usage courant, « *beau* parleur » équivaut à « qui parle avec élégance, d'une manière séduisante (souvent avec l'intention de séduire) » : il ne se laisse pas ramener exactement à « qui parle *bien* ». La même dissymétrie s'étend à « *beau* diseur » pour « qui dit (les vers) avec élé-

---

1. L'emploi figuré, seul vivant aujourd'hui, de cette expression devenue familière, *mauvais coucheur* « homme difficile à vivre », en a fait oublier le sens propre : celui qui, partageant un lit, dérange le sommeil de son compagnon. « Son coucheur cette nuit se retourna cent fois » (La Fontaine).

gance » (aussi « *fin* diseur »), et à « *beau* joueur » pour « qui joue (et qui sait perdre) avec élégance », ce qui est tout diférent de « *bon* joueur » = « qui joue *bien* ». Néanmoins les deux qualifications « *bon* joueur » et « *beau* joueur » ont pour terme opposé le même « *mauvais* joueur » qui, selon les cas, signifiera « qui joue mal » ou « qui perd de mauvaise grâce ». Avec *joueur*, on peut donc coupler trois adjectifs :

« *bon* joueur » < « qui joue *bien* »
« gros joueur » < « qui joue *gros* »
« *beau* joueur » < « qui joue *beau* » [1].

A cette courte liste d'ajectifs transposés d'adverbes, on ajouterait *haut* dans *haut-parleur*. Ce spécimen unique a bien la même structure que *grand buveur*, et théoriquement *haut-parleur* renvoie à « qui parle haut ». Mais deux raisons le mettent à part : 1° C'est un terme technique complètement fixe et lexicalisé, ce que l'orthographe indique, un nom d'instrument forgé ad hoc et non une caractérisation d'individu; 2° Et surtout, *haut-parleur* n'a pas été créé en français et ne pouvait guère l'être en l'absence de tout modèle analogue. La ligne des innovations lexicales dans ce domaine technique en français va bien plutôt à des termes comme *amplificateur* (de son) qu'à un nom descriptif, imagé, et personnifiant l'instrument, comme *haut-parleur*. En fait, on sait que *haut-parleur* est une traduction, introduite vers 1923, de l'anglais *loud-speaker*. Le calque était d'autant plus aisé que *loud-speaker* est formé par le même procédé de conversion : *loud-speaker* < « speaks loudly ». La liaison serrée entre les deux membres (**loud-and-clear-speaker* serait impossible) d'une part, la diffusion rapide des techniques de la voix, de l'autre, ont aussi facilité l'emprunt.

Les mêmes observations valent pour l'expression unique, bien plus ancienne d'ailleurs, *libre-penseur*, où *libre-* fonctionne comme exposant adverbial, « qui pense *librement* ». Mais on connaît l'histoire de cette notion; *libre-penseur* a été créé au XVIIe siècle pour calquer l'anglais *free thinker* (de même que plus tard *libre-échangiste* pour calquer *free-trader*, à partir de *free-trade* > *libre-échange*).

Il vaut la peine de signaler à ce propos les analogies entre le français et l'anglais dans le mécanisme de cette transposition.

---

[1]. Transposition théorique où « beau » doit être pris au sens indiqué plus haut.

A la différence de l'allemand où, l'adjectif et l'adverbe ayant même forme, on passe sans changement de « er isst *viel* » à « ein *Viel*esser », l'anglais, comme le français, convertit l'adverbe en adjectif quand le verbe est transposé en nom d'agent en -*er*. Cette transformation est parallèle à celle qui a été décrite pour le français et elle a pour signe, en partie, des adjectifs de même sens. On y recourt surtout pour caractériser un comportement habituel dans une fonction physique. Les adjectifs les plus communs sont pour la qualification, « *good* (opp. *bad*) » : « a *good* (*bad*) driver »; pour la quantification on dispose de *great* (« a *great* eater »), mais aussi de *heavy* : « a *heavy* drinker (smoker, sleeper) » < « he drinks (smokes, sleeps) *heavily* »; et de *hearty* : « a *hearty* eater » < « eats *heartily* ». On peut ainsi différencier en anglais par des lexèmes explicites les valeurs diverses de qualité et de quantité impliquées en français par « *bien* manger » et qu' « un *bon* mangeur » ne peut transposer complètement.

Ces remarques ont fait ressortir la diversité des valeurs qui se révèlent à l'examen dans la classe des noms d'agent en -*eur*, habituellement traitée comme unitaire. C'est en replaçant chacune de ces valeurs dans le cadre syntaxique dont elle relève et en partant de la construction verbale qu'elle transpose qu'on peut mettre en lumière les mécanismes qui produisent et qui différencient ces catégories nominales.

CHAPITRE IX

Les transformations des catégories linguistiques *

L'évolution d'une langue prise comme système de signes consiste dans les transformations subies par ses catégories. On entendra par catégories les classes de formes caractérisées distinctivement et susceptibles de fonctions grammaticales.

Toutes les catégories ne se transforment pas identiquement ni en même temps. Mais du fait qu'elles sont toutes relatées en quelque manière, il est inévitable que même celles qui semblent permanentes soient touchées par les transformations qui atteignent les moins durables, soit dans leur forme, soit dans leurs fonctions, ou dans les deux ensemble.

Il nous paraît utile de préciser la notion de transformation comme procès diachronique étudié dans les catégories linguistiques, en distinguant deux espèces de transformations, différentes par leur nature, qui ont dans le développement des langues des causes et des effets distincts :

I. Les transformations *innovantes*. Ce sont des transformations produites par la disparition ou par l'apparition de classes formelles, modifiant ainsi l'effectif des catégories vivantes.

— la disparition de catégories sera par exemple :
— la disparition partielle ou complète des distinctions de genre : élimination du neutre, réduisant les oppositions à

* Publié seulement en traduction anglaise dans *Directions for Historical Linguistics* (Symposium in Historical Linguistics, April 29-30 1966, The University of Texas, Linguistics Department), Austin-London; University of Texas Press, 1968, pp. 85-94.

celle du masculin/féminin; — ou élimination du féminin, produisant une opposition : genre animé/neutre;
— la réduction des distinctions de nombre par l'élimination du nombre duel;
— la réduction en proportions variables des systèmes de classes nominales et — corrélativement ou non — des systèmes de déictiques, etc.

La création de catégories pourra être illustrée par :
— la création de l'article défini;
— la création de nouvelles classes d'adverbes issus de composés (-*ly*, -*ment*), etc.

Ces disparitions et apparitions changent l'effectif des catégories formelles de la langue; elles provoquent en outre une réorganisation et une redistribution des formes dans des oppositions dont la structure est modifiée : redistribution des trois classes de nombre grammatical dans les deux classes subsistantes; redistribution du pluriel neutre latin dans le féminin roman; réorganisation des démonstratifs à partir de la spécialisation de l'article, etc.

II. Les transformations *conservantes* qui consistent à remplacer une catégorie morphématique par une catégorie périphrastique dans la même fonction, par exemple :
— remplacement du comparatif morphologique par le syntagme adverbe + adjectif;
— remplacement de la désinence casuelle par le syntagme préposition + nom.

Ce sont quelques-unes de ces transformations que nous voulons étudier, pour souligner l'importance fondamentale de la notion de périphrase dans le processus même de transformation.

Les transformations que nous considérons plus spécialement sont celles qui à la fois produisent une nouvelle classe de signes, qu'on pourrait appeler les signes d'auxiliation, et qui sont réalisées corrélativement par ces formes d'auxiliation.

Nous envisageons spécialement ce processus d'auxiliation dans le développement périphrastique de deux catégories verbales, le parfait et le futur, sur le domaine roman. Nous avons là des exemples privilégiés, à la fois par l'abondance des données et par le nombre d'observations théoriques qu'ils permettent de faire.

La caractéristique formelle de cette transformation est donc qu'elle s'opère par la création d'un syntagme, qui en est la condition fondamentale, quel que soit le sort ultérieur de ce syntagme (maintenu distinct dans le parfait, soudé en une unité dans le futur).

Le syntagme d'auxiliation peut être décrit comme l'association d'un auxiliant fléchi et d'un auxilié non-fléchi. A ces deux éléments nous en ajoutons un troisième, qui réside dans la combinaison des deux, condition produisant une forme nouvelle, distincte de chacune des deux composantes, et une fonction nouvelle. Nous avons donné ailleurs une analyse descriptive de la structure des syntagmes d'auxiliation en français [1].

Ici nous étudierons la manière dont ces périphrases se définissent respectivement pour le parfait et le futur sous leur forme latine, dans leur relation formelle et fonctionnelle.

I

La périphrase typique du parfait est constituée en latin par *habēre* + participe passé. Nous avons là une structure qui semble claire, immédiatement intelligible et constante, que ce soit en latin ou dans son état présent puisque nous la retrouvons telle quelle dans les langues romanes et nombre d'autres. En réalité la constitution de ce syntagme obéit à des conditions précises, et suppose quelques distinctions théoriques essentielles. Ni les unes ni les autres ne semblent encore pleinement reconnues.

Il y a deux conditions pour que les formes, celle de *habēre* et celle du participe passé, puissent se combiner en un syntagme. Chacune de ces deux conditions consiste en un choix fait entre deux possibilités.

Le verbe *habeō* en construction prédicative est susceptible de deux sens : « tenir » et « avoir ». Cette condition préalable est d'importance primordiale : elle commande le carrefour du choix. La différence entre « tenir » et « avoir » a été généralement méconnue dans les nombreux ouvrages didactiques qui traitent de ce parfait. La plupart du temps il n'en est même

[1]. Cf. ci-dessous, pp. 177-193.

pas question. De là l'état de confusion qui règne au sujet de cette construction.

Cette première distinction est essentielle; selon que *habeō* est pris comme « tenir » ou comme « avoir », la voie se ferme ou s'ouvre à la compréhension de la périphrase.

Cette première distinction, portant sur le sens de l'auxiliant *habeō*, est liée à une deuxième distinction, portant sur la fonction de la forme auxiliée : celle-ci peut être prise ou comme adjectif (c'est le cas de *promptus, lectus, ratus, tacitus, clausus, subitus*, etc.) ou comme participe verbal au sens strict.

Chacune de ces deux fonctions se lie respectivement à l'un des deux sens de *habeō* et gouverne un syntagme distinct. L'un de ces deux syntagmes ne réalise jamais une périphrase de parfait : c'est le syntagme de *habēre* « tenir » avec le participe à valeur d'adjectif.

L'autre syntagme réalise toujours une périphrase de parfait : c'est le syntagme de *habēre* « avoir » avec le participe à valeur verbale.

Une troisième condition est nécessaire pour que la relation de parfait soit impliquée par la forme du syntagme; elle tient à la nature sémantique du verbe. Il faut, en principe, que ce verbe dénote un procès « sensoriel-intellectuel » intérieur au sujet et non un procès « opératif » appliqué à un objet hors du sujet. De cette catégorie relèvent les verbes « comprendre, découvrir, remarquer, voir », qui sont les premiers où la périphrase *habēre* + participe se réalise.

Telles sont les conditions auxquelles est soumis le parfait périphrastique. On les constate ensemble et on peut les reconnaître distinctes dans une forme telle que : *hoc compertum habet* (« il a compris cela ») où *habēre* signifie bien « avoir, posséder », où *compertum* est bien le participe dénotant l'état où l'objet a été mis, et où le verbe *comperīre* « apprendre, découvrir » dénote bien un procès mental.

La conjonction de ces trois facteurs fait que l'auteur du *comperīre* et le sujet grammatical de *habēre* coïncident nécessairement. De là cette conséquence que dans et par ce syntagme, l'auteur du procès est désigné comme *possesseur* du résultat, qui lui est *acquis*. C'est là un trait distinctif d'une nouvelle relation entre l'agent et le procès, toute différente de celle qu'énonce la forme temporelle simple.

Une deuxième conséquence est la situation temporelle

toute nouvelle aussi que ce syntagme attribue au procès. Du fait qu'il est posé comme accompli, mais en même temps rattaché au présent, le procès se trouve reporté à un stade d'antériorité par rapport au moment actuel où il est énoncé. Dans *hoc compertum habet* (« il a appris cela »), le temps présent de *habet* indique le rapport durable avec le moment actuel, le participe passé *compertum* l'état de l'objet comme révolu, donc logiquement antérieur à l'instant du discours. Telle est la double caractéristique distinctive du parfait : le procès est posé comme présent, mais à l'état de notion accomplie. Nulle autre forme verbale ne peut le concurrencer dans cette valeur.

A partir de là, on généralise ce modèle syntagmatique en l'étendant à d'autres verbes, pour arriver à *episcopum invitatum habes* (Grégoire de Tours). Dès lors, le syntagme devient une forme unique à deux membres, le parfait; les deux membres remplissent des fonctions intra-syntagmatiques distinctes et complémentaires : *habēre* devient l'auxiliant chargé des relations syntaxiques avec l'énoncé; le participe, l'auxilié chargé de la dénotation sémantique du verbe. C'est la jonction des deux membres qui réalise la forme de parfait.

Dans le paradigme du verbe latin, il se produit une transformation de l'ancien parfait, qui aboutit par scindement à deux formes différentes. La valeur inhérente au parfait synthétique passe au parfait périphrastique, qui rejette l'autre vers la fonction d'aoriste.

En outre, le fait même que l'auxiliant *habeō* garde le statut flexionnel d'un verbe libre permet de constituer une conjugaison périphrastique complète qui renouvelle le paradigme du perfectum.

Ainsi la forme périphrastique est héritière de l'ancien parfait, non pas seulement en vertu d'une succession historique, mais parce qu'elle en rend explicite la valeur inhérente. Nous ne pouvons qu'indiquer ici cette relation particulière qui demanderait de longs développements. La transformation structurale aboutit à une conservation fonctionnelle.

Rien de tout cela ne peut apparaître tant qu'on se borne à répéter comme le font tant de manuels que « il a une lettre écrite; il a ses vêtements déchirés » est tout proche, sinon même synonyme, de « il a écrit une lettre; il a déchiré ses vêtements », ce qui est erroné au triple point de vue de la description, de l'histoire et de la théorie générale, et qui installant la confusion au cœur du problème, empêche même de le poser.

II

La transformation du futur latin en futur roman s'est opérée, comme on sait, par l'intermédiaire d'une périphrase *habeō* + infinitif. C'est ce que les manuels représentent tous dans le schéma lat. *cantāre habeō* > fr. *je chanterai*.

Il faut bien dire que cette manière de symboliser le passage d'un état à l'autre est erronée à la fois dans la réalité historique si elle prétend la résumer, et comme modèle théorique, si elle prétend la faire comprendre. Jamais *cantabō* n'a été remplacé par *cantāre habeō* (sinon à l'époque déjà romane où tous les futurs étaient devenus périphrastiques) et jamais *cantabō* n'eût pu être remplacé par *cantāre habeō*. Cette double erreur, historique et théorique, résulte elle-même d'une interprétation inexacte du syntagme *habēre* + infinitif qui est effectivement l'étape intermédiaire entre le futur latin et le futur roman.

Commençons par rétablir les conditions exactes dans lesquelles apparaît cette périphrase.

Elle est née chez les écrivains et théologiens chrétiens à partir de Tertullien (au début du IIIe s. A D). La grande majorité des exemples prouve que :

1º la périphrase a commencé avec *habēre* et l'infinitif *passif*;

2º elle a d'abord été employée avec *habēre* à l'*imparfait*;

3º elle était restreinte aux propositions *subordonnées*, surtout relatives.

Donc, c'est, au début, un tour très spécifique. Le type en est : « ... in nationibus *a quibus magis suscipi habebat* ». Il n'entre nullement en concurrence avec le futur, que les mêmes écrivains emploient régulièrement et sans limitation ni hésitation. C'est là un premier trait important.

Un second trait est lié à celui-là, c'est le sens de *habēre*. Il ressort de cette construction que *habēre* ne signifie pas « avoir (à) » comme dans « j'ai à travailler », sens qui n'aurait jamais conduit à un futur « je travaillerai », et qui en est même si différent que, aujourd'hui comme autrefois, « j'ai à travailler » ne se confond jamais avec « je travaillerai », ni « j'ai à dire » avec « je dirai ». Dans le syntagme latin tel qu'il s'est effectivement constitué, *habēre* avec l'infinitif a pour fonction d'indiquer la prédestination de l'objet désigné à être fait tel. C'est une valeur sémantique nouvelle et distinctive, complètement différente de la valeur d'intention qui est souvent associée à la notion de futur.

Cette périphrase, quand elle naît, a une structure syntaxique particulière, on l'a vu. Est-elle donc le substitut du futur ? Nullement. Ce n'est pas, au début, une proposition libre, mais subordonnée et en général relative. Il faut donc définir sa fonction comme celle d'un adjectif verbal ou d'un participe. De fait on énonce par cette périphrase l'équivalent d'un participe futur de voix passive, indiquant non l'obligation (comme fait la forme en *-ndus*), mais la prédestination. Aucune forme nominale du paradigme verbal latin ne pouvait exprimer cette notion qui était à la fois nouvelle par rapport aux « temps » classiques du verbe et nécessaire dans le cadre conceptuel où elle se produisait.

Une fois implantée, cette périphrase gagne du terrain. Elle s'étend d'abord à la proposition libre : « *Nazaraeus vocari habebat secundum prophetiam* », puis elle admet, avec *habēre*, l'infinitif d'un verbe déponent ou intransitif : « *quia nasci habebat* », « *quod in omnem terram exire habebat praedicatio apostolorum* », enfin l'infinitif de tous les verbes. Mais cette extension ne s'achève que très tard (VIe-VIIe siècle).

Alors seulement le syntagme concurrence effectivement le futur et parvient à le supplanter. Il y a ici deux procès distincts à reconnaître :

1º Le syntagme *habēre* + infinitif a longtemps coexisté avec le futur ancien, sans le croiser, parce qu'il convoyait une notion distincte. Il y a eu ainsi deux expressions du futur : l'un comme intention (c'est la forme simple en *-bō*, *-am*), l'autre comme prédestination (c'est le syntagme : « ce qui a à arriver » > « ce qui arrivera »). Inévitablement, les deux expressions devaient se rencontrer et en diverses circonstances d'emploi, se confondre. Dans ce conflit, la forme simple du futur ancien, déjà affaiblie par sa dualité formelle (*-bō*/ *-am*) et par les confusions phonétiques avec le parfait (*amābit* ∼ *amāvit*), devait céder la place.

2° En même temps se réalise progressivement une réduction formelle du syntagme par fixation de l'ordre séquentiel infinitif + *habēre* et par fusion des deux membres : entre la finale vocalique des infinitifs et l'initiale vocalique de *habēre* subséquent, le *h-* disparaît, et c'est *abere* qui est désormais la forme porteuse de flexion : *essere abetis* « vous serez » (VIe s.) entraînant *venire (h)abes, videre (h)abes* et préparant ainsi *salverai prinderai* des Serments de Strasbourg. C'est cette transformation du syntagme en une forme unique qui l'a rendu apte à prendre dans le paradigme la place de l'ancien futur.

On voit ici l'exemple d'une locution née pour répondre à une fonction particulière et limitée, enserrée dans un cadre syntaxique étroit, qui développe ses virtualités propres, et alors, par un effet de sens imprévisible, réalise une certaine expression du futur. La langue exploite cette ressource pour instituer progressivement une nouvelle forme temporelle, qui élimine l'ancienne.

Une autre transformation périphrastique du futur ancien a eu lieu en grec, et elle offre avec la précédente un curieux parallélisme.

La forme ancienne du futur est remplacée en moyen-grec par des périphrases concurrentes qui révèlent le conflit de deux expressions distinctes : l'une consiste en *ékhō* (« j'ai ») + inf., l'autre, en *thélō* (« je veux ») + inf. En même temps se produit, sur le même champ, une extension de la forme modale de subjonctif aoriste avec *na* (particule modale) : *nà idô* « je verrai ». De cette concurrence émerge une forme nouvelle, d'abord périphrastique *thélo nà (grapsō)*, puis avec réduction *thé nà...* (XIIIe siècle), *thà nà*, enfin *thà (gràpso)*, futur de la langue commune. Le futur du grec moderne est donc le présent ou l'aoriste préfixé d'une particule *tha*. De l'ancienne périphrase le membre qui exprimait l'intention s'est éliminé comme signifiant, du fait que le second membre (équivalent à l'infinitif dans la périphrase latine) était en grec une proposition finale, nécessairement munie d'une forme verbale personnelle. L'auxiliant *thélō* en tant que forme fléchie devenait donc redondant et pouvait se réduire à une particule.

Un troisième exemple de transformation est fourni par le sogdien, dialecte oriental de l'iranien.

L'ancien futur, à morphème -*sya*-, représenté par l'avestique *būšyati* « il sera », est remplacé en sogdien par une locution formée du présent suivi d'une particule *kām* (anciennement = « désir ») : *but kām* « il sera ». Dans des états plus évolués du sogdien, la particule se joint à la forme verbale et finalement elle se réduit à -*kā* qui n'est plus signifiant : *butqā* « il sera ».

Il semble que par une nécessité interne la périphrase du futur soit vouée à éliminer le membre auxiliant soit par fusion avec l'auxilié (c'est la solution romane), soit par réduction à l'état de particule (comme en grec moderne et en sogdien).

III

Ces exemples permettent de voir, dans la transformation des catégories formelles, la similitude des verbes employés pour effectuer des combinaisons syntagmatiques assez différentes entre elles et qui n'ont pas eu le même sort dans les mêmes langues.

Le parfait et le futur nouveaux ont été réalisés par le même verbe en qualité d'auxiliant, *habēre*. On aurait pu montrer la transformation du passif ancien en un syntagme caractérisé par l'auxiliant *esse* (ou « être », etc.). Pour les transformations de formes temporelles du latin en roman occidental, il n'y en a guère d'autre (cf. la variante *tenere* en portugais).

Il y a d'autres transformations, et il y a d'autres auxiliants pour les effectuer. Une des plus courantes est la transformation des formes verbales modales en syntagmes dont l'auxiliant est un verbe comme « pouvoir ». Il y a aussi des transformations de formes simples caractérisées au point de vue de l'aspect en syntagmes munis d'un auxiliant à fonction aspectuelle.

Mais, quelque fonction particulière qu'elle remplisse, l'auxiliation est un procédé syntaxique très largement employé dans les langues les plus diverses. Le syntagme d'auxiliation présente partout des caractères communs, qu'il y a intérêt à mettre en lumière, à titre d'exemple, dans deux langues amérindiennes différentes.

Partout où le phénomène de l'auxiliation est constaté, on peut remarquer que l'auxiliant est un verbe de nature particulière, et, au-delà de toutes les différences de structure linguistique, qu'il appartient aux mêmes séries. C'est un verbe de sens très général, souvent défectif et irrégulier, supplétif en nombre de langues.

En Tunica (Haas), on distingue trois classes de verbes : auxiliaires, actifs, statiques.

Les auxiliaires sont : *?úhki*, « il est, vit »; *?úra* « il est couché, étendu »; *?úna* « il est assis, il campe, il est accroupi »; *?úsa* « il vient »; *?úwa* « il va »; - *?úta* « il fait, cause » et à part, *láka* « ils vivent » (anomal 3e pl.).

Ils ont tous un emploi libre aussi bien qu'un emploi comme auxiliaires d'autres verbes. Or ils diffèrent des deux autres classes de verbes par les caractéristiques suivantes :

1º Certains auxiliaires se fléchissent irrégulièrement : certaines formes comme celles des verbes statiques, d'autres comme les verbes actifs, d'autres inanalysables;

2º Ils sont supplétifs, et seuls à employer ce procédé;

3º Ils emploient le redoublement dans la formation des paradigmes répétitifs et sont également seuls à le faire;

4º Ils sont tous employés dans la flexion périphrastique des verbes actifs, bien qu'ils aient tous (sauf un) en outre un emploi libre.

En aztec aussi il y a des verbes auxiliaires. Ce sont des verbes — Whorf en compte dix — qui ont une existence indépendante. Comme auxiliaires, ils sont suffixés au verbe et confèrent à la forme verbale, dans la langue classique, une certaine valeur aspectuelle.

Les verbes auxiliaires sont : 1º *ka* « être » (= continuatif); 2º *nemi* « marcher, voyager » (= va le faisant); 3º *wi·c* « venir » (= vient le faisant); 4º *mani* « s'étendre, être étendu » (= circule le faisant, le fait sur une aire : *kiyawtimani* « rains all around »); 5º *ikak* « se tenir debout » (= se tient en cet état, pour choses érigées); 6º *ewa* « soulever » = non-duratif « il entre dans le procès », ou simplement inceptif : *kon-anatewa* « starts forward to get it (-*ana*-) »; 7º *momana* et 8º *mote·ka* tous les deux « settle down », le premier avec une idée de « se répandre », d'emploi idiomatique; 9º *kisa* « go forth » et 10° *weci* « tomber », non-duratifs et inceptifs d'action vigoureusement entreprise : *-kʷitiweci* « dashes upon and takes (*-kʷi-*) ».

L'auxiliaire est suffixé au présent *-ti-*, par exemple avec l'auxiliaire *ka* « être » + *mo-λalia* « sits », on forme *o·mo-λalitikatka* « he was sitting », *mo-λalitiyes* « he will be sitting ».

La technique de l'auxiliation est particulièrement claire et instructive dans les langues altaïques. Le syntagme d'auxiliation en turc ancien (Gabain) consiste en un auxiliant fléchi et un « converbe » de forme fixe en *-u* ou en *-p*. Le paradigme, assez étendu, des auxiliants comprend des verbes de sens général, qui en qualité d'auxiliants forment des périphrases à fonction descriptive ou modale : avec *tur-* « stare » on peut former *altayu tur-* « avoir coutume de tromper »; avec *tut-* « tenir » : *küyü tut-* « protéger continuellement »; avec *alq-* « épuiser » : *qïlu alq-* « faire jusqu'au bout »; avec *tart-* « tirer » : *qutu tart-* « dépérir lentement », etc.

On pourrait citer bien d'autres parallèles, qui montreraient à la fois combien ce procédé est général et combien parallèles sont les voies de la réalisation.

Cela permet de replacer les syntagmes d'auxiliation des langues indo-européennes dans un contexte descriptif plus large et qui les fait mieux comprendre. Mais inversement, là où nous constatons aujourd'hui, dans des langues sans histoire, des structures d'auxiliation analogues à celles des langues indo-européennes, nous pouvons envisager de nous servir du modèle indo-européen pour en expliquer la genèse.

CHAPITRE X

Pour une sémantique
de la préposition allemande vor *

Dans un article antérieur [1], nous avons tenté une interprétation unitaire des emplois de la préposition latine *prae*, afin de montrer en particulier que le sens dit causal de *prae* résulte d'une spécialisation du sens général de « à l'avant, à l'extrémité, au point extrême ». Nous avions donc repoussé l'explication donnée par Brugmann de l'expression *prae (gaudio)* : « Etwas stellt sich vor etwas und wird dadurch Anlass und Motiv für etwas ». P. Meriggi [2], sans considérer en détail l'argumentation de notre article, reprend la thèse de Brugmann, et à la question que nous posions : « je pleure *devant* la joie... En quelle langue s'est-on jamais exprimé ainsi ? », il répond : « In tedesco, perchè *vor Freude* è la espressione del tutto corrente e addirittura unica pel lat. *prae gaudio* ».

Nous pensons que, loin de modifier notre conception du sens de lat. *prae gaudio* [3], l'expression allemande *vor Freude*

* *Athenaeum*, nouvelle série, vol. L, fasc. III-IV (1972), Université de Pavie, pp. 372-375.

1. Réimprimé dans notre ouvrage, *Problèmes de linguistique générale*, I, Paris, 1966, p. 132 sq.

2. *Athenaeum*, nouvelle série, vol. L, fasc. III-IV (1972), Université de Pavie, pp. 357 sqq., qu'il a eu l'amabilité, dont nous le remercions, de nous communiquer en manuscrit.

3. Nous ne reviendrons pas ici sur lat. *prae*, sinon pour dire notre satisfaction de trouver dans l'article de P. Meriggi une précieuse liste d'exemples de *prae* qui confirment nos vues sur les conditions de cet emploi. Signalons en passant que la citation n. 4 (Liv. III 46, 9) doit être rectifiée. Le texte est en réalité *omissis rebus aliis prae unius cura*, litt. « toutes les autres affaires étant négligées, à l'extrême du souci d'une seule », ou comme

la renforce. Mais que signifie-t-elle exactement ? Il faut commencer par analyser cet emploi de *vor* dans le contexte de la valeur générale de la préposition. Pour abréger notre démonstration, nous nous appuierons sur les définitions données dans l'article *vor* du Dictionnaire de Grimm [1].

Avant tout, il faut rappeler que dans les locutions comme *vor Freude (weinen)*, la préposition s'applique exclusivement à des états ou actions *involontaires* et s'oppose à l'expression du comportement volontaire ou réfléchi qui demande la préposition *aus* [2]. C'est là, comme on verra, une limitation essentielle du prétendu sens « causal » de *vor*.

D'une manière générale, *vor* indique deux positions possibles : 1) du côté où est la face d'une personne ou d'une chose : *vor dem Gericht* « (comparaître) devant le tribunal », donc face à face ; 2) en allant en avant de la personne ou de la chose : *vor jmd. laufen* « courir devant quelqu'un », donc en le précédant. C'est ce que confirme Grimm : « es sind immer zwei anschauungen möglich, die auch allen übertragenen anwendungen zu grunde liegen, ein zugewendtsein oder ein vorausliegen, -stehen oder -gehen » [3].

C'est de la seconde acception que nous partirons pour rendre compte de l'emploi « causal » de *vor*. Une locution propre à en faciliter la compréhension est : *vor dem winde segeln* que Grimm commente : « zur bezeichnung einer bewegung vor bewegtem in gleicher richtung *vor dem winde segeln*, so dass der wind von hinten oder schräg von hinten kommt » [4]. La locution *vor dem winde segeln*, littéralement « cingler devant le vent » indique qu'on a le vent arrière, le vent en poupe, selon la terminologie française. Ainsi *vor* marque la position qu'on occupe et la direction où l'on va sous l'effet d'une impulsion venant par derrière et vous poussant vers l'avant.

traduit Baillet (éd. Budé) : « Comme on négligeait toutes les autres affaires pour ne s'occuper que de celle-là ».

1. Grimm, *Deutsches Wörterbuch*, XII, Abt. II (1951), p. 777 sq. cité ci-après : Grimm.

2. Cf. Werner Schmitz, *Der Gebrauch der deutschen Präpositionen* (4. Aufl. 1966), p. 79 : « Das kausale *vor* nennt die Ursache unwillkürlicher Handlungen (und Zustände), im Gegensatz zu *aus*, das die Ursache willkürlicher Handlungen angibt ».

3. Grimm, p. 777.

4. Grimm, p. 782.

Nous sommes déjà près de la situation énoncée par *vor* « causal ». Mais il faut bien observer les deux conditions qui sont constantes et associées dans le type *vor Freude weinen* et qu'on oublie souvent : 1) le verbe indique toujours un état ou un comportement psycho-physiologique de caractère instinctif, involontaire (« crier, pleurer, trembler, avoir peur, être hors de soi », etc.); 2) le substantif auquel *vor* s'applique désigne toujours une émotion vive (« joie, colère, terreur, douleur », etc.).

Nous avons ainsi délimité le domaine des emplois auxquels convient la préposition *vor* en allemand, *di* en italien, *de* en français :
all. *vor Freude weinen*; it. *piangere di gioia*; fr. *pleurer de joie* ;
all. *vor Angst sterben*; it. *morire di paura*; fr. *mourir de peur*;
all. *vor Müdigkeit umfallen*; it. *cascar di stanchezza*; fr. *tomber de fatigue*.

Comme ni l'italien ni le français ne sont ici en question, nous avons seulement à nous demander si cette valeur de *vor* peut s'expliquer par le sens général de la préposition tel qu'il a été défini ci-dessus. Nous croyons que c'est le cas, et les données s'accordent avec notre interprétation. P. Meriggi doit construire la sienne sur deux sens opposés, celui de « cause » et celui d' « empêchement », qui nous paraissent l'un et l'autre illusoires.

On le voit déjà à lire le commentaire de Grimm : « *von* bezeichnet die ursache, den bewegenden grund für zustände, besonders innere, dann aber auch für ein verhalten in ganz allgemeiner anwendung : *vor begierde brennen, vor scham verstummen,... vor wut beben, vor freude weinen...* Die wirkende ursache ist gewöhnlich nichts von aussen kommendes, abgesehen von kälte, hitze, u.ä., wo gleichzeitig ein innerer zustand bezeichnet wird, und so ist dann das bewirkte wiederum ein innerer zustand, dessen ausdruck, oder ein verhalten, eine handlung, ein vorgang, die als unwillkürliche folgen angesehen werden können; besonders oft wird auch durch eine negation eine verhinderung, hemmung bezeichnet... » [1].

Le rôle de *vor* demeure le même dans cet emploi spécifique.

---

1. Grimm, p. 788-789.

Il indique la position dans laquelle on se trouve sous l'impulsion d'une force irrésistible qui vous meut vers l'avant. De même que le mouvement du navire est produit par la force du vent qui le propulse, de même l'état involontaire physique ou psychique (« weinen ») est le résultat d'une pulsion émotionnelle (« vor Freude ») que le sujet subit. Le comportement involontaire (« weinen, beben, brennen ») du sujet est assimilé au mouvement également involontaire du voilier (« segeln »), et le paroxysme de l'émotion impulsant à la force impulsante du vent.

Dès lors tout ce qu'il importe et qu'il suffit de comprendre est la relation sémantique de *vor* d'une part au verbe, de l'autre au substantif. Que la violence de l'affection ressentie fasse pleurer l'un ou empêche l'autre de parler est l'affaire du psycho-physiologiste, non du linguiste. Il est également vain d'attribuer à *vor* le sens de « cause » et celui d' « empêchement »; c'est là confondre le plan de la sensation et celui de la langue. Au point de vue linguistique, une seule considération entre en jeu : la construction de *vor* et la relation qu'il pose entre le verbe et le nom qu'il articule ensemble. Nous dirons donc que, apposé adverbialement à un verbe dénotant un état ou un comportement involontaire (« pleurer, trembler », etc.), *vor* indique l'avancée extrême, résultant d'une impulsion, et il forme syntagme avec le substantif dénotant l'agent de l'impulsion (ici interne, émotionnel, « Freude », etc.). Si *vor* indique la direction imposée à l'objet par l'impulsant, c'est en vertu de la même construction que nous analysions plus haut. Négligeant ici la question de l'article, qui n'a pas de rapport direct avec notre propos, nous soulignerons le parallélisme et l'unité essentielle des deux types de locutions :

vor dem Wind   *vor Freude*
segeln   *weinen*

Extérieure ou intérieure, cinétique ou émotive, l'impulsion joue pareillement, et dans les deux cas *vor* a la même dénotation. Il y a une liaison étroite, nécessaire, entre le caractère *involontaire* des comportements indiqués par le verbe (soit des actes « pleurer, crier », soit, ce qui revient au même, « ne pas savoir ce qu'on dit, ne pouvoir plus remuer ») et la nature *irrésistible* de la pulsion qui meut le sujet dans la direction *vor*.

La langue ne pourrait produire des constructions aussi

semblables s'il n'y avait entre elles une similitude profonde due à un même schéma sous-jacent. Il appartient au linguiste de découvrir ces relations profondes sous la diversité superficielle des emplois, s'il veut comprendre les effets de sens qui en résultent.

IV

Fonctions syntaxiques

CHAPITRE XI

Fondements syntaxiques de la composition nominale*

Que ce soit dans la pratique descriptive ou dans la théorie des classes de formes, on a toujours considéré que la composition nominale relève de la morphologie, qu'elle n'est rien autre qu'une variété de la formation des noms, au même titre que la dérivation. Personne ne contestera que les particularités formelles des mots composés intéressent en effet la morphologie nominale, notamment les variations caractéristiques d'un thème nominal entre l'état de forme libre et celui de membre de composé, cette variation étant justement une des marques, parfois la marque unique, de la composition. A ce point de vue les composés des principales langues fournissent à la description une matière abondante. Ils ont été décrits et souvent analysés en grand détail.

Mais la considération morphologique laisse sans réponse et à vrai dire ne permet même pas de poser le problème fondamental : quelle est la fonction des composés ? Qu'est-ce qui les rend possibles et pourquoi sont-ils nécessaires ? Dans une langue consistant en signes simples, l'existence d'unités faites de deux signes conjoints invite à se demander où est la source commune des composés et d'où provient la diversité de leurs formes.

Pour répondre à cette question, il faut, à notre avis, envisager les composés non plus comme des espèces morphologiques, mais comme des organisations syntaxiques. La composition nominale est une micro-syntaxe. Chaque type

* *Bulletin de la Société de Linguistique de Paris*, C. Klinksieck, t. LXII (1967), fasc. 1, pp. 15-31.

de composés est à étudier comme la transformation d'un type d'énoncé syntaxique libre.

Nous examinons donc sous cette considération les principales classes de composés, telles qu'elles sont partout reconnues, pour mettre au jour les fondements syntaxiques propres à chacune et finalement pour en rechercher la commune fonction.

Nous posons en principe qu'un composé comporte toujours et seulement deux termes. Sont exclus de la fonction de composition (ceci est d'ailleurs notion assez largement admise) les préfixes et préverbes, dont le comportement et le rôle sont tout autres. Mais, des deux termes d'un composé, l'un peut être lui-même composé : all. *Bleistifthalter*; angl. *cocktailmixer* ; gr. *triakonta-etēs* « âgé de trente ans ». Le composé devenant terme de composé compte pour un seul terme; il n'y en a toujours que deux dans le composé nouveau.

On doit distinguer dans l'analyse des composés deux facteurs qui obéissent à des conditions différentes : la relation logique et la structure formelle. Celle-ci dépend de celle-là. La structure est agencée par la relation. Seule la relation logique fournit les critères propres à classer fonctionnellement les types de composés.

En conséquence, la relation à établir entre les deux termes doit être considérée comme le premier critère, le plus général, celui auquel tous les autres seront subordonnés. Nous distinguerons deux grandes classes primordiales : les composés dont la relation tient entre les deux termes et leur est équidimensionnelle, et ceux où la relation dépasse les deux termes et, en les englobant dans une fonction nouvelle, se modifie elle-même. Toutes les autres classes seront incluses dans celles-là à titre de sous-classes.

I

La première grande classe comprend les composés où la relation tient entièrement et uniquement entre les deux termes. Ceux-ci constituent — diversement — et délimitent — constamment — la structure syntaxique.

1. On comptera ici, d'abord, pour la simplicité de sa structure binomique, le type dit *dvandva* (« paire »), joignant deux substantifs équipotents en une unité que nous appellerons couplante. Le védique en donne les exemples classiques : *dyā́vāpr̥thivī́* « ciel-terre », *pitárāmātárā* « père-mère », *mitrā́váruṇā* « Mitra-Varuṇa »; en grec νυχθήμερον « (durée de) nuit-jour ». La particularité du dvandva est que les deux membres sont équipotents. C'est par cette relation qu'ils se caractérisent. Ils ne forment donc pas ensemble une construction syntaxique, au sens strict, mais ils sont unis par un rapport de coordination qui ne pourrait être analysé que dans le cadre d'une théorie générale de la coordination asyndétique. Par suite le dvandva n'admet pas la réduction des deux membres à un seul ou la primauté de l'un des termes sur l'autre, hormis le rapport de précédence, fixé par la tradition et d'ailleurs réversible : *pitárā-mātárā* ou *mātárā-pitárā*. Le groupement des deux noms met en évidence la liaison asyndétique, trait syntaxique, et il sert en outre de résolution lexicale à la forme synthétique du duel dit elliptique : *dyā́vā* « ciel (+ terre », *mitrā́* « Mitra (+ Varuṇa) ».

2. Un autre type est constitué par les composés qui assemblent deux substantifs : *oiseau-mouche, chien-loup, poisson-chat, papier-monnaie*, etc. Il se distingue du dvandva par une différence essentielle : il désigne un seul objet naturel, non deux. Mais il le désigne par deux signes conjoints, l'un et l'autre nominaux. Il s'agit de reconnaître le lien entre les deux membres, puis la construction syntaxique dont dérive l'unité nouvelle.

Des deux membres, c'est toujours le premier qui fournit la dénomination : un oiseau-mouche est un oiseau, un poisson-chat est un poisson. Le second membre apporte au premier une spécification en y apposant le nom d'une autre classe. Mais entre les deux référents, il n'y a qu'un rapport de disjonction : les mouches ne sont pas un embranchement des oiseaux, ni les chats des poissons. L'être désigné comme « oiseau-mouche » est donc en apparence membre de deux classes distinctes qui pourtant ne sont ni homogènes, ni symétriques, ni même voisines. Si cette désignation double reste néanmoins non-contradictoire, c'est que la relation qu'elle institue n'est ni logique ni grammaticale, mais sémantique. L'objet ainsi dénommé ne relève pas identiquement des deux classes. A l'une il appartient par nature, à l'autre il est attribué figurément. L'oiseau-mouche est bien un oiseau, mais un oiseau qui a une certaine similitude avec une mouche. Le papier-monnaie est du papier, non de la monnaie, le propre de la monnaie étant sa matière (métallique), sa forme (en pièces), sa marque (frappée); c'est néanmoins du papier qui a quelque analogie avec la monnaie, qui s'y substitue. Ainsi des signes lexicaux comme « oiseau-mouche », « papier-monnaie » conjoignent deux notions, l'une de nature, l'autre de figure. Le rôle de ces composés est de coupler dans une désignation spécifique une classification de réalité et une classification de semblance. C'est la preuve que la relation est posée entre les choses, non entre les signes.

On aperçoit la constitution syntaxique qui fonde ces composés. « Oiseau-mouche » se ramène à un syntagme de définition : « oiseau *qui est* une mouche » et « papier-monnaie » à « papier *qui est* de la monnaie ». Dans ce type de construction, étant donné le sens qu'elle produit, la jonction « qui est » entre les deux lexèmes implique une fonction particulière de « être ». Ce n'est pas une marque logique d'identité entre deux classes, puisque les conditions de l'emploi obligeraient à stipuler que cette fonction propositionnelle de la forme « un x qui est un y », s'applique ici à un objet réel et que cependant les référents de x et de y sont incompatibles, ce qui serait contradictoire.

La relation par « être » doit bien plutôt s'entendre ici comme une relation d'assimilation sémantique entre deux notions distinctes, sur la base d'un trait commun qui est impliqué, mais non indiqué. Entre « oiseau » et « mouche », ce sera le caractère sémantique de petitesse; entre « papier » et « monnaie », celui de valeur légale. Identification de similitude entre un être désigné et un être comparé, cette construction, qui ne répond à aucune des significations logiques de « être », se réfléchit dans le composé par la simple juxtaposition des deux signes composants, procédé descriptif et expressif. Comme terme lexical, ce composé a souvent pour équivalent un signe simple : « oiseau-mouche » et « colibri »; — « poisson-chat » et « silure »; — « papier-monnaie » et « assignat » (ou « billet de banque », composé de type différent). On conclura que ce composé et la construction libre qui le soutient ont fonction de figurer un rapport de similitude intuitivement perçu entre un objet désigné et un autre de classe distincte, et d'énoncer ce rapport de similitude sous la forme d'un signe double dont le premier membre est déterminé-assimilé, le second, déterminant-assimilant. Ainsi se constitue dans la nomenclature une nouvelle classe, dont la désignation, associant deux signes déjà connus en une unité spécifique, fait l'économie d'un signe unique qui serait supplémentaire, ou permet de le suppléer (« oiseau-mouche » à côté de « colibri »), ou encore, quand il existe, de le différencier de nouveau : à partir d'un nom de base (populaire) *martin* pour des passereaux, on forme *martin-pêcheur*, puis *martin-chasseur*.

3. Le troisième type de cette classe est le composé de dépendance, dont les termes sont deux substantifs en rapport de détermination : angl. *arrow-head* « pointe de flèche », gr. *oîko-despótēs* « maître de maison », skr. *rāja-putrá-* « fils de roi ». La base du composé est le groupe syntaxique libre à déterminant au génitif et déterminé au nominatif (de quelque manière que se réalise formellement ce rapport, énoncé ici, pour la simplicité, en termes de flexion casuelle).

De toutes les classes de composition, celle-ci est, à tous points de vue, celle qui offre le rapport le plus clair et immédiat avec la base syntaxique libre, au point que parfois le composé et le syntagme semblent permutables à volonté.

S'il en est ainsi, et dans la mesure même où le composé et le syntagme semblent s'offrir librement et également au choix, on peut juger pléonastique ce type de composé et mettre en question sa légitimité par rapport au syntagme. Et cependant il s'est développé, en certains cas il a été productif. Quelle pouvait donc en être la fonction ? La question n'a pas été posée encore. Il s'agit de reconnaître le critère qui assure la distinction entre le composé et le syntagme, c'est-à-dire le principe qui régit la sélection des termes de ces composés.

Pour le découvrir, il convient avant tout d'envisager cette classe dans son inventaire et de voir dans quelles catégories de noms sont pris les constituants des composés de détermination. A cet égard les langues indo-européennes anciennes offrent à l'observation un champ privilégié. On sait déjà qu'à l'origine ce type est rare et étroitement borné. Il n'a en védique et en grec ancien qu'un petit nombre de représentants [1]. Pour le védique on ne cite qu'une douzaine d'exemples. En fait, c'est encore trop [2]. A l'examen nous ne retiendrons comme assurés que trois ou quatre composés-souches. Leur rareté même les rend typiques et incite à les considérer individuellement.

Il y a d'abord le constituant *-pati* « chef, maître », très productif et qui a dès le RV. un paradigme fourni : *dampáti-* « chef de maison » (gr. *des-pótēs*), *viś-páti-* « chef de clan », *jā́s-pati-* « chef de famille », etc. Bien attesté aussi est *putra-* « fils », dans *rā́ja-putrá-* « fils de roi », *brahma-putrá-* « fils de brahman », ainsi que *rā́jan-* « roi », dans *jana-rā́jan-* « roi de la race ».

De cette courte liste, où tient la majorité des exemples premiers, on tire déjà une idée précise de la relation qui était à définir. Une formation de composés dont le second terme est « chef » ou « fils » ou « roi » se caractérise en logique comme une fonction à deux variables : « être fils » n'est pas un prédicat autonome, il exige un autre argument pour se compléter; ainsi « fils, chef, roi » valent nécessairement « fils-de, chef-de, roi-de ».

Les noms qui relèvent de cette catégorie logique sont avant tout ceux qui indiquent la parenté ou la relation à un groupe social. Ce trait est présent aussi dans le nom propre *divodāsa-* « valet du ciel » (avec *divo* < *divas* gén., syntagme fixé comme nom propre). De là l'effectif d'abord très limité de cette formation. Cependant elle reçoit, à l'occasion, des apports imprévisibles. On peut, par exemple, s'étonner d'y

---

1. Cf. Wackernagel, *Altind. Gramm.*, II, 1, p. 241, § 97.
2. Ainsi de la petite liste que Wackernagel (*op. cit.*, p. 241, § 97) donne d'après Arnold pour les portions les plus anciennes du RV, il faudrait éliminer plusieurs exemples :

nava-jvārá-, mahā́-dhaná-, mahā́-vīrá- comportent des adjectifs comme premier terme et sont donc d'une autre catégorie, celle de *candra-mā́s-* (cf. Wackernagel § 101);

devákṣatra- (RV. V 64,7) est à prendre comme nom propre, en accord avec Geldner (trad. ad loc.) et Renou (*Et. véd. et pan.*, V, 1959, p. 80; VII, 1960, p. 45); en cette qualité il s'interprétera bien mieux comme un bahuvrīhi : « dont le *kṣatra* vient des *devas* »;

dru-pada- est un bahuvrīhi « au pied de bois », comme l'indique déjà A. Debrunner (*Nachträge* zu Wack. II, 2, p. 34-5);

sur *divo-dāsa-* et *hiraṇya-ratha-* cf. plus loin.

trouver *hiraṇya-rathá-* « char d'or » et l'on se demandera comment *hiraṇya-rathá-* va entrer dans la même classe que *rāja-putrá-* « fils de roi », vu la différence de statut logique entre *ratha-* « char » et *putra-* « fils ». Le rapport s'éclaire par la valeur contextuelle de *hiraṇya-rathá-* (RV. I 30,16) : non « char fait en or », mais « char plein d'or » (« goldbeladener Wagen » Wackernagel; « ein Wagen voll Gold » Geldner); *ratha-* est pris ici comme nom de contenant; on traduirait mieux : « charretée d'or ». Dès lors *hiraṇya-rathá-* devient symétrique de *rāja-putrá-*. Des fonctions comme « charretée de (foin), poignée de (grain) » ont la même structure logique que « fils de (roi), chef de (famille) », et le rapport contenant-contenu est assimilable à celui de membre-totalité, que ce soit celui de *head* à *arrow* dans *arrow-head*, litt. « tête de flèche », ou celui de skr. *pati-* « maître (de) » à *dam-* « maison, famille » dans *dam-pati-* « maître de maison ».

Cette classe de composés énonce donc des fonctions à deux variables sous la forme syntaxique de la prédication : « *x* est de *y* », réalisée comme « fils est de roi, chef est de famille ». Le composé se constitue avec des noms qui sont *par nature* des termes relatifs appelant des termes complémentaires, tels que des noms de parenté ou de position sociale. Ce noyau initial s'accroît de désignations relevant d'autres catégories sémantiques, mais contractant *par leur emploi* la même relation logique à leurs termes complémentaires.

Du même coup est fixée la démarcation de principe entre ce composé dit de détermination nominale et le syntagme : celui-ci n'est soumis à aucune restriction logique et peut assembler dans ce rapport syntaxique des noms de toutes classes.

4. Le type qu'on pourrait dire classique est le composé à premier membre nominal, déterminant, et à second membre verbal, déterminé : gr. *hippó-damos* « qui dompte les chevaux », lat. *signi-fer* « qui porte l'enseigne », skr. *havir-ad-* « qui mange l'oblation », v. perse *aršti-bara-* « qui porte la lance », anglais *shoe-maker* « qui fait les chaussures », russe *medv-éd'* « mangeur de miel » (= ours). La relation est la même, en ordre inverse, sans choix possible, dans le type fr. *porte-monnaie*. Aussi claire qu'elle est largement développée, cette formation repose sur une proposition libre à forme personnelle

du verbe transitif régissant un terme nominal : gr. *hippódamos* « il dompte les chevaux »; — lat. *signi-fer* « il porte l'enseigne », etc. [1].

Nous rencontrons cependant une curieuse anomalie. Tout évidente que semble la relation posée entre ce composé et la proposition libre à rection transitive, elle ne peut rendre compte de l'existence d'un type parallèle, où les mêmes éléments sont unis par le même rapport interne, mais dans la séquence inverse : déterminé verbal + déterminant nominatif et cependant avec le même sens global. Ce type est représenté dans la plupart des langues indo-européennes anciennes, tout particulièrement en grec et en indo-iranien : gr. *arkhékakos* « qui commence le mal, qui est responsable d'un malheur », *pheré-oikos* « qui porte sa maison », skr. *trasadasyu* n. pr. « qui effraie l'ennemi », *kṣayat-vīra-* « qui commande les hommes »; v. perse *xšayāršan-* n. pr. *(xšaya-aršan-)* « qui commande les héros », av. *barō. zaoθra-* « qui apporte l'offrande ». Apparemment ce type suppose lui aussi une construction libre d'un verbe transitif et de son régime : gr. *pheré-oikos* « il porte sa maison »; skr. *trasa-dasyu-* « il effraie l'ennemi », etc.

Les deux types de composés, formellement distingués par l'ordre séquentiel, ont toujours été considérés comme fonctionnellement pareils et de même sens. Les linguistes qui ont eu à les décrire les tiennent pour synonymes, d'autant plus que parfois ce sont les mêmes lexèmes qui sont agencés en ordre inverse et qu'on dispose ainsi de composés réversibles, par exemple en avestique *barō. zaoθra-* et *zaoθra. bara-*, l'un et l'autre signifiant « qui apporte (*bara*) l'oblation (*zaoθra-*) ». Nulle part la question d'une différence possible entre les deux séquences n'a été seulement soulevée.

Il est cependant difficile de penser que les deux ordres de composition, nominal + verbal ou verbal + nominal, puissent permuter à volonté et qu'ils soient en variation libre. *A*

---

1. Il suffit d'ajouter, puisque notre objet n'est pas la description des composés pour eux-mêmes, que le rapport objet + nom verbal transitif se renverse en rection passive quand le terme verbal du composé est l'adjectif en -*to*- ou le participe passé : anglais *hand-made*, gr. *kheiro-poiētos*, lat. *manu-factus* et que la fonction verbale intransitive apparaît dans skr. *rathe-ṣṭhā́* « qui se tient sur le char ». La syntaxe des trois diathèses se réfléchit ainsi dans les composés

priori de pareils pléonasmes ne sauraient être tolérés dans une langue où la composition obéit à des normes fixes. On concevra moins encore qu'ils se soient développés comme ils l'ont fait, s'ils ne sont que de simples variantes stylistiques.

Nous avons à nous demander comment deux types de composés, différents par l'ordre des termes, peuvent l'un et l'autre se fonder sur la même construction libre d'un énoncé prédicatif au présent. Il doit exister, à la base même de cette construction, une double possibilité syntaxique qui se prolonge dans la double séquence des composés.

Effectivement cette présomption est vérifiée dans la syntaxe de l'énoncé. Non dans la variation de l'ordre entre le verbe et le régime, puisque cet ordre est libre, non conditionné, et sans effet sur le sens, mais dans la double valeur qui est inhérente à une forme de présent. Dans « il porte... » on peut voir ou un présent intemporel de définition : « il porte... = il est porteur de... », ou un présent actuel de description : « il porte... = il accomplit l'acte de porter ».

Telle est la différence à reconnaître entre le composé grec en -φόρος « porteur par vocation ou nature » (définition) et celui en φερέ- « qui porte effectivement- » (description).

Le sens du premier type n'a guère besoin de démonstration. L'abondance même des composés en -φόρος fait partout ressortir le porter comme fonction : λαοφόρος « (route) qui porte le peuple » (= fréquentée); ἑωσφόρος « (étoile) qui amène l'aurore, Lucifer »; φωσφόρος « (astre, divinité) qui amène la lumière »; καρποφόρος « (arbre, pays) qui produit des fruits », etc.

Il sera utile, en revanche, de mettre en lumière la valeur propre des composés en φερέ- dans leur emploi textuel. Par φερέ-οικοι Hérodote caractérise les Scythes nomades qui vivant sur des chariots « transportent leur maison », dans la réalité du procès et comme activité constatée [1]. Les ἀμπλακίαι φερέπονοι de Pindare (Pyth. 2,31) sont des « égarements qui ont (effectivement) porté leur peine ». De même l'adjectif φερέγγυος qualifie celui « qui donne effectivement garantie, qui est digne de confiance ». Avec d'autres thèmes verbaux : ἐχέθυμος « qui contient ses passions », ἐχέφρων « qui garde sa

---

[1]. φερέοικος sert de *kenning* chez les poètes pour désigner plusieurs animaux porte-coquilles; cf. H. Troxler, *Sprache und Wortschatz Hesiods*, Zürich, 1964, p. 22.

réflexion, prudent ». Très instructif dans son contexte est hom. ἀρχέκακος « qui a été cause d'un mal », épithète appliquée à un objet particulier dans son rapport avec un événement particulier : ... νῆας ... ἀρχεκάκους, αἳ πᾶσι κακὸν Τρώεσσι γένοντο οἷ τ' αὐτῷ « ces vaisseaux cause de maux, qui furent un malheur pour tous les Troyens, et pour lui-même aussi » (E 62-4); la phrase relative semble une traduction analytique du composé. Rappelons, en regard et pour le contraste, que -αρχος comme second terme indique la qualité permanente de « chef » (ναύαρχος « chef de flotte, amiral ») et -εχος la fonction de « teneur, détenteur » (σκηπτοῦχος « porte-sceptre », roi ou héraut; ῥαβδοῦχος « porte-baguette », juge, huissier).

Cette interprétation s'accorde avec deux particularités propres à ces composés à premier membre verbal et régissant : l'une est qu'ils ne désignent pas un être ou un objet comme porteur d'une fonction — cette fonction pourrait être sienne sans être jamais réalisée en acte —, mais comme accomplissant effectivement ou ayant accompli l'acte dénommé, et par suite comme particuliers et définis. En conséquence — c'est l'autre trait caractéristique — cette formation produit des épithètes qui conviennent à des individus, non à des classes, et les décrivent dans leurs accomplissements propres et non dans la virtualité d'une fonction. C'est pourquoi elle fournit un large contingent de noms propres individuels, surtout en grec et en iranien : gr. Μενέ-λαος, Ἀγέ-λαος, Ἀρχέ-λαος, Μενε-χάρμης, Τλη-πτόλεμος, etc.; véd. *Trasa-dasyu-*; v. perse *Dāraya-vahu-* « qui maintient le bien » (= Darius); *Xšayāršan-* « qui règne sur les guerriers » (= Xerxes); av. *Uxšyat-ərəta-* « qui accroît l'ordre » (nom du fils aîné de Zaraθuštra), etc.

La distinction entre les deux variétés de composés à rection intérieure selon la séquence du régissant et du régi est ainsi ramenée à son fondement syntaxique, qui est le cumul de deux valeurs dans la forme verbale de l'énoncé libre au présent.

C'est même cette possibilité de produire deux variétés de composés avec les mêmes termes qui éclaire la structure syntaxique de l'énoncé libre. Des composés du type de *oiko-phúlaks* « gardien de maison », *thanatē-phóros* « porteur de mort » renvoient aux énoncés « il garde la maison; il porte la mort ». Mais ici le présent « il garde; il porte » représente en réalité la transformation de la locution prédicative « il est gardien; il est porteur », qui en donne le fondement conceptuel et syntaxique à la fois; la forme verbale de présent contient donc la prédication d'une propriété inhérente. Mais dans le type *pheré-oikos*, l'énoncé libre de base « il porte sa maison » n'est pas la transformation d'un énoncé prédicatif d'essence; il formule seulement une description. Ici la forme verbale de présent n'asserte pas une propriété d'être, elle prédique un procès effectif.

Le champ de cette distinction ne se limite pas aux composés. Il englobe d'autres formations nominales. En tant que dérivés à fondement syntaxique, les deux classes de noms d'agent (respectivement en *-ter* et en *-tor*) et les deux classes de noms d'action (respectivement en *-tu-* et en *-ti-*) se distribuent selon le même principe [1] que les deux classes de composés verbaux. Une grande articulation verbale est ainsi mise au jour, qui est liée à la nature fondamentale du présent verbal et qui se prolonge jusque dans la dérivation nominale.

II

La deuxième grande classe est celle des composés dont la relation ne tient pas entre les deux termes, mais en quelque manière les dépasse.

5. Ce sont les composés dits bahuvrīhi, type de grande généralité, dont voici quelques représentants : anglais *blue-eyed* (bleu + œil) « aux yeux bleus »; gr. *kuno-képhalos* (chien + tête) « (singe) à tête de chien »; lat. *quadru-pes* (quatre + pied) « (animal) à quatre pieds »; véd. *ugra-bāhu-* (fort + bras) « (dieu) au bras fort »; v. perse *tigra-xauda-* (pointu + casque) « (Sakas) au casque pointu »; paiute *cïyapwavi*ⁿ *tɔts.* (coyote + tête) « (personne) à tête de coyote, crazy-headed person »[2]; fr. *rouge-gorge* « (oiseau) à gorge rouge ».

La définition de ces composés a toujours fait difficulté,

1. *Noms d'agent et noms d'action en indo-européen*, 1948, 1ʳᵉ partie.
2. Exemple pris chez Sapir, *Southern Paiute*, p. 74 qui le classifie lui-même comme bahuvrīhi.

bien qu'on s'accorde sur l'analyse empirique. Ils ont reçu plusieurs dénominations. Celle de *bahuvrīhi*, la plus innocente, désigne en sanskrit la classe par un de ses représentants. On emploie aussi « composé *exocentrique* » pour dire « dont le centre est hors (du composé) », ce qui a l'inconvénient de faire appel à une géométrie hasardeuse (comment le centre d'un objet serait-il hors de cet objet ?), sans pour autant élucider la relation, qui est seulement renvoyée hors du composé. Plus clair, au moins dans son sens immédiat, est le terme « composé *possessif* », et il contient, comme on verra, une parcelle de vérité, mais il reste approximatif et mal défini, et au total inadéquat. Aucune de ces dénominations, en réalité, n'atteint la particularité de l'objet à définir.

La raison en est que, à la différence des autres classes, qui sont de construction syntaxique simple, celle-ci implique une construction syntaxique complexe. Soit un bahuvrīhi tel que hom. *arguró-toxos* « (dieu) à l'arc d'argent ». Il remonte à une proposition analytique qui s'énonce « son arc est d'argent » (ou indifféremment « il a un arc d'argent »). Or — voici le point important — cette proposition n'est pas simple, et n'étant pas simple, elle ne saurait être regardée comme le fondement ultime du composé. Nous considérons que « son arc est d'argent » est la contraction de *deux* propositions logiquement antérieures et syntaxiquement distinctes, dont l'articulation est le pronominal « son » (ou le verbe « il a »). L'une est prédicative de qualité : « arc est d'argent »; l'autre, prédicative d'attribution : « arc-d'argent est-à (X.) », celle-ci susceptible d'une variante formelle : « (X) *a* arc-d'argent »[1]. La proposition attributive a pour indice le prédicat d'existence « être-à » qui implique nécessairement un attributaire, exprimé ou non. Il apparaît donc que la proposition contracte « *son* arc est d'argent » inclut, à titre de facteur indispensable de la construction, l'attributaire actuel ou virtuel du « être-à ». C'est cette propriété qui définit la structure syntaxique du bahuvrīhi[2].

---

1. Nous avons insisté ailleurs sur le rapport *avoir* : *être-à* (*Problèmes de linguistique générale*, I, p. 195).
2. Propriété vaguement entrevue de ceux qui classent ces composés comme « possessifs ». Mais à peu près tous les adjectifs pourraient être dits « possessifs », du fait qu'ils sont syntaxiquement accordés à un nom, qui serait « possesseur » de la « qualité ».

Que ce composé est fondé sur une construction attributive, diverses langues en donnent une preuve remarquable sous la forme d'un groupe syntaxique qui prélude en quelque sorte au composé attributif, et où la fonction d'attribution est assumée par une expression possessive. C'est le cas de l'irlandais, qui emploie à cette fin le *a* possessif de 3e personne : *Cailti cruaid a chri* « C. dur son corps, C. au corps dur »; *ben ... sion a grúad* « une femme digitale sa joue, à la joue de digitale (= aux joues pourprées) »[1]. C'est le tour régulier en sémitique, où il forme le noyau de la « proposition relative »[2] : *mrʔatun hasanun aḫū-ha* « une femme beau son *(-ha)* frère, dont le frère est beau ». En vieux turc : *qaš-ï körtläm* « mon (seigneur) son-sourcil *(qaš-ï)* [*est*] beau, aux beaux sourcils »[3], turc *kızı güzäl äfändı* « homme sa-fille [est] belle, à la belle fille »[4]; *dam-ı qırmızı ev* « maison son-toit *(dam-ı)* [est] rouge, maison au toit rouge »[5]. On trouverait bien d'autres parallèles à citer[6]. Cette construction coexiste en irlandais avec des composés bahuvrīhi où l'adjectif étant de fonction prédicative, précède le substantif et où un suffixe *-ech* marque l'attribution, ainsi *crán-suil-ech* « dunkel-äug-ig, à l'œil sombre ». La comparaison entre le composé *crán-suil-ech* « à l'œil sombre » et le groupe syntaxique *(beich) bec a nert* « (les abeilles) petite [est] leur (*a*) force, à la force petite » montre un parallélisme exact entre les deux procédés : ils ont à la fois valeur prédicative, dans l'ordre des éléments, et valeur attributive, dans le possessif *a* et le suffixe *-ech*.

On voit ainsi la fonction attributive que le suffixe remplit dans le bahuvrīhi. Une illustration frappante en est donnée par véd. *devá-patnī*, qui signifie non « maîtresse des dieux »,

---

1. En général cette expression est décrite comme un « génitif du relatif », ce qui vaut seulement pour les langues de description, comme les langues occidentales modernes. Pour des exemples voir J. Vendryes, *Gramm. du v. irlandais*, § 646, p. 341; Thurneysen, *A Grammar of Old Irish*, § 507, p. 321; Lewis-Pedersen, *A Concise Compar. Celtic Grammar*, § 392, p. 239.
2. *Problèmes de linguistique générale*, I, p. 208 sq.
3. A. von Gabain, *Alttürkische Grammatik*[2], 1950, § 403.
4. K. Grönbech, *Der türkische Sprachbau*, I, p. 86.
5. J. Deny, *Grammaire de la langue turque*, § 354, p. 230.
6. Voir notamment G. Deeters, *IF*. 60, 1952, p. 47 sqq. qui réunit des spécimens variés de ces constructions (p. 51 *sq*. pour les langues caucasiennes).

mais « (celle) qui a pour mari un dieu (= femme d'un dieu) ».
Le féminin *-patnī* représente en réalité *pati* « mari » muni d'un suffixe d'attribution ; et comme l'attributaire est un être féminin, le suffixe a nécessairement la forme *-ī*. Seulement il faut bien noter que l'attribution a pour objet non *pati-* « mari », mais la prédication latente **deva-pati-* « dieu [est] mari », de sorte, sous forme d'attribution à un attributaire de genre féminin, *devá-patnī* signifiera analytiquement : « dieu-mari est-à (elle) », combinaison des deux prédications. Cette structure syntaxique est le fondement du rapport sémantique : le composé *devá-patnī* (bahuvrīhi) est seulement féminin ; il ne peut avoir de masculin [1], tandis que *gṛhá-patnī* tatpuruṣa) « maîtresse de maison » est le féminin de *gṛhápati-* « maître de maison », ce dernier composé étant fondé sur la construction « il (elle) est maître-de... » (cf. ci-dessus). Par là *gṛhá-patnī*, uniplanaire, diffère fondamentalement de *devá-patnī*, biplanaire (cf. ci-dessous).

Développons sommairement les implications de cette définition du bahuvrīhi.

1º La structure formelle n'est pas homologue à la structure syntaxique de ce composé quant au *nombre* des termes. La structure formelle est binomique (les deux membres de l'unité morphologique) ; mais la structure syntaxique est trinomique ; en sus des deux termes énoncés, elle inclut un terme non énoncé, mais nécessaire, l'attributaire ;

2º Cette dissymétrie tient à la nature particulière de la construction, qui est une proposition contracte. En tant qu'elle est articulée par une relation d'attribution, la construction met en jeu deux constituants : une fonction d'attribué, la sous-unité syntaxique qui est prédicative de qualité : « arc est d'argent », et une fonction d'attributaire : « arc-d'argent est-à » ;

---

[1]. Il est nécessairement et seulement féminin non pas seulement à titre individuel et par raison contextuelle, mais encore parce que tous les composés en *-patnī* du RV sont des bahuvrīhis (cf. Wackernagel, *op. cit.* II, 1, § 38 b, p. 90). En fait il n'existe pas dans le RV de *patnī* « épouse » comme féminin de *pati-* « époux », mais seulement *patnī* « maîtresse », féminin de *pati-* « maître ». Les rares exemples de *patnī-* « épouse » que les dictionnaires citent se rapportent tous au monde divin et peuvent aussi bien signifier « maîtresse ». Il faut prendre également comme bahuvrīhi véd. *sá-patnī*, av. *ha-paθnī* « concubine », à analyser « (celle) qui a en commun (*sa-*, *ha-*) un époux (= qui partage l'époux avec une autre femme) ».

3º Essentielle est la distinction des deux plans de prédication. Ces plans ne sont pas de même nature :

la prédication de qualité « arc est d'argent » (dans gr. *argurótoxos*); « bras est fort » (dans skr. *ugra-bāhu-*) est une fonction syntaxique, entre signes;

la prédication d'attribution (« arc-d'argent *est-à* », « bras-fort *est-à* ») est une fonction sémantique, entre signes et référents;

4º On peut par là organiser logiquement la distinction posée ci-dessus entre deux grandes classes qui embrassent l'ensemble des composés :

tous les composés rangés dans la première classe sont prédicatifs de qualité et ont fonction seulement syntaxique, y compris les composés dits de rection; ils sont *uniplanaires*;

tous les composés de la seconde classe (*bahuvrīhis*) combinent la fonction syntaxique et la fonction sémantique; ils sont *biplanaires*;

5º Les composés biplanaires (bahuvrīhis) se définissent comme portant une double prédication, de qualité et d'attribution. En conséquence on les réinterprétera dans une nouvelle structure logique, qui est à sa manière binaire : un composant indiquant l'attribution (c'est le composé formel entier) et un composant indiquant l'attributaire, celui-ci inhérent à la forme de composition. Cette fonction d'attributaire est remplie, quand il y a lieu, par un argument distinct (« *Apollon* à l'arc d'argent »), à défaut par un substitut, tel qu'un pronom ou un anaphorique occupant la fonction vide : « (celui) *qui* a... »;

6º Cette relation syntaxique d'attribution a un corrélat dans la morphologie du composé : c'est le changement de classe formelle qui affecte le terme substantif déterminé. La forme libre fém. *kephalē* « tête » devient *-kephalos -ē -on -oi -ai -a* dans *(kuno-)kephalos* « à tête (de chien) » avec les variations de genre et de nombre; la forme libre neutre lat. *caput* « tête » devient *-ceps* dans *(bi-)ceps* « à (deux) têtes »;

La marque de ce changement de classe peut être une variation apophonique ou d'addition d'un suffixe, ou les deux : la forme libre all. *Auge* « œil » devient *-äug-ig* dans *(blau-)äugig* « aux yeux bleus »; la forme libre angl. *eye* « œil » devient *-eyed* dans *(blue-)eyed* « aux yeux bleus »; la forme libre hongr. *szem* « œil » devient *-szem-ű* dans *kek-szem-ű* « aux yeux bleus », etc. C'est la marque formelle de la fonction attributive assignée à la proposition prédicative de base;

7º La structure biplanaire et la nature de composé vont ici de pair. Une relation qui serait uniplanaire, seulement essive ou seulement attributive, ne pourrait produire sous forme nominale un composé, mais seulement un dérivé. On le voit si l'on transpose l'une et l'autre, séparément, en forme nominale : « il est enfant » produit « enfantin »; « il a arme » produit « armé ». Seule la combinaison d'une prédication de qualité et d'une prédication d'attribution peut produire une forme nominale composée;

8º Entre les deux plans il y a une hiérarchie de nécessité : d'abord la fonction essive, puis la fonction attributive : un objet ne peut « être-à » (= appartenir) qu'en tant qu'il « est tel ou tel ». La fonction attributive n'est dévolue qu'à un syntagme prédicatif d'être-tel.

★

De cette analyse quelques conclusions se dégagent, qui portent sur la nature et la fonction des composés, tels que nous les avons définis dans leurs relations intra-linguistiques [1].

La langue n'est pas un répertoire immobile que chaque locuteur n'aurait qu'à mobiliser aux fins de son expression propre. Elle est en elle-même le lieu d'un travail incessant qui agit sur l'appareil formel, transforme ses catégories et produit des classes nouvelles. Les composés sont une de ces classes de transformation. Ils représentent la transformation de certaines propositions typiques, simples ou complexes, en signes nominaux.

On ne peut donc plus expliquer la création des composés par la simple jonction immédiate de deux signes antérieurs. Si la composition nominale était, comme on la présente toujours, un procès de nature morphologique, on ne comprendrait pas pourquoi elle semble se réaliser partout, ni comment

---

[1]. Ces conclusions dépassent sous maints rapports celles d'un exposé déjà ancien, limité d'ailleurs aux composés de détermination, et qui est résumé sommairement dans *BSL* 44 (1947-8), fasc. 1, Procès-verbaux, p. XLII.

ont pu naître ces classes formelles en nombre limité, si pareilles entre les langues les plus diverses. C'est que l'impulsion qui a produit les composés n'est pas venue de la morphologie, où aucune nécessité ne les appelait; elle est issue des constructions syntaxiques avec leurs variétés de prédication. C'est le modèle syntaxique qui crée la possibilité du composé morphologique et qui le produit par transformation. La proposition, en ses différents types, émerge ainsi dans la zone nominale.

Dès lors, il faut reconnaître aux composés une situation particulière. En général on les range, avec les dérivés, dans la « formation des noms ». Il faudrait plutôt les faire entrer dans un chapitre nouveau de la théorie des formes, consacré au phénomène qui pourrait s'appeler « *métamorphisme* » : nous entendons par là le processus de transformation de certaines classes en d'autres.

Ce processus, considéré dans le fonctionnement de la langue, répond à une fonction précise, qu'on discernera en comparant la syntagmatique propositionnelle à celle du composé. Comme on l'a vu, le modèle syntaxique comporte toujours une prédication, simple ou complexe; celle-ci énonce par nature un procès actuel. Dès lors que la proposition est transformée en composé et que les termes de la proposition deviennent les membres du composé, la prédication est mise en suspens, et l'énoncé actuel devient virtuel. Telle est la conséquence du procès de transformation.

Telle alors se définit la fonction du composé : transférer au virtuel le rapport actuel de prédication énoncé par la proposition de fondement. C'est bien à cette fonction que répondent aussi les caractères formels du composé. Tout ce qui peut renvoyer à une situation actuelle en est effacé : la prédication verbale n'est plus qu'implicite, le premier membre, dépourvu de tout indice de cas, de nombre, de genre, est réduit à un sémantème, le second membre sur lequel repose la relation syntagmatique, prend une forme et une finale nouvelles, indices du statut d'adjectif que le composé reçoit. Autant de preuves de la fonction virtualisante qu'assume le nouveau signe nominal.

A passer ainsi dans le cadre formel du nom, la proposition libre subit une réduction inévitable de ses latitudes d'expression. Il était assurément impossible de faire tenir dans les deux termes du composé la multiplicité de relations syntaxiques dont la proposition libre est susceptible. Néanmoins le composé est capable de plus de diversité qu'il ne semblerait, et les nombreuses variétés qu'en recensent les grammaires correspondent justement à des types divers de propositions. Pour n'en donner qu'un exemple : véd. *vájra-hasta-* (massue + main) signifie « (tenant) la massue (dans sa) main »; il remonte à une proposition contracte « main (tenant) massue est-à (lui) », ce qui équivaut à « dont la main tient massue ». Cela implique, dans un composé biplanaire, une proposition primaire « main (tient) massue », donc au lieu d'une prédication par « être », une variante lexicale par « avoir, tenir ».

Mais cet appauvrissement relatif de l'expression syntaxique transformée en expresssion nominale est compensé par la variété des combinaisons que le composé livre à la langue. Il donne le pouvoir de manier comme adjectifs ou noms des propositions entières et de les faire entrer sous ces espèces nouvelles dans d'autres propositions. Ainsi se constitue notamment un répertoire vaste, toujours ouvert, de composés descriptifs, instruments de la classification et de la nomenclature, aptes à devenir dénominations scientifiques ou épithètes poétiques, et qui par delà l'enrichissement qu'ils procurent, entretiennent cette activité métamorphique, peut-être le travail le plus singulier de la langue.

CHAPITRE XII

Formes nouvelles de la composition nominale *

Les langues que nous parlons se transforment sous nos yeux sans que nous en prenions toujours conscience; maintes catégories traditionnelles de nos descriptions ne répondent plus à la réalité vivante; d'autres se forment qui ne sont pas encore reconnues.

C'est le cas de la composition nominale dans le français d'aujourd'hui. Nous voudrions signaler deux développements qui s'y produisent, et deux classes qui en résultent, auxquelles l s'agit de donner statut d'existence.

I

LES COMPOSÉS SAVANTS

Il y a en français un grand nombre de composés formés d'éléments gréco-latins. La plupart font partie du vocabulaire scientifique. On les laisse hors des cadres de la composition, à raison même de leur origine. Ils semblent appartenir à la morphologie des langues classiques, étant conformes au modèle hérité ou imité de ces langues, même s'ils ont été créés à l'époque moderne.

Cette vue traditionnelle a empêché de reconnaître la vraie nature de plusieurs des néologismes instaurés dans la nomen-

* *Bulletin de la Société de Linguistique de Paris*, C. Klincksieck, t. LXI 1966), fasc. 1, pp. 82-95.

clature scientifique d'aujourd'hui et leur intérêt pour la description des composés français.

Il semble même qu'on n'ait pas toujours vérifié les conditions premières de leur création. La conviction d'avoir affaire à des variétés modernes d'une classe gréco-latine a été si forte qu'elle a parfois conduit à négliger même les données lexicographiques de base.

Nous croyons utile de le montrer en étudiant la genèse d'un terme capital de la science moderne, qui a été créé en français, d'où il a passé dans la plupart des autres langues : *microbe*.

Voici comment nos dictionnaires expliquent la formation de ce mot :

Microbe : emprunté du grec μικρόβιος, dont la vie est courte. *Néolog.* mot dû à Sédillot (Dictionnaire général);
Microbe, 1878. Empr. du grec *mikrobios* « dont la vie est courte » par le chirurgien fr. Sédillot 1804-1882 (Bloch-Wartburg. *Dict. étym.* ³);
Microbe (1878, Sédillot) empr. au grec *microbios*, à la vie (*bios*) courte (*mikros*) (Dauzat, *Dict. étym.*);
— du gr. *microbios*, de *micros*, petit, et *bios*, vie (Dauzat-Dubois-Mitterand, *Nouveau dict. étym.* 1964);
Microbe 1878, empr. au grec *mikrobios* « dont la vie est courte » (P. Robert, *Dict. alph.*, IV, p. 566).

Il n'y a pas d'inconvénient, on peut même trouver avantage, à ce que les dictionnaires se répètent, et dans les mêmes termes, s'ils énoncent une explication correcte. Celle qu'ils donnent ici est en fait incorrecte; elle l'est même de plusieurs manières, et elle l'est insidieusement, combinant des données exactes dans une interprétation fausse. Il devient urgent de le dire; l'erreur acquiert autorité par la répétition.

Indiquons d'abord que le composé « *mikrobios* », allégué partout, n'a jamais existé en grec à aucune époque. Fût-il attesté, quel en serait le sens ? Il voudrait dire seulement « de petite vie », et non « dont la vie est courte ». Car un adjectif signifiant « dont la vie est courte » a bien existé en grec et dans la meilleure langue classique, mais c'est βραχύ-βιος, et non *μικρόβιος. Ce dernier n'eût trouvé aucun emploi; l'adjectif μικρός ne s'applique pas à βίος.

Non seulement nos dictionnaires font ainsi état d'un composé grec inexistant, auquel ils attribuent un sens qu'il ne pouvait avoir, non seulement ils donnent pour emprunté au grec un mot qui en réalité a été formé en français, mais encore ils rendent incompréhensible la création de *microbe* en français, car l'auteur de ce néologisme ne voulait certainement pas dire que les « microbes » avaient « la vie courte ». C'eût été un non-sens scientifique.

Qu'entendait-il alors en proposant le terme *microbe* ? Pour le savoir, il faut se reporter à un écrit qui est comme le procès-verbal de cette création. Le mot a été inventé à la suite des découvertes de Pasteur qui révélait l'action des infiniment petits. « La destruction des matières organiques, écrivait Pasteur en 1862, est due principalement à la multiplication d'êtres organisés microscopiques », et en 1865 : « Lorsqu'on voit la bière et le vin éprouver de profondes altérations parce que ces liquides ont donné asile à des organismes microscopiques, qui se sont introduits d'une manière invisible et fortuitement dans les intérieurs, où ils ont ensuite pullulé... », etc. On citerait bien d'autres exemples de ces « êtres organisés microscopiques », de ces « organismes microscopiques ». Pasteur n'avait pas d'autre expression pour ces infiniment petits, agents de toutes les altérations organiques.

C'est ici qu'intervient Sédillot. Il présente à l'Académie des Sciences, le 7 mars 1878, une note intitulée « De l'influence des découvertes de M. Pasteur sur les progrès de la chirurgie », dont nous reproduirons le passage suivant :

« M. Pasteur a démontré que des organismes microscopiques, répandus dans l'atmosphère, sont la cause des fermentations attribuées à l'air qui n'en est que le véhicule et ne possède aucune de leurs propriétés.

« Ces organismes forment tout un monde, composé d'espèces, de familles et de variétés, dont l'histoire, à peine commencée, est déjà féconde en prévisions et en résultats de la plus haute importance.

« Les noms de ces organismes sont très nombreux[1] et devront

---

1. Note de Sédillot : « Synonymes : microzoaires, microphytes, aérobies, anaérobies, microgermes, micrococci, microzymas, bactéries, bactéridies, vibrions, microdermes, conferves, ferments, monades, animalcules, corpuscules, torules, *penicillium*, *aspergillus*, infusoires, *leptothrix*, *leptothricum*, spores de l'achorium, de favus, de l'oïdium, du muguet, organismes de l'acide tartrique droit et gauche, zymases septiques et septicémiques, etc. »

être définis et, en partie, réformés. Le mot *microbe*, ayant l'avantage d'être plus court et d'une signification plus générale, et mon illustre ami M. Littré, le linguiste de France le plus compétent, l'ayant approuvé, nous l'adoptons, sans néanmoins renoncer à ceux en usage, pour la désignation de variétés plus particulièrement étudiées » [1].

En proposant le mot *microbe*, Sédillot se prévaut de l'autorité de Littré, qui, dit-il, l'a approuvé. Cela est d'autant plus intéressant à savoir que *microbe* ne figure pas dans le *Dictionnaire de la langue française* dont le troisième volume (lettres I-P) paraissait cette même année 1878. Le détail de cette consultation nous a été heureusement conservé par René Vallery-Radot, gendre de Pasteur, qui, dans sa *Vie de Pasteur*, fondée sur une documentation originale, retrace ainsi cet épisode lexicographique :

« Au mois de mars 1878, [Sédillot] lut à l'Académie une note intitulée : De l'influence des travaux de M. Pasteur sur les progrès de la chirurgie. [...]
« Sédillot dans cette communication inventa un néologisme pour caractériser tout cet ensemble d'organismes et d'infiniment petits : vibrions, bactéries, bactérides, etc. Il propose de les désigner tous sous le nom de *microbe*. Ce mot avait, aux yeux de Sédillot, l'avantage d'être court et d'avoir une signification générale. Toutefois, pris de scrupule avant de l'employer, il consulta Littré qui lui répondit le 26 février 1878 :
" Très cher confrère et ami, *microbe* et *microbie* sont de très bons mots. Pour désigner les animalcules je donnerais la préférence à microbe, d'abord parce que, comme vous le dites, il est plus court, puis parce qu'il réserve *microbie*, substantif féminin, pour la désignation de l'état de microbe. "
« Certains linguistes se donnèrent carrière, au nom du grec, pour critiquer la formation du mot. Microbe, disaient-ils, signifie plutôt animal à vie courte qu'animal infiniment petit. Littré donna un second certificat de vie au mot microbe :
" Il est bien vrai, écrit-il à Sédillot, que μιχρόβιος et μαχρόβιος signifient, dans la grécité, *à courte vie* et *à longue vie*. Mais, comme vous le remarquez justement, il s'agit non pas de la grécité proprement dite, mais de l'emploi que notre langage scientifique fait des radicaux grecs. Or la langue grecque a βίος, vie, βιοῦν, vivre, βιοῦς, vivant, dont le radical peut très bien figurer sous la forme de *be* ou *bie* avec le sens de vivant dans *aérobie, anaérobie, microbe*. Mon sentiment est de ne pas répondre à la critique et de laisser le mot se

---

1. *Comptes rendus de l'Académie des Sciences*, tome 86, 1878, p. 634.

défendre lui-même, ce qu'il fera sans doute. " Pasteur, en l'adoptant, allait lui faire faire le tour du monde »[1].

En effet, moins de deux mois plus tard, le 29 avril 1878, Pasteur présente à l'Académie une note intitulée : La théorie des germes et ses applications à la médecine et à la chirurgie (avec la collaboration de MM. Joubert et Chamberland)[2], où il consacre d'emblée le terme nouveau :

« Pour affirmer expérimentalement qu'un organisme microscopique est réellement agent de maladie et de contagion, je ne vois d'autre moyen, dans l'état actuel de la science, que de soumettre le *microbe* (nouvelle et heureuse expression proposée par M. Sédillot)[3] à la méthode des cultures successives en dehors de l'économie. »

Dans la suite de son exposé, le mot est employé plusieurs fois et d'une manière toute naturelle. Bornons-nous à une seule citation (p. 124) :

« Si j'avais l'honneur d'être chirurgien, pénétré comme je le suis des dangers auxquels exposent les germes des microbes répandus à la surface de tous les objets, ... »

Cette démonstration était nécessaire pour deux raisons : pour faire voir d'abord, leçon de fait toujours utile à rappeler, qu'il est impossible de deviner les conditions dans lesquelles un néologisme a été créé; il faut les découvrir à la source même, dans l'intention du créateur. Rien ne peut dispenser de cette recherche, qui est pour l'étymologiste une obligation.

Mais surtout il s'agissait de rendre à *microbe* son sens véritable. On voit maintenant que ce mot n'est pas repris du grec; que ce n'est pas un adjectif, mais un substantif, et qu'il ne signifie pas « à la vie courte », ce qui du reste eût été étranger à la conception pastorienne. En réalité Sédillot a inventé le terme *microbe* pour désigner l'ensemble des orga-

---

1. René Vallery-Radot, *La vie de Pasteur*, Paris, 1900, p. 382 sq.
2. *Comptes rendus de l'Académie des Sciences*, séance du 29 avril 1878, LXXXVI, p. 1037-1043 = *Œuvres de Pasteur*, t. VI, 1933, p. 112 (nous citons d'après cette édition).
3. L'éditeur des *Œuvres* renvoie ici en note à la communication de Sédillot citée plus haut, où *microbe* est proposé pour les micro-organismes divers.

nismes microscopiques. Il a combiné librement *mikros* et *bios* dans un signifié nouveau ; les deux composants grecs représentent, avec une forte simplification, les deux concepts associés : *bios* « vie », celui d' « organisme vivant », et *mikros* « petit », celui d' « infiniment petit, microscopique ». Ainsi *microbe* signifie littéralement « petite vie », pour désigner l' « organisme microscopique ».

Un pareil composé eût été impossible en grec, et si tous nos lexicographes se sont mépris sur la formation de *microbe*, c'est qu'ils raisonnaient sur un modèle grec, alors que l'inventeur avait voulu faire un composé français, et Littré avait bien vu que là était le point. Sédillot a simplement habillé en grec une dénomination qu'il avait conçue en français. Tel est en effet le statut de ce néologisme, comme d'un grand nombre de ceux qui ont vu le jour depuis un siècle ou plus : c'est, avec des lexèmes grecs, un composé français. Il répond à un désigné qui a été d'abord conçu en français, et il en transpose en grec la définition, même en la condensant fortement.

Cette observation vaut aussi, par exemple, pour *photographie*, dont les éléments à eux seuls ne peuvent expliquer le sens : *graphie* « reproduction » et *photo-* « lumière » sont loin d'énoncer ce que le composé veut dire : « *reproduction* (d'une image sur une plaque sensible à la) *lumière* ». Et que l'on pense seulement à l'hybride *télévision*.

★

En veut-on un autre exemple ? A dessein de varier les conditions de l'épreuve, nous sortirons du cadre de la composition pour envisager un néologisme scientifique qui est cette fois un terme simple. C'est le terme *otarie*, créé en français à partir du grec et entré dans la nomenclature zoologique de la plupart des langues occidentales modernes.

Les dictionnaires en donnent l'explication suivante :

Otarie, 1810. Empr. par le naturaliste Péron du grec *ôtarion* « petite oreille » (dim. de *ous*, *ôtos* v. *otite*), à cause de la petitesse des oreilles de cet animal (Bloch-Wartburg [3]);
Otarie (1810, *Ann. du Muséum*), tiré par Péron du grec *ôtarion* « petite oreille » (*oûs*, *ôtos*, oreille), ce phoque ayant l'oreille petite et apparente (Dauzat, de même Dauzat-Dubois-Mitterand);

Otarie, gr. *ôtarion* « petite oreille », à cause de la petitesse des oreilles de cet animal (P. Robert, *Dict. alph.*);
Otarion (gr.) öhrchen. Fr. *otarie*, espèce de phoque à oreilles pendantes (seit 1810) FEW. VII 443.

Littré définissait *otarie* : « groupe du genre des phoques, mammifères, dont un des principaux caractères est d'être pourvus d'oreilles bien visibles, quoique médiocres », et le *Dictionnaire général* comme une « espèce de phoques à oreilles apparentes », en indiquant que le mot était dû à Péron.

Tout cela n'est exact qu'à moitié. Il faut se reporter à la publication de François Péron pour comprendre la formation de ce néologisme. Dans une « Notice sur l'habitation des animaux marins, par MM. Péron et Lesueur », ce naturaliste qui avait accompli un long voyage aux terres australes de 1800 à 1804, distingue plusieurs espèces de phoques indûment confondues par ses devanciers sous un même nom. Il analyse systématiquement les différences — treize en tout — qu'il a relevées entre le *Phoca leonina* de Fabricius et le *Phoca leonina* de Steller; et il précise ainsi la dernière de ces différences :

« Ils diffèrent enfin PAR LES OREILLES. Le Lion-marin de Fabricius n'a point d'*auricule*; celui de Steller en a, et appartient conséquemment au nouveau genre que nous avons cru devoir établir dans la famille des PHOCACÉS, sous le nom d'*Otarie*. »

Ici Péron se réfère à son *Voyage de découvertes aux terres australes*, ouvrage dont il avait entrepris la rédaction, et qui, resté inachevé à sa mort en 1810, fut complété par Louis Freycinet et publié en 1816. Il y justifie plus complètement cette désignation :

« J'appelle Phocacés [*Mammalia Phocacea*] tous les animaux réunis par les naturalistes sous le nom de *Phoques*. La famille nouvelle que je propose se divise en deux genres, distingués par la présence des auricules ou leur absence; les Phocacés à auricules [*Phocacea auriculata*] sont réunis dans un genre particulier sous le nom d'*Otarie* [*Otaria* N.]. Les Phocacés dépourvus d'auricules [*Phocacea inauriculata*] constituent le genre des Phoques proprement dits [*Phoca* N.]. »

Péron a donc créé le terme *otarie* pour caractériser l'espèce relativement à l'ensemble des Phocacés, par un trait distinctif qu'il a parfaitement isolé : présence/absence des auricules.

On voit alors que s'il a choisi la formation diminutive du mot grec ὠτάριον, ce n'est nullement « à cause de la petitesse des oreilles de cet animal », comme disent les dictionnaires cités, mais pour cette raison toute formelle que le terme grec ὠτάριον était le correspondant exact du latin *auricula*, et que, dans le langage des naturalistes, *auricula* ou son substitut français *auricule* n'est pas un diminutif, mais le terme anatomique pour l'oreille externe, le pavillon de l'oreille. Cette spécialisation de *auricula* était d'ailleurs ancienne; on trouve déjà dans le Nouveau Testament ὠτάριον pour le « pavillon de l'oreille », la partie de cet organe qu'on peut trancher, et la Vulgate le rend par *auricula* (Mc 14, 47; J. 18, 10). Il suffit de rappeler aussi l'usage fréquent de *auricula* chez les médecins romains et le remplacement de *auris* par *auricula* en roman (fr. *oreille*, ital. *orecchia, orecchio*, esp. *oreja*).

On notera que cette transposition du latin en grec n'est qu'approximative. Péron instaure au point de départ la notion de *Phocacea auriculata* « Phocacés à auricules ». Il avait à transposer en grec l'adjectif *auriculata*. Faute probablement d'en trouver l'équivalent, ὠτάριον n'ayant pas de dérivé adjectif, il s'est contenté du substantif gr. *otarion* (ou du pluriel *otaria*) qu'il a adapté en néo-latin *otaria*, fr. *otarie* f.

Il est clair maintenant que la création de ce terme ne doit rien aux catégories grecques et que Péron n'a pas cherché à helléniser. La forme *otarie* est une transposition approximative du français « (phoque) à auricules ». Ici encore, c'est du français habillé en grec.

Ce néologisme, en tant que terme simple, confirme donc ce que le composé *microbe* nous avait montré : que certains des néologismes scientifiques de forme gréco-latine créés en français et tout particulièrement les composés (la proportion reste à évaluer après examen) n'ont de grec ou de latin que la forme matérielle. Ce sont en réalité des composés bâtis en français et seulement transposés — souvent d'une manière assez lâche — en lexèmes gréco-latins. Ce type de formation est nouveau. Il n'a pas d'antécédent connu dans l'histoire des langues. On peut prévoir qu'il se développera. Il faut donc lui faire une place dans l'inventaire des procédés par lesquels s'élabore le vocabulaire scientifique de notre temps.

II

COMPOSITION ET SYNAPSIE

Il y a composition quand deux termes identifiables pour le locuteur se conjoignent en une unité nouvelle à signifié unique et constant. Ils peuvent être d'origine savante, c'est-à-dire gréco-latine : *centimètre, palmipède, télégraphe*; ou entièrement français et de types variés : *portefeuille, orfèvre, betterave, marchepied, averse, entresol*. Il faut en tout cas que le locuteur puisse isoler et identifier les deux termes. Si l'un d'eux ne peut être reconnu, l'autre demeure incertain. On pourra bien, dans *aubépine*, soupçonner *épine*, mais faute de savoir ce qu'est *aub(e)*, même *épine* finira par sembler douteux. Il faut aussi que le sens des membres pris isolément ait un rapport à peu près intelligible avec celui du composé; c'est pourquoi le locuteur ne ramènera pas spontanément *plafond* à un composé *plat-fond*. Le sentiment de la composition est déjà aboli ici.

Des composés nous distinguerons les CONGLOMÉRÉS. Nous appelons ainsi des unités nouvelles formées de syntagmes complexes comportant plus de deux éléments. Les uns sont des syntagmes prédicatifs convertis en substantifs : *va-nu-pieds, meurt-de-faim, monte-en-l'air, décrochez-moi-ça*. Les autres, des locutions adverbiales où vivent des éléments archaïques : *dorénavant* (= d'ore en avant), *désormais* (= dès or mais) ne sont plus guère analysables, et *jamais* ne l'est plus du tout, mais dans *aujourd'hui* on perçoit encore au moins « au jour d'... », et dans *auparavant* les trois membres « au par avant », même si leur agencement syntaxique n'apparaît pas immédiatement. Le syntagme prédicatif ancien *n'a guère* se resserre ainsi dans notre *naguère*. Le trait général de ces conglomérés est qu'une construction complexe se soude en un bloc, sans que les éléments soient mutilés ou altérés. Ceux-ci peuvent être complètement ou incomplètement reconnaissables, selon l'âge du congloméré : dans *justaucorps* (« juste au corps ») ils se dégagent bien; dans *gendarme* il faut la conversion préalable au pluriel pour que *gens* retrouve sa fonction contextuelle. D'une manière générale, les conglomérés tendent à l'état de signe compact.

Nous voudrions insister tout particulièrement sur un type de composition, qui n'étant pas encore reconnu dans sa nature propre, n'a pas de statut défini. Il consiste en un groupe entier de lexèmes, reliés par divers procédés, et formant une désignation constante et spécifique. On en trouve le noyau initial dans des exemples déjà anciens comme : *pomme de terre, robe de chambre, clair de lune, plat à barbe.* Le fait nouveau et important est qu'il prend aujourd'hui une extension considérable et qu'il est appelé à une productivité indéfinie : il est et sera la formation de base dans les nomenclatures techniques. Il suffit de mentionner des termes comme *modulation de fréquence, avion à réaction,* pour donner une idée du type, mais aussi pour montrer qu'il est construit sur un modèle qui n'est plus celui de la composition classique.

Pour désigner ces grandes unités et pour consacrer le phénomène spécifique qu'elles représentent, un terme nouveau devient nécessaire, qui soit distinct de « composition » (il s'agit précisément de quelque chose d'autre que la composition), distinct aussi de « syntagme », pour laisser à « syntagme » sa désignation propre qui s'applique à n'importe quel groupement, même occasionnel, opéré par des moyens syntaxiques, alors que nous avons ici une unité fixe. Nous proposons à cette fin un terme qui semble adéquat et clair : SYNAPSIE, de gr. σύναψις « jonction, connexion, collection de choses jointes »[1], avec son dérivé *synaptique* (gr. συναπτικός « relatif à la connexion »), qui pourra éventuellement fournir des composés : *mono- di- polysynaptique.* Rien n'empêche même de prolonger cette dérivation dans notre terminologie et de dire *synapter, synaptable,* etc.

Ce qui caractérise la synapsie est un ensemble de traits dont les principaux sont : 1º la nature syntaxique (non morphologique) de la liaison entre les membres; — 2º l'emploi de joncteurs à cet effet, notamment *de* et *à*; — 3º l'ordre déterminé + déterminant des membres; — 4º leur forme lexicale pleine, et le choix libre de tout substantif ou adjectif; — 5º l'absence d'article devant le déterminant; — 6º la

---

[1]. Il y a bien la *synapse* des neurophysiologistes, mais l'emploi est si différent qu'il ne fera pas confusion. — Nous avons préféré pour l'adaptation du mot grec en français la finale en -*sie*, d'après le modèle des mots grecs en - οις venus à travers le latin : *épilepsie, paralysie, -phylaxie, -syncrasie, poésie,* etc.

possibilité d'expansion pour l'un ou l'autre membre; — 7° le caractère unique et constant du signifié.

Ainsi, à la différence de *garde-malade*, qui est un composé, *gardien d'asile* est une synapsie; *asile de nuit* en est une autre, et la combinaison *gardien d'asile de nuit* forme une nouvelle synapsie à deux membres, le premier simple, *gardien*, le second synaptique lui-même, *asile de nuit*, et que dans le cas présent, nous appellerons « subsynaptique ». Dans la synapsie *gardien d'asile de nuit*, le joncteur *de* a lui-même une double fonction : ligament synaptique dans « (gardien) *d'*(asile) », ligament subsynaptique dans « (d'asile) *de* (nuit) ». Cette analyse s'impose en vertu de l'emploi idiomatique qui est fait d'une synapsie telle que *gardien d'asile de nuit* : « gardien d'asile de nuit » est bien la conversion nominale de l'énoncé prédicatif « il garde un asile de nuit ». Mais formulons cette hypothèse : s'il était démontré par l'observation de l'usage qu'il s'agit d'une dénomination « gardien d'asile » élargie d'un déterminant adverbial *de nuit* opposable à *de jour* (comme *gardien de nuit/gardien de jour*), alors on aurait à décomposer *gardien d'asile de nuit* en un membre subsynaptique *gardien d'asile* et un membre simple *de nuit*. Ce sera alors la transposition nominale de l'énoncé prédicatif : « il garde un asile — la nuit ».

En tout état de cause ce choix ne serait pas possible dans la synapsie *employé de chemin de fer*, car *chemin de fer* formant une synapsie fixe, et **employé de chemin* n'existant pas, la seule analyse possible est *employé*, membre simple comme déterminé, et *(de) chemin de fer*, membre subsynaptique comme déterminant. C'est toujours et seulement la nature du désigné qui permet de décider si la désignation syntagmatique est ou n'est pas une synapsie : *valet de chambre* en est une, mais non *coin de chambre*.

Plus le désigné est spécifique, plus il devient nécessaire de caractériser la désignation par un trait différentiel, et ce trait peut être lui-même fort complexe. Nous abordons ici un champ immense, auquel les linguistes commencent seulement de s'intéresser, celui de la nomenclature technique.

Le phénomène nouveau est celui-ci : les termes de base à l'aide desquels se constitue une nomenclature tendent à devenir explicites et à constituer à leur tour des combinaisons explicites, au moyen d'unités lexicales indépendantes, identifiables séparément et organisées selon des modèles syntaxiques. C'est le domaine par excellence de la synapsie.

A la synthèse morphologique des anciens composés se substitue une synapsie nécessairement analytique, et aux termes généralement gréco-latins de la composition traditionnelle, une suite de lexèmes français.

Dans la composition savante, la jonction est caractérisée en nombre d'exemples par la finale *-o-* du premier membre, empruntée des modèles grecs : *astro- géo- cosmo-*, et la relation des membres est donnée par leur séquence. Mais dans la synapsie où tous les éléments sont en principe idiomatiques et de forme libre et dont les membres peuvent être eux-mêmes des synapsies, ils sont reliés par des joncteurs, principalement *de* et *à*, et leur ordre est toujours déterminé + déterminant. Par l'ensemble de ces caractères la synapsie, en tant que mode de désignation, tend à réaliser ce que Saussure appelait la limitation de l'arbitraire.

C'est là un procédé qui contraste avec la composition traditionnelle par la facilité et l'ampleur de ses réalisations. Alors que la composition, en français, atteint très vite ses limites et que les composés se forment à un rythme lent et pour ainsi dire par cooptation individuelle (on voit apparaître les premiers spécimens d'une série nouvelle en *cosmo-* avec *cosmonaute*, *cosmodrome*), la synapsie prodigue sans trêve ses créations. Tous les vocabulaires techniques y font appel, et d'autant plus aisément qu'elle seule permet la spécification détaillée du désigné, et la classification des séries par leur trait distinctif. Son extrême flexibilité paradigmatique fait de la synapsie l'instrument par excellence des nomenclatures.

On la trouve dans tous les vocabulaires spécialisés : *volet de courbure à fente*, *hélice à pas variable*, *moteur à refroidissement par air* sont des termes courants en aviation [1] et chaque technique en a son répertoire. Le critère de ces désignations, en tant que synaptiques, est toujours dans la relation avec l'objet : est-il désigné complètement et uniquement par cette appellation complexe, alors celle-ci est une synapsie. Il n'est pas besoin qu'elle comporte seulement des lexèmes d'emploi

---

1. C'est l'occasion de signaler l'ouvrage substantiel de Louis Guilbert, *La formation du vocabulaire de l'aviation* (Paris, 1965), que je n'ai connu qu'après l'achèvement du présent article et qui fournit autant d'exemples qu'on le voudra de ces désignations techniques.

technique; elle peut se composer de vocables communs dans un agencement synaptique. Un « aigle pêcheur à tête blanche » pourrait être un syntagme descriptif de création occasionnelle. Mais s'il est donné dans la nomenclature zoologique comme le nom, usuel dans une certaine communauté, d'un oiseau particulier, alors *aigle pêcheur à tête blanche* devient en français de Nouvelle-Calédonie une dénomination synaptique à enregistrer dans le lexique de cette science et de cette communauté. Pour la même raison, toujours en français calédonien, la série *bois de fer* → *bois de fer de montagne* → *petit bois de fer de montagne* sera reçue comme un paradigme où la synapsie *bois de fer* engendre deux synapsies successives, chacune dénotant une variété différente de la précédente. Et c'est uniquement par le critère de la désignation qu'on décidera si *faux tamanou de forêt à petites feuilles* doit ou non être considéré comme une synapsie : en soi rien ne s'oppose à ce qu'il le soit [1]. On aura à voir alors comment *faux tamanou* devient *faux tamanou de forêt à petites feuilles*, apparemment sans l'intermédiaire d'un **faux tamanou de forêt*.

Les expansions des synapsies se réalisent soit par des qualificatifs, ainsi en français calédonien *bois de rose* → *faux bois de rose*, soit, bien plus communément, par des membres de structure variée, reliés par les joncteurs *de* et *à*, qui sont de beaucoup les plus fréquents.

On peut caractériser sommairement la fonction respective de ces joncteurs.

Le joncteur *à* entre deux membres de la synapsie indique :
a) la destination, soit avec un infinitif : *salle à manger, fer à friser, machine à écrire ;* soit avec un substantif : *service à café, brosse à habit, boîte à ouvrage, parc à bestiaux ;*
b) la caractéristique distinctive : *œil à facettes, serpent à sonnettes, bête à cornes.* Quand le déterminé désigne un engin, le déterminant précédé de *à* indique l'agent moteur; c'est

---

[1]. J'emprunte ces derniers exemples à un exposé sur la terminologie de la flore et de la faune en français calédonien présenté à la Société de Linguistique par M. K. J. Hollyman et publié dans le *BSL* 61 (1966), fasc. 1, pp. 96-109. Le présent article peut aider à résoudre le problème que M. Hollyman a discuté.

une catégorie très abondante et productive : *moulin à vent, machine à vapeur, avion à réaction, lampe à pétrole.*

Notons que les déterminants précédés de *à*, notamment ceux qui marquent la destination, peuvent être des noms d'animaux, mais ne sont jamais des noms d'êtres humains ; on tire de là des effets dépréciatifs dans des dénominations comme : *bouge à matelots, fille à soldats.* C'est pourquoi *à* est remplacé par *pour* dans les cas de nécessité : *tailleur pour hommes* ; *compartiment pour dames.*

On remarquera aussi que seule la nature du désigné fait distinguer entre les deux emplois de *à*, non le sens des lexèmes conjoints : un *moulin à café* moud du café, mais un *moulin à vent* est mû par le vent ; une *pompe à essence* peut être aussi bien une pompe qui débite de l'essence qu'une pompe qui fonctionne à l'essence.

Le joncteur *de* indique que :
1º le déterminant est le tout virtuel dont le déterminé est une partie : *peau de porc, verre de montre, pied de table* ; par métaphore : *tête de loup, pied de biche, dent de lion* ;
2º la circonstance à laquelle l'objet est approprié : *chemise de nuit, tenue de soirée, manteau de pluie, table de travail, salle de jeux, fusil de chasse* ; ou la classe d'individus dont le déterminé est l'attribut : *robe d'avocat, béret de matelot, livrée de chauffeur, voiture d'enfant.*

On aura ainsi esquissé la nature, le domaine et les traits généraux de la classe de formes que nous appelons synapsie, en vue de la faire reconnaître et de lui donner son statut linguistique, plutôt que pour en recenser ici les exemples, qui sont légion. Il est aisé de prévoir qu'elle se développera plus vite encore que nous ne le pensons, en conséquence du phénomène qui domine notre temps, la croissance rapide et multiple des techniques.

CHAPITRE XIII

Structure des relations d'auxiliarité *

La notion de « verbe auxiliaire » est familière à ceux qui ont la pratique d'une langue occidentale moderne, et elle fait partie de la nomenclature grammaticale dans l'enseignement traditionnel. Mais il en est de cette notion comme de tant d'autres qu'une certaine accoutumance nous empêche de bien voir dans leur importance et leur singularité. Il s'agit d'une forme linguistique unitaire qui se réalise, à travers des paradigmes entiers, en deux éléments, dont chacun assume une partie des fonctions grammaticales, et qui sont à la fois liés et autonomes, distincts et complémentaires.

Ce phénomène connu [1], signalé dans toutes les grammaires [2], n'a guère reçu l'attention des linguistes. Nous ne connaissons que deux études qui aient été spécialement consacrées ces dernières années à en élaborer la théorie.

G. Guillaume [3] a surtout étudié dans les auxiliaires la propriété qui les rend, entre tous les verbes, aptes à cette fonction : ce qu'il appelle la *subductivité*, qui les fait préexis-

---

* *Acta Linguistica Hafniensia*, Copenhague, vol. IX (1965), n° 1, pp. 1-15.

1. Sur le développement historique, cf. Gougenheim, *Étude sur les périphrases verbales de la langue française* (Paris, 1929).

2. Nous nous bornerons à citer, bien plutôt pour l'abondance des données que pour le traitement du problème, le long chapitre sur « Les auxiliaires » chez Pichon et Damourette, *Essai de grammaire de la langue française*, tome V, pp. 1-160.

3. Dans un article intitulé « Théorie des auxiliaires et examen de faits connexes », *BSL* 34 (1938) fasc. 1, pp. 5-23.

ter idéellement aux autres verbes. « *Être*, par exemple, préexiste à *faire* et généralement à tous les verbes spécifiant un procès agi ou subi »[1]. Il s'attache donc à décrire la « subduction » du verbe comme procès psycho-linguistique et en particulier « le mécanisme de la subduction ésotérique, créatrice de l'état d'auxiliarité »[2]. Pour lui, « les verbes auxiliaires sont des verbes dont la genèse matérielle, interrompue par un achèvement plus rapide de la genèse formelle, reste en suspens, ne s'achève pas et appelle, en conséquence, un *complément de matière* qui ne peut venir — l'ontogenèse du mot étant close — que de l'extérieur : d'un autre mot ». Ainsi, *avoir marché* s'analysera en : *avoir* « verbe complet du côté forme (il se conjugue à tous les modes et à tous les temps), mais incomplet du côté matière (subduction); *marché* : mot faisant apport de la matière manquante et n'intervenant qu'à ce titre »[3].

A peu près en même temps, mais d'une manière indépendante et dans une vision toute différente des phénomènes linguistiques, L. Tesnière a présenté en détail une « Théorie structurale des temps composés »[4] qui, terminologie à part, n'est pas si loin, au fond, des vues de G. Guillaume sur la répartition des fonctions dans la forme composée. Mais L. Tesnière s'est surtout préoccupé de dégager le principe général — la loi, dit-il, régulière et universelle — qui commande la formation des temps composés. Voici cette loi : « Lors du dédoublement d'un temps simple en temps composé, les caractéristiques grammaticales passent dans l'auxiliaire, la racine verbale dans l'auxilié »[5]. Dans *il a marché*, l'auxiliaire *il a* porte les caractéristiques grammaticales ou le morphème, et l'auxilié *marché* la racine verbale ou le sémantème. Toute l'étude de Tesnière consiste en illustrations de cette loi, par le moyen d'exemples pris à nombre de langues variées et de schémas analytiques [6].

1. *Loc. cit.*, p. 5.
2. *Loc. cit.*, p. 10.
3. *Loc. cit.* pp. 11-12.
4. C'est le titre de son article publié dans les *Mélanges Ch. Bally* (1939), pp. 153-183.
5. *Op. cit.* p. 160.
6. L. Tesnière a touché au problème des « temps composés » dans plusieurs passages de ses *Éléments de syntaxe structurale* (1959), pp. 47, 159, 398, mais il se borne à renvoyer à l'article cité.

Ces études gardent leur valeur [1]. Notre propos a été, en reprenant la question, de montrer d'abord que ce phénomène, qui a été toujours considéré globalement, comprend plusieurs variétés qui doivent être reconnues et étudiées séparément. Il a été ensuite de définir chacune de ces variétés dans ses termes propres et d'en donner une description formelle qui met en lumière les éléments constants, les variables et la structure de leurs relations.

L'intention descriptive nous commandait de procéder, à l'inverse des deux linguistes cités, par délimitation des traits distinctifs, dans la synchronie d'une seule et même langue. Nous étudions donc les relations d'auxiliarité dans le verbe français moderne.

Il importe dès l'abord de fixer la terminologie en partie nouvelle que nous appliquons aux éléments en jeu. Nous traiterons d'un procès linguistique, l'*auxiliation*, qui consiste en la jonction syntagmatique d'une *forme auxiliante* et d'une *forme auxiliée*, ou plus brièvement, d'un *auxiliant* et d'un *auxilié*. Le terme « verbe auxiliaire » sera évité.

Cette jonction produit une forme verbale de structure binomale *auxiliant* + *auxilié* d'ordre invariable, dont les éléments peuvent être dissociés par insertion.

La forme créée par auxiliation s'oppose, en tant que marquée, à une forme verbale simple, non auxiliée.

Il y a trois types de marques distinctives, définissant trois classes d'auxiliation, chacune caractérisée par une opposition différente à la même forme simple :

1) *il frappe* ∼ *il a frappé*
2) *il frappe* ∼ *il est frappé*
3) *il frappe* ∼ *il peut frapper*.

Ce sont ces trois aspects de l'auxiliation que nous avons à décrire successivement. Nous les appellerons :

1) auxiliation de temporalité
2) auxiliation de diathèse
3) auxiliation de modalité.

---

[1]. On y ajoutera, dans la ligne des conceptions de G. Guillaume, l'exposé de J. Stefanini, *La voix pronominale en ancien et en moyen français* (1962), pp. 97-102.

I

Nous identifions l'*auxiliation de temporalité* à la forme du parfait : « il a frappé »; « il est arrivé ». Assurément le parfait n'est pas seulement un temps, mais il est aussi un temps, et il l'est même de plus en plus dans la langue parlée, qui a substitué le parfait au prétérit. On peut donc légitimement inclure le parfait dans la notion de temporalité, qui en outre fournit à l'analyse un cadre commode. En étudiant les termes et l'agencement de la forme de parfait, nous déterminerons quelques-unes des conditions nécessaires de toute structure d'auxiliation.

Considérons et essayons de caractériser la relation logique entre auxiliant et auxilié.

Quel que soit le mode d'auxiliation, la relation entre auxiliant et auxilié est une relation de disparité et, selon le réseau où elle s'articule, elle admet deux interprétations différentes.

A l'intérieur d'un paradigme verbal donné, la forme constituée par auxiliation, telle le parfait, comprend une variable, l'auxiliant *avoir* ou *être*, et un invariant, l'auxilié. Dans le syntagme *il a frappé*, on peut remplacer *il a* par *nous aurons, tu avais, qu'il ait, ayant*, ... sans que l'auxilié *frappé* change.

Mais envisagée par rapport à l'ensemble des verbes de la langue, la variation est inversée : *frappé* peut être remplacé par *cru, joué, pris, coulé*, ... sans que l'auxiliant *il a* change.

On pourrait alors construire un modèle logique de cette relation, à l'instar des fonctions propositionnelles, et parler d'une fonction auxiliationnelle. Dans *il a frappé*, on considérerait *frappé* comme une « chose » dont *il a* serait la « propriété » : en effet *frappé* admet un grand nombre de substituts possibles, dont chacun crée une situation différente, tandis que *il a* demeure constant. On pourra dire alors que dans *il a frappé*, l'auxilié *frappé* représente l' « argument », et l'auxiliant *il a*, la « fonction ».

Cela permettrait de poser deux définitions logiques du parfait :

1) le parfait, dans la métalangue du français, est la classe de tous les syntagmes ayant la forme *avoir* (ou *être*) + participe passé *x*. C'est la définition générique;
2) le parfait, dans la conjugaison (active) du verbe *frapper* est la classe de tous les syntagmes ayant la forme : forme fléchie *x* + *frappé*, étant admis que seule une forme de *avoir* est compatible avec *frappé*. C'est la définition spécifique.

L'auxiliation de temporalité, qui constitue le parfait, se réalise au moyen de deux auxiliants, *avoir* et *être*, qui sont en distribution complémentaire [1].

« Avoir » sert dans la grande majorité, en fait dans la généralité des cas; « être » dans un nombre restreint de verbes, une vingtaine au total.

Il y a intérêt, à cause même de leur caractère d'exceptions, à définir ce qui semble particulier à ces verbes pour qu'ils demandent l'auxiliant « être ». On a tôt fait de les énumérer : *aller, venir, devenir, intervenir, survenir, retourner, accourir, partir, arriver, rester, entrer, sortir, naître, éclore, mourir, décéder, tomber, échoir, monter, descendre.*

Ces verbes sont intransitifs et de la sphère personnelle. Ils dénotent des mouvements instantanés et tout d'effectuation qui n'ont ni durée ni avenir, dont la réalité coïncide avec leur réalisation, et qui ne peuvent se poursuivre sans se nier : *naître* et *mourir*, *entrer* et *sortir*, autant de seuils franchis, après lesquels l'acte disparaît pour laisser place à l'état, qu'énonce le parfait. Aussitôt le « naître » accompli, on « est né » et rien n'y changera plus rien. « Partir », « arriver » à peine effectués, on « est parti, arrivé », et tout est dit. Une fois qu'on « est venu », on ne peut continuer à « venir ». Tandis que *courir* a l'auxiliant « avoir », *accourir* n'admet que « être » : c'est qu'il signifie « *venir* en courant ». Ce mouvement ne peut être dénommé qu'au point où il se consomme; il n'a pas d'au-delà. On remarquera qu'aucun de ces verbes ne peut s'employer au présent duratif, mais seulement au présent de définition ou au présent historique. « Monter » et « descendre » n'y font pas exception dans leur valeur stricte, qui

---

1. Nous négligerons ici, comme étant indifférente au point de vue de l'auxiliation, la question des verbes qui peuvent admettre « être » ou « avoir » avec de légères variations de sens (« le livre *est paru / a paru* »). Toutes les grammaires en traitent.

est d'énoncer comme effectuation instantanée le mouvement vers le haut ou le bas. Mais, dans l'usage, on les emploie aussi à *décrire* le procès d'ascension ou de descension, et en ce cas ils peuvent être accompagnés d'un terme d'extension spatiale. Ce n'est pas un hasard si un flottement s'introduit alors dans le choix de l'auxiliant : « il *est* monté » et « il *a* monté trois étages »; « il *est* descendu » et « il *a* descendu la pente ».

Tous les autres verbes ont l'auxiliant « avoir », qu'ils soient ou non transitifs, aussi bien *être* que *faire*; aussi bien *exister* ou *vivre* que *manger* ou *couper*.

Le rôle distinctif de chacun des deux auxiliants pourra être défini ainsi :

le parfait avec « avoir » indique l'acquis d'opération;
le parfait avec « être » indique l'acquis de situation.

Par « acquis de situation » nous entendons qu'une certaine situation est établie, en conséquence de l'effectuation d'un mouvement qui a nécessairement cette situation pour résultat.

On pourra s'étonner qu'un verbe tel que *être* soit compris parmi les verbes à auxiliant « avoir ». Mais outre que la disproportion numérique entre les deux auxiliants doit amener dans le camp d' « avoir » une variété bien plus grande d'espèces verbales, il y a une raison spécifique pour que le parfait de *être* ait l'auxiliant « avoir »; c'est qu'il exclut l'auxiliant « être ». Ce principe sera indiqué ci-dessous, p. 192.

Sont en outre munis de « être » au parfait les verbes exclusivement réflexifs *se souvenir, s'élancer, s'éprendre* : « il s'est souvenu, il s'est élancé, il s'est épris », et par extension ceux des verbes transitifs qui admettent pour objet le pronom réflexif : « il l'*a* blessé : il *s'est* blessé »; « je *l'ai* jeté : je *me suis* jeté », et avec valeur réciproque au pluriel : « ils *les ont* battus : ils *se sont* battus ».

Nous avons maintenant à analyser le jeu de l'auxiliant et de l'auxilié dans la production du parfait.

Le phénomène typique, tout singulier, de l'auxiliation de temporalité consiste dans le scindement d'une forme verbale en deux unités autonomes et dans la répartition subséquente des fonctions entre les deux.

Si ces deux unités sont complémentaires, de quelle manière le sont-elles ? On a vu ci-dessus la conception de Tesnière (celle de G. Guillaume n'en diffère pas essentiellement) pour qui l'auxiliaire porte le morphème, et l'auxilié le sémantème. Telle est d'ailleurs, en gros, l'explication que les grammaires donnent du « temps composé ». Cette dichotomie rigoureuse et un peu sommaire nous semble inadéquate. Les relations réelles apparaissent à l'examen plus complexes et doivent être systématisées d'une autre manière.

Assurément *il a-*, auxiliant de *il a chanté*, indique la personne et le nombre, accessoirement le genre de la personne grâce au pronom. Peut-on dire qu'il énonce le temps ? Il détiendrait alors, en effet, la totalité des fonctions verbales, moins le sens. Mais cette postulation admise partout nous paraît insoutenable. *Il a* n'indique par lui-même qu'un temps : le présent. Mais en tant qu'auxiliant, il forme le parfait. C'est une vraie mutation. Comment cette mutation est-elle concevable si toutes les fonctions morphologiques sont concentrées, ainsi qu'on l'enseigne, dans le seul auxiliant ? Par quelle magie la proximité de l'auxilié, s'il n'est que sémantème, transforme-t-elle le présent en parfait ? Là est la vraie question, qui n'a été ni discutée ni même, semble-t-il, aperçue.

Il est pourtant clair que cette mutation fonctionnelle du présent *il a* en auxiliant de parfait n'est possible que du fait de l'auxiliation. Seule la jonction syntagmatique de *il a* avec *chanté* fait du présent de *avoir* le constituant d'un parfait. On doit bien admettre alors que l'auxilié *chanté* n'est pas seulement sémantème ; il est aussi porteur d'une partie de la fonction grammaticale. Car enfin le rôle de sémantème dans le syntagme n'exigeait pas la forme spécifique du participe passé. Apparemment cette forme de l'auxilié était nécessaire pour que la valeur du parfait pût s'accomplir dans le syntagme, puisque, dans d'autres types d'auxiliation, l'auxilié a d'autres formes.

Il apparaît donc que l'auxilié doit être reconnu comme bifonctionnel. En sus de sa fonction paradigmatique, qui est d'assurer la liaison sémantique avec le verbe, il remplit une fonction syntagmatique complémentaire de celle de l'auxiliant. Auxilié et auxiliant sont mutuellement adjuvants dans ce procès.

Inversement, peut-on considérer l'auxiliant comme chargé d'une fonction exclusivement grammaticale ? Cette définition ne nous paraît pas épuiser son rôle. Assurément il porte les marques flexionnelles du parfait. Mais il n'est pas indifférent que ce soit *avoir* et non un autre verbe, qui ait été choisi pour auxiliant du parfait actif. Son sens propre doit aussi entrer en ligne de compte.

De cette observation on tirera une conclusion qui n'est paradoxale qu'en apparence : c'est en réalité par son sens que l'auxiliant, et par sa forme que l'auxilié, se complètent pour réaliser la valeur propre du parfait.

Ainsi l'examen du rôle à assigner aux deux membres du syntagme d'auxiliation temporelle nous amène à introduire une distinction entre 1) la fonction propre de chacun d'eux; 2) la fonction de leur somme.

L'auxiliant « avoir » (« être ») a en propre la *fonction de flexion* : il porte en quelque sorte les désinences et indique la personne, le nombre, le mode, la voix.

L'auxilié (participe passé) a en propre la *fonction de dénotation* : il identifie lexicalement le verbe, dont il porte en quelque sorte le radical.

Mais seule la somme de l'auxiliant et de l'auxilié, associant le *sens* spécifique de l'*auxiliant* à la *forme* spécifique de l'*auxilié*, assure la *fonction de temporalité* et produit la valeur de parfait. L'auxiliation de temporalité est ainsi le procédé d'auxiliation qui confère à la forme verbale composée qui en est le produit, le trait distinctif de « fait acquis » qui caractérise le parfait.

En somme, le rôle et la relation des unités conjointes peuvent se définir ainsi :

le parfait est la forme temporelle scindée en deux unités autonomes et séparables, dont la première, dite auxiliant, porte les désinences sous la forme fléchie du verbe « avoir » (« être »), et la seconde, le sens lexical du verbe sous la forme fixe du participe passé, la jonction de l'auxiliant et de l'auxilié produisant la valeur spécifique de « fait acquis ».

L'auxiliant « avoir » peut être lui-même le siège d'un procès d'auxiliation, où il est dédoublé tout en restant auxiliant. C'est ce qui se produit quand « avoir » devient « avoir eu » + participe passé. Ainsi *il a chanté* produit la forme nouvelle *il a eu chanté*, dont l'emploi est pratiquement limité aux propositions circonstancielles : « quand *il a eu chanté*, je suis parti ».

C'est donc un scindement de l'auxiliant *il a* (chanté) en *il a eu* (chanté), produisant une auxiliation au second degré. Nous parlerons en ce cas d'une *surauxiliation*. Il faut prendre garde que *il a* dans *il a* (chanté) et *il a* dans *il a* (*eu* - chanté) ne sont pas la même forme, n'étant pas de même niveau. Nous distinguerons le premier comme *il a*$_1$, auxiliant, et le second comme *il a*$_2$, surauxiliant.

A ce dédoublement de structure correspond un dédoublement de fonction : *il a eu* (chanté) diffère de *il a* (chanté) par la notion d'un achèvement préalable créant un palier d'antériorité logique ; c'est un discordantiel du parfait. Pour situer relativement chacun des deux niveaux d'auxiliation, on peut dire que l'auxiliant *il a* (chanté) indique le fait acquis, et que le surauxiliant *il a eu* (chanté) souligne la notion de « procès révolu ». On représentera ces relations dans le schéma suivant :

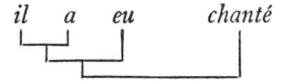

il   a   eu   chanté

où *il a* est auxiliant de *eu* et forme avec lui un surauxiliant *il a eu* de l'auxilié *chanté*. Il apparaît ainsi que la surauxiliation affecte l'auxiliant, mais non l'auxilié ; il n'y a pas de « surauxilié ». En outre seul « avoir » est susceptible de devenir surauxiliant, jamais « être », en vertu d'un principe d'incompatibilité : l'auxiliant « être » n'admet comme auxilié ni le participe de « être » ni celui d' « avoir ».

II

D'avoir longuement décrit l'auxiliation de temporalité fera l'économie de maints développements pareils dans l'*auxiliation de diathèse*, qui est celle de la forme verbale passive.

Nous n'étudions pas ici la nature du passif (ce vaste sujet est étranger à notre propos), mais la structure de l'auxiliation dans le passif. Il nous suffit de caractériser cette diathèse comme celle de l' « action subie ».

Si, au point de vue logique, le passif est la forme converse de l'actif, il n'en présente pas moins dans sa forme linguistique en français une particularité qui n'a aucun analogue dans l'actif : c'est précisément l'auxiliation. Il n'existe pas de forme passive qui ne soit pas réalisée au moyen de l'auxiliation. Or entre l'auxiliation de diathèse et celle de temporalité, il y a nécessairement des rapports formels et fonctionnels étroits. Le problème est de les démêler.

L'auxiliation de diathèse, manifestée par l'opposition actif/passif, a pour caractéristique formelle l'auxiliant *être* associé au participe passé du verbe auxilié.

L'auxiliation de diathèse est elle-même soumise à l'auxiliation temporelle : une forme passive peut être mise au parfait, et relève alors de deux auxiliations. Mais les deux auxiliations ne se réalisent pas au même niveau du paradigme flexionnel. Leur relation est *dissymétrique*.

I. *L'auxiliation de diathèse commence un degré plus haut que l'auxiliation de temporalité.* Il n'y a pas symétrie entre « il est frappé » et « il a frappé ».

La forme « simple » d'auxiliation de diathèse est celle du présent : « il est frappé », passif de « il frappe ». Cette forme de *présent* passif « il est frappé » coïncide matériellement avec celle du *parfait* intransitif : « il est arrivé ». En réalité, « il est arrivé » est au niveau du parfait actif « il a frappé ». Et la forme passive correspondant à « il a frappé » est une forme à double auxiliation « il a été frappé ». On voit donc qu'il y a dissymétrie initiale :

présent *il frappe* ~ *il est frappé*
parfait *il a frappé* ~ *il a été frappé*.

Ainsi la forme de base du verbe passif est une forme binomale « il est frappé », où *est* doit être considéré comme différent du *est* de « il est arrivé ». Dans « il est arrivé », *est* caractérise différentiellement, comme auxiliant de parfait intransitif, une classe de verbes (tels que : « aller », « venir », etc...), par opposition à l'auxiliant *a* du parfait dans une foule d'autres verbes, transitifs ou intransitifs (« prendre », « voler », « vivre », etc...).

C'est ce que confirme la flexion du passif : construite avec un présent *est*, elle comporte une auxiliation temporelle de parfait avec l'auxiliant *avoir* : ainsi « il a été frappé ». On voit ici deux auxiliations simultanées : l'auxiliation de temporalité *il a été*, augmentée de l'auxiliation de diathèse par l'addition du participe auxilié *frappé*. La forme de parfait passif « *il a été frappé* » permet donc de distinguer deux plans d'auxiliation :

temporalité : *il a* auxiliant temporel + *été* auxilié,
diathèse : *il a été* auxiliant diathétique + *frappé* auxilié.

II. *L'auxiliation de diathèse s'arrête un degré plus haut que l'auxiliation de temporalité.*

En effet, l'auxiliation de temporalité, comme on l'a vu, comporte deux degrés au passé : « il a frappé » et « il a eu frappé ». Le premier « il a frappé » se convertit en passif « il a été frappé ». Mais « il a eu frappé » n'est pas convertible en passif : une telle forme de passif eût exigé deux participes simultanés, l'un de *avoir* pour l'auxiliation de temporalité, l'autre de *être* pour celle de diathèse. Cette exigence est contradictoire.

Dès lors que le passif se constitue par le syntagme *être* + participe passé, le paradigme de l'auxiliant est fixé de bout en bout. La conjugaison entière du passif sera identique à la conjugaison de *être* sans variation ni exception.

On peut donc établir deux règles de correspondance entre l'actif et le passif qui permettent de prédire la structure de l'auxiliation au passif :

1º A tous les temps simples (= non auxiliés) de l'actif correspondent au passif des temps composés avec la forme simple de l'auxiliant *être*. On aura donc : *il frappait ∼ il était frappé; il frappera ∼ il sera frappé*, etc.

2º A tous les temps de l'actif composés avec la forme simple de l'auxiliant *avoir* correspondent au passif des temps composés avec l'auxiliant *avoir été*. On aura donc : *il a frappé ∼ il a été frappé; il aurait frappé ∼ il aurait été frappé*, etc.

Les autres variations possibles dans la structure du passif dépendront de la combinaison de l'auxiliation de diathèse avec l'auxiliation de modalité, à laquelle nous passons maintenant.

III

Il faut d'abord légitimer la catégorie de la modalité.

Nous entendons par modalité une assertion complémentaire portant sur l'énoncé d'une relation. En tant que catégorie logique, la modalité comprend 1º la possibilité, 2º l'impossibilité, 3º la nécessité. Ces trois « modes » n'en font que deux au point de vue linguistique, du fait que l'impossibilité n'a pas d'expression distincte, et s'exprime par la négation de la possibilité. Ainsi possibilité et nécessité sont deux modalités primordiales, aussi nécessaires en linguistique qu'en logique et qu'il n'y a aucune raison de contester. On prendra seulement soin de la bien distinguer des « modes » admis traditionnellement en grammaire dans la morphologie du verbe (subjonctif, etc...) [1].

La catégorie linguistique de la modalité comprend d'abord les deux verbes *pouvoir* et *devoir*. En outre la langue a étendu la fonction modalisante à d'autres verbes dans une partie de leurs emplois et par la même structure d'auxiliation; principalement : *aller, vouloir, falloir, désirer, espérer*. Mais à la différence de la temporalité et de la diathèse, la modalité ne fait pas partie des catégories nécessaires et constitutives du paradigme verbal. Elle est compatible avec la temporalité comme avec la diathèse dans chacune des formes verbales.

L'auxiliation de modalité est caractérisée formellement par la structure binomale. Le premier terme est la forme fléchie de l'auxiliant; le second, l'infinitif du verbe auxilié : « il peut arriver »; « je dois sortir ».

Ces deux verbes, modalisants par excellence, *pouvoir, devoir*, n'ont pas d'autre construction. Quant aux autres verbes, modalisants par occasion, ils se construisent ainsi quand le sujet — explicite — de l'auxiliant est identique au sujet — implicite — de l'auxilié : « il a voulu *chanter* ». Si le sujet de l'auxilié est différent, l'infinitif est remplacé par une proposition subordonnée : « il a voulu *que je chante* ». Le verbe cesse alors d'être auxiliant.

Du fait que l'auxiliation de modalité s'applique à toute forme verbale, elle s'applique nécessairement aussi à des formes déjà auxiliées par des auxiliants de temporalité ou de diathèse. Ces deux situations d'auxiliation et de surauxiliation seront considérées successivement.

L'auxiliation de modalité a pour critère la conversion de la forme personnelle de l'auxilié en une forme d'infinitif : « Pierre *chante* » devient « Pierre *peut (doit) chanter* ». D'où il

---

1. C'est la confusion — ou la non-distinction — entre ces catégories différentes qui a amené plusieurs grammairiens, notamment Pichon et Damourette, *op. cit.*, V, § 1687, à nier l'existence d' « auxiliaires de mode » en français.

suit que *l'infinitif est la forme modalisée du verbe*, principe qui entraîne plusieurs conséquences dont nous ne pouvons traiter ici. Le verbe auxilié ne représente pas seulement un sémantème, il contribue par sa forme morphologique à l'auxiliation de modalité que l'auxiliant assure par son sens lexical et sa forme temporelle.

Cette conversion se produit aussi bien quand le verbe modalisé est à un temps qui requiert l'auxiliation de temporalité : « Pierre *a chanté* » devient « Pierre peut (doit) *avoir chanté* ».

Mais *l'auxiliation de modalité commence un degré plus haut que l'auxiliation de temporalité* puisqu'elle est possible avec une forme verbale simple, non auxiliée, comme « Pierre chante » devenant « Pierre peut chanter ». Dans l'auxiliation de modalité la forme primaire est « il peut chanter » répondant à « il chante », tandis que, dans l'auxiliation de temporalité, la forme primaire est « il a chanté », qui deviendra « il peut avoir chanté ». Inversement, *l'auxiliation de modalité s'arrête un degré plus haut que l'auxiliation de temporalité*. Alors que « il a chanté » devient « il peut avoir chanté », le tour surauxilié « il a eu chanté » n'est guère susceptible de recevoir une forme modalisée.

Pour décrire le fonctionnement de cette auxiliation de modalité, on partira de deux observations préliminaires :

1º L'auxiliant de modalité est un verbe de plein exercice, qui a son paradigme complet : *je peux, vous pouviez, nous pourrons*, etc. y compris des formes temporelles auxiliées : *j'ai pu, il aura pu*, etc.

2º La forme auxiliée de modalité, toujours à l'infinitif, est susceptible d'une variation temporelle et d'une seule, par auxiliation de *avoir*; l'auxilié sera donc ou un infinitif présent, *chanter*, ou un infinitif passé, *avoir chanté*. En ce dernier cas, comme on le verra, il s'agit d'une surauxiliation.

Cela dit, on peut analyser les relations entre auxiliant et auxilié de modalité. En principe l'auxiliant de modalité assume l'ensemble des fonctions flexionnelles (temps, mode, personne) de l'auxilié. Deux cas se présentent selon la situation temporelle de l'auxilié :

a) quand l'auxilié est une forme simple, il est converti en infinitif, et toutes ses marques flexionnelles sont transférées à l'auxiliant :

il *chante* → il *peut* chanter
il *chantait* → il *pouvait* chanter
il *chantera* → il *pourra* chanter, etc.

b) quand la modalisation s'applique à une forme temporelle déjà auxiliée, il se produit une surauxiliation : c'est l'auxiliant de la forme temporelle qui est converti en infinitif, et *avoir* (ou *être*) devient le constituant temporel du surauxilié de modalisation :

« il a *chanté* » devient « il peut *avoir chanté* ».

Il convient de distinguer « il peut *avoir chanté* », forme surauxiliée de « il *a chanté* », du syntagme « *il a pu* chanter » et même « *il a pu* avoir chanté » où c'est l'auxiliant de modalité seul qui est en jeu et qui déploie librement les possibilités de son paradigme propre. Dans « il a pu chanter » nous n'avons pas la conversion d'une forme non modalisée, mais une des variations temporelles de « il peut chanter » résultant de ce que l'auxiliant de modalité admet lui-même l'auxiliation temporelle : « il *a pu* (*avait pu, aurait pu*, etc.) chanter ».

Dans tous les cas, nous y insistons, l'auxilié n'est pas simplement un sémantème. Il contribue aussi, du fait même qu'il prend la forme de l'infinitif, à l'expression de la modalité.

Tout semblables sont les rapports de l'auxiliation de modalité avec celle de diathèse, en ce qui concerne l'auxilié. Le passif « il *est chanté* » se convertit en « il peut *être chanté* », et « il *a été chanté* » en « il peut *avoir été chanté* ». L'auxiliant personnel *est...*, *a été...* de diathèse est transformé en infinitif *être...*, *avoir été...* et ainsi surauxilié par le même procès qui a été décrit à propos de la temporalité.

Mais l'auxiliant de modalité *pouvoir* n'admet pas d'être tourné au passif et n'est donc pas soumis à l'auxiliation de diathèse. Voir ci-dessous p. 192.

Les exemples de verbes de modalité à la forme réfléchie ne contredisent pas ce principe :

1) *il se peut* est une locution impersonnelle équivalant à « il est possible », employée soit absolument au sens de « peut-être », et alors sans fonction auxiliante, soit pour régir une subordonnée (« *il se peut que* ma lettre ne l'ait pas atteint ») et sans fonction auxiliante non plus ;

2) *il se doit* est ou impersonnel dans la locution fixe « comme

il se doit »; ou personnel, dans une construction tout autre où *devoir* a le pronom pour régime : « *il se doit* (= il doit à lui-même, à sa situation) d'assister à cette cérémonie ». En aucun cas *devoir* n'est ici auxiliant.

Comme on l'indiquera plus loin, l'auxiliant de modalité est compatible avec la seule auxiliation de temporalité.

Il peut y avoir, à degrés variables, modalisation de verbes modalisants, donc une sorte de modalisation au second degré ou de surmodalisation, dans une construction telle que : « il *doit pouvoir* faire ce travail » où l'on voit « il peut », auxiliant dans « il *peut* faire », devenu auxilié sous la forme de l'infinitif dans « il doit *pouvoir* faire ». C'est là probablement le seul exemple d'un pareil transfert à l'intérieur de la modalisation. Encore faut-il remarquer que, dans cet exemple même, les deux verbes ne restent pas intégralement modalisants dans leurs rapports. La valeur paradigmatique de chacun d'eux, possibilité d'une part, nécessité de l'autre, ne peut subsister intacte quand ils contractent une liaison syntagmatique. De fait, dans « il doit pouvoir », le modalisant « il doit » exprime moins la nécessité qu'un haut degré de probabilité.

A plus forte raison quand la surmodalisation est effectuée par un verbe qui n'est pas fonctionnellement modalisant ou qui ne l'est que dans une partie de ses emplois. C'est là le cas le plus fréquent : « *je crois devoir* dire... »; « je *pense pouvoir* partir demain »; « je *voudrais pouvoir* le faire », etc. Chacun de ces verbes auxiliants a par ailleurs son sens plein et d'autres constructions. Par exemple *croire* dénote la conviction et admet un régime direct (« je *vous* crois, je crois *cela* ») ou indirect (« je crois *à*..., je crois *en*... »), il gouverne une subordonnée (« je crois *que*... »). C'est avec une valeur affaiblie (= « il me semble que... ») que je *crois* sert d'auxiliant, dans « je *crois* vous *comprendre* »; « je *crois pouvoir* affirmer que... ». Il est du reste intéressant de constater qu'il suffit qu'un verbe entre dans la sphère de la modalisation par attraction ou généralisation pour qu'il prenne la caractéristique des modalisants, celle d'avoir un auxilié à l'infinitif. Sur le modèle de « *je dois* pouvoir », on fait « *je crois* pouvoir » qui engendre « je *pense* pouvoir..., j'*estime* pouvoir... »; et à partir de « je *dois* parler » on fait « je *veux*, je *désire*, je *souhaite* parler ». Tout verbe qui assume la fonction modalisante assume du même coup un infinitif auxilié.

Nous distinguerons donc des *modalisants de fonction*, essentiellement « pouvoir » et « devoir », et des *modalisants d'assomption*, tels que « vouloir », « désirer », « savoir », « faire », etc. selon qu'ils ont exclusivement ou non la construction avec l'infinitif auxilié. Cette distinction entre les deux catégories de modalisants est susceptible de varier en fonction des époques et des états de la langue.

IV

Pour achever ces analyses, nous pouvons poser trois règles relatives à la structure formelle de l'auxiliation.

En premier lieu : *le principe de non-réflexivité de la fonction auxiliante*. Il signifie qu'aucun auxiliant ne peut s'auxilier lui-même. Ce principe est à vérifier dans chacune des trois catégories d'auxiliation.

a) Dans l'auxiliation de temporalité, un exemple contraire, et un seul, se présente aussitôt : « il a eu », où le même verbe « avoir » est auxiliant et auxilié. Mais cette analyse traditionnelle procède d'une vue inexacte. Dans « il a eu », l'auxilié *eu* vient de *avoir* comme verbe libre équivalent à « posséder » (« il a eu de la fortune, une propriété »), non de « *avoir* » auxiliant; et dans la surauxiliation temporelle « il a eu chanté », *eu* est en réalité un segment du surauxiliant *il a eu*, il n'est pas auxilié; seul *chanté* est le membre auxilié. Donc dans le premier cas, « il a eu une propriété », le statut de « il a- » et celui de « eu » sont différents et les deux formes n'ont en commun que l'appartenance au même paradigme verbal; dans le second, « il a eu chanté », *eu* appartient au surauxiliant vis-à-vis et sur le plan de *chanté*, qui est seul auxilié. Il apparaît ainsi qu'aucune forme verbale ne peut sans contradiction logique se prendre elle-même pour auxiliant temporel.

b) Dans l'auxiliation de modalité, il en est de même : « *il doit devoir », « *il peut pouvoir » sont également impossibles. La seule question sera celle des quasi-auxiliants comme *aller*, puisque l'usage admet « il va aller ». Mais outre que *il va* est en cette fonction restreint en fait au présent (« il allait aller » est évité, et tout autre temps ou mode est impossible), on doit appliquer à « il va aller » la même observation que ci-dessus à « il a eu » : *il va* quasi-auxiliant n'est pas de même statut que *aller* verbe libre : « il va aller à l'école » contient un quasi-auxiliant d'imminence *il va* qui est aussi distinct en réalité d'*aller* qu'il le serait de tout autre verbe plein, par exemple de *manger* dans « il va manger ».

c) Quant à l'auxiliation de diathèse, on ne peut même concevoir comment l'auxiliant *il est-*, *il a été-* pourrait s'auxilier lui-même.

Le deuxième principe est qu'*aucun auxiliant n'admet l'auxiliation de diathèse*. Il signifie qu'un auxiliant ne peut être tourné en forme passive. Cela est facile à vérifier pour *être*, *avoir*, *pouvoir*, *devoir*, etc. Il sera bon de rappeler que notre analyse s'applique au français et peut ne pas valoir pour d'autres langues. Par exemple, en sanskrit, *śak-* « pouvoir » admet les deux séries de désinences, active et moyenne.

Même en français nous ne tenons pas compte de tours anciens, aujourd'hui désuets, tels que *se pouvoir* dans une construction comme : « Ce champ ne *se peut* tellement moissonner / que les derniers venus n'y trouvent à glaner » (La Fontaine).

Le troisième principe est celui de *la non-réversibilité du rapport auxiliant : auxilié*. Un auxiliant devient l'auxilié d'un surauxiliant, jamais l'inverse. C'est là un principe qui par nature se vérifie surtout dans la diachronie, mais qui a son importance aussi en synchronie, du fait qu'on observe, dans la vie d'une langue, une tendance à créer de nouveaux auxiliants.

V

L'homme dans la langue

CHAPITRE XIV

L'antonyme et le pronom en français moderne*

Le français a, comme on sait, deux séries de pronoms personnels, la série *je tu il*, la série *moi toi lui*.

La relation entre les deux séries présente des aspects fort complexes, et ne peut être élucidée que si le statut de chacune d'elles est clairement défini. Cette condition préalable ne peut passer pour remplie dans l'état actuel de la recherche.

La plupart des auteurs recourent à une présentation historique des deux formes, et parlent de cas sujet et de cas régime, de forme atone ou faible *je* et de forme tonique, accentuée ou forte *moi*. Ceux qui veulent les caractériser dans l'usage actuel soulignent la valeur d'« insistance » ou de « relief » propre à *moi* par rapport à *je*. Personne n'y contredira, mais cette valeur n'est qu'un effet, non une cause; elle résulte d'une fonction syntaxique qu'on ne s'est guère préoccupé de dégager. Une définition qui a été assez largement utilisée dans les années récentes [1] est celle de Pichon et Damourette qui opposent *je* « personne ténue » à *moi* « personne étoffée [2] ».

* *Bulletin de la Société de Linguistique de Paris*, C. Klincksieck, t. LX (1965), fasc. 1, pp. 71-87.

1. Par exemple, Dauzat, *Grammaire raisonnée de la langue française*, 1947, p. 267.

2. *Essai de grammaire de la langue française*, VI, p. 254 : « Définissons empersonnement *ténu* celui qui s'exprime par l'agglutinatif, empersonnement *étoffé* celui qui s'exprime par l'indépendant.

« L'empersonnement ténu réduit la personne à ce qui fait son essence grammaticale essentielle.

« Quand la personne au contraire est envisagée, ou par rapport au monde

Ces termes recouvrent la même conception, stylistique ou impressive, que celle dont on se contente en général, et n'ont pas plus de portée. Une telle distinction ne serait recevable que s'il y avait libre choix et possibilité d'échange entre les deux séries de pronoms dans les mêmes positions. Cela n'arrive jamais, on le sait; *je* et *moi* ne peuvent permuter en aucun cas [1]. Dès lors parler de « personne ténue » ou « étoffée », c'est seulement déguiser en notion psychologique une réalité linguistique insuffisamment décrite.

---

extérieur ou introspectivement, comme un panorama complexe, voire comme une masse globale que pourrait remplacer en d'autres circonstances une masse globale d'une autre personne grammaticale, elle s'exprime par l'indépendant; c'est l'empersonnement étoffé, qui laisse toute son ampleur à la personnalité de la personne ».

1. Nous contredisons expressément ici Pichon et Damourette, *op. cit.*, p. 253, § 2311, qui estiment que « dans beaucoup de domaines, il y a concurrence possible d'expression entre l'un et l'autre ordre de pronoms personnels ». Quelles preuves donnent-ils de cette affirmation surprenante ? On les trouve au § 2312 où ils reconnaissent d'abord que « le soubassement s'exprime certes de la manière la plus naturelle par les agglutinatifs », c'est-à-dire par la série *je, tu...,* ex. « *Il* fut captif...; *je* ne vous contrains pas... », mais, ajoutent-ils, « le soubassement peut aussi s'exprimer au moyen des indépendants; ex. « Valentin nous avait invités à dîner, et *moi* emmenais, naturellement, Pollet et sa femme ». — « *Moi*, qui suis l'affaire et la connais bien, AI tous les éléments pour lui en parler ». — « Tu as bien fait, mon garçon, dit M. de Coëtquidan, avec un cynisme dont *lui* et son neveu restèrent inconscients ». Voilà les trois exemples qui doivent prouver la « concurrence » que Pichon et Damourette croient observer entre les deux ordres de pronoms. Le premier, exemple oral, émane d'une personne dont ni l'origine (provinciale ?) ni le degré de culture ne sont indiqués : on peut affirmer que « moi emmenais » ne s'entend jamais; c'est ou une bévue sans portée ou une déviation individuelle. — Dans le deuxième exemple, également oral : « *moi*, qui suis l'affaire et qui la connais, *ai* », il y a au contraire omission de *je* devant *ai* par souci déplacé du bien dire et fausse analogie de la construction où le relatif est séparé du verbe, par exemple : « moi qui, depuis longtemps, *avais* prévu ce qui est arrivé... ». Il ne prouve rien non plus; la moindre contre-épreuve montrera qu'automatiquement, tous les informateurs rétablissent *je* devant le verbe : « *moi* qui connais l'affaire, *j'ai* tous les éléments... » — Enfin le troisième exemple, cette fois pris à un texte écrit (Montherlant), montre au contraire un emploi où il n'y avait justement pas de concurrence possible : « *lui* et son neveu » est la seule manière de s'exprimer. Il s'agit du reste de la 3e personne dont le comportement syntaxique est distinct (cf. ci-dessous, p. 209). On peut conclure qu'il n'y a pas concurrence entre les deux séries pronominales.

Rien ne peut donc nous dispenser d'un examen de la distribution respective des deux pronoms *je* et *moi*.

De la série *je* il y a peu à dire : c'est la forme toujours conjointe du pronom, immédiatement préposée à la forme verbale dans l'assertion, postposée dans l'interrogation. Hormis l'impératif et les formes nominales du verbe, aucune forme verbale n'est susceptible d'emploi sans pronom; à la 3e personne, le pronom personnel est toujours permutable avec un substantif, un pronom propre ou un pronom d'une autre classe (« *Il* vient. — *La nuit* vient. — *Pierre* vient. — *Qui* vient ? »).

L'emploi de la série *moi*, série du pronom autonome, comporte beaucoup plus de variété. Il faut en énumérer les caractéristiques :

1º Ce pronom désigne la personne syntaxique et peut, comme tel, s'employer seul : « Qui est là ? — *Moi* », ou : « *Moi*, j'aime marcher; *lui* non ».

2º Il admet une apposition identificatoire : « *moi*, Pierre. — *moi*, le facteur ».

3º Il sert d'antécédent à un pronom personnel conjoint qui, seul, peut s'unir au verbe : « *moi, je* pense que... ».

4º Il sert d'antécédent à un pronom relatif : « *moi, qui* suis... ».

5º Il sert de forme prédicative : « C'est *moi*. — C'est *moi qui* l'ai fait ».

6º Il se combine avec toutes les prépositions : « à *moi*; chez *toi*; avec *lui*, etc. ».

7º Il se combine, par l'intermédiaire de prépositions, avec divers adjectifs : « digne de *moi*; pareil à *toi* ».

8º Il peut être suivi d'adverbes : « moi *aussi* » et de certains adjectifs : « moi-*même*; toi *seul*; nous *autres*; vous *tous*. »

9º Il se coordonne, antéposé ou postposé, avec d'autres pronoms autonomes : « moi *et toi* »; avec des noms propres : « moi *et Pierre* »; avec des substantifs : « moi *et mes amis* ».

Aucun de ces traits ne peut être étendu à *je*. La série autonome et la série conjointe apparaissent en distribution complémentaire. Elles diffèrent par leur comportement syntaxique et leurs capacités combinatoires.

Or les traits distinctifs, fonctionnels et syntaxiques, de la série pronominale autonome se retrouvent en totalité dans une autre classe de formes : celle des *noms propres*.

Le pronom autonome *moi* se comporte à tous égards comme un nom propre. On peut appliquer au nom propre tous les critères qui définissent le pronom autonome et vérifier l'homologie fonctionnelle de ces deux classes.

1º En réponse à *qui?* : « *moi* », comme « *Pierre* ».

2º Suivi d'une qualification apposée : « *moi*, votre ami; — *Pierre*, votre ami ».

3º Ici pronom et nom propre se coordonnent : MOI, *Pierre ;* on verra ci-dessous pourquoi.

4º Antécédent de relatif : « *moi*, qui...; *Pierre* qui... ».

5º Fonction prédicative : « c'est *moi*; c'est *Pierre* ».

6º Régime de prépositions : « avec *moi*; avec *Pierre* ».

7º Combinable avec des adjectifs suivis de prépositions : « digne de *moi*; digne de *Pierre* ».

8º Suivi de certains adverbes et adjectifs : « *moi* aussi; *Pierre* aussi »; « *moi* seul; *Pierre* seul »; « *moi*-même; *Pierre* (lui-)même ».

9º Coordonné à d'autres pronoms ou noms : « *moi* et toi; *Pierre* et toi; — *moi* et mes amis; *Pierre* et mes amis ».

L'interprétation que nous donnons du statut des pronoms autonomes tend à constituer ceux-ci en une catégorie homologue à celle des noms propres et cependant distincte. Il y a lieu de préciser cette relation en déterminant l'espèce particulière de nom propre que représente le pronom autonome.

Ce qu'on entend ordinairement par nom propre est une marque conventionnelle d'identification sociale telle qu'elle puisse désigner constamment et de manière unique un individu unique.

A la ressemblance et à la différence du nom propre social, MOI est, dans l'instance de discours, la désignation autique de celui qui parle : c'est son *nom propre de locuteur*, celui par lequel un parlant, toujours et seulement lui, se réfère à lui-même en tant que parlant, puis dénomme en face de lui TOI, et hors du dialogue, LUI.

Pour ce « nom propre de locuteur » qui se réalise toujours et seulement dans l'acte de parole et que tout parlant assume pour son compte personnel, nous proposons le terme d'antonyme : il procède de gr. ἀντωνυμία qui est l'original traduit en latin par *pronomen*. Profitant à la fois de sa situation « pronominale » et de sa consonance « onomastique », nous appliquons ce terme d'antonyme à la série autonome de MOI, comme distincte du pronom *je*.

Les antonymes, comme on vient de le montrer par une comparaison systématique, ont les mêmes constructions et les mêmes propriétés syntagmatiques que les noms propres, dont ils sont une variété spécifique, propre à la langue actualisée dans le discours. Le fait même que le nom propre peut se conjoindre à l'antonyme (ci-dessus p. 200) est une confirmation de leur symétrie. Il est en effet très significatif que l'antonyme admette une apposition identificatoire telle qu'un nom propre : « MOI, *Pierre* ». Les deux se complètent : MOI, nom propre instantané de tout locuteur, sui-référence dans le discours, antonyme; *Pierre*, nom propre permanent d'un individu, référence objective dans la société, anthroponyme. Cette conjonction : « MOI, *Pierre* » définit le sujet à la fois par sa situation contingente de parlant, et par son individualité distinctive dans la communauté.

C'est également au statut « onomastique » des antonymes que nous rapportons une particularité syntaxique de la 3ᵉ personne. Alors que MOI (TOI) exige toujours d'être repris par *je (tu)* devant la forme verbale personnelle, LUI peut ou être repris par *il*, ou se joindre directement à la forme verbale : « MOI, *j'*ai parlé tout le temps; *lui* n'a rien dit ». Ce n'est pas là une licence d'usage, comme on paraît le croire, mais une double possibilité, également licite. L'antonyme LUI, tout comme les autres antonymes, se fait suivre du pronom : « TOI, *tu* as tout; LUI, *il* n'a rien ». Mais LUI, en tant que se rapportant à la troisième personne, peut, tout comme un nom propre, ou un substantif, être le *substitut* du pronom : « LUI *seul est venu* » comme « PIERRE *seul est venu* ». Ainsi LUI appartient à deux paradigmes : en tant que forme d'antonyme, au paradigme des antonymes MOI, TOI; en tant que signalant la 3ᵉ personne, au paradigme des forme permutables servant de sujet à une forme verbale de 3ᵉ personne : « *il* est venu » remplaçable par « l'homme » ou par « Pierre » et aussi par « LUI ».

Les antonymes et les pronoms sont formellement distincts aux deux premières personnes du singulier. A la 3ᵉ personne du singulier, qui connaît une distinction de genre, une forme semble commune : LUI. Mais il apparaît à l'examen qu'au plan synchronique il y a seulement homophonie entre l'antonyme LUI de 3ᵉ sg. masculin et le pronom *lui* complément indirect des deux genres : leur paradigme et leur distribution en font des formes distinctes (cf. pp. 207, 209).

Au pluriel des deux premières prsonnes, antonymes et pronoms ont même forme, NOUS et VOUS; à la 3ᵉ personne, le masculin distingue l'antonyme EUX et le pronom *ils*, mais au féminin ils sont pareillement ELLES.

*

Nous nous proposons maintenant de décrire les conditions et les relations d'emploi des antonymes et des pronoms en français moderne [1].

Une remarque préliminaire s'impose relativement au statut de chacune des trois personnes dans les formes pronominales qui les représentent [2].

Je est une personne unique; *tu* est une personne unique; mais *il* représente n'importe quel sujet compatible avec ses genre et nombre et peut, répété dans le même énoncé, renvoyer à des sujets différents.

Par suite :

1º *je* a un régime direct, *me*, et un seul, car *je* et *me* renvoient à la même personne, unique;

tu a un régime direct, *te*, et un seul, car *tu* et *te* renvoient à la même personne, unique;

mais *il*, pouvant renvoyer à deux sujets distincts, a deux régimes directs : *se*, quand sujet et objet coïncident; *le*, quand sujet et objet ne coïncident pas;

2º le pronom objet *me*, renvoyant à la personne unique *je*, peut entrer en rapport syntagmatique avec les trois pronoms sujets : *je me..., tu me..., il me...* En effet, le référent de *me*, étant unique, doit être nécessairement le même pour moi et pour les autres que moi (c'est-à-dire pour toi et pour lui).

---

1. Dans cette description synchronique de l'usage actuel, on ne trouvera aucune référence à un état plus ancien du français.

2. Nous avertissons une fois pour toutes que les observations faites dans la suite sur les formes du singulier ou illustrées par des exemples au singulier valent aussi, sauf indication contraire, pour le pluriel; de même ce qui est dit d'un exemple au masculin est applicable au féminin.

Le pronom objet *te*, renvoyant à la personne unique *tu*, peut entrer en rapport syntagmatique avec les trois pronoms sujets : *tu te..*, *je te... il te...* En effet le référent de *te*, étant unique, doit être nécessairement le même pour toi et pour les autres que toi, c'est-à-dire pour moi et pour lui ;

mais le pronom objet de 3e personne ne peut pas renvoyer à un sujet unique, puisque le pronom sujet *il* remplace n'importe quel nom propre ou substantif, peut avoir deux référents distincts ou même fonctionne sans référent : il *dit qu'*il *va partir* (= Pierre annonce son départ); il *dit qu'*il *va partir* (= Pierre annonce le départ de Paul); il *dit qu'*il *va pleuvoir*, etc. En conséquence, *il* est susceptible d'avoir deux pronoms objets distincts, *le* et *se*, qui n'ont pas les mêmes latitudes de combinaison syntagmatique : 1° *le*, combinable avec les trois pronoms sujets : *je le..., tu le..., il le...*, mais *il le ...* suppose deux *il* différents, que nous noterons il_1 et il_2 ; — 2° *se*, combinable seulement avec *il*; et *il se* suppose le même *il*. — 3° Chaque pronom sujet peut entrer en rapport syntagmatique avec les pronoms objets des *deux* autres personnes, à condition que ceux-ci soient respectivement objet direct et objet indirect : *je te le* (donne); *tu me le* (donnes), etc. Mais *il* commande encore deux combinaisons distinctes : 1° *il se le...* où il faut poser deux *il*, car *il* et *se* renvoient à il_1 et *le* à il_2; 2° *il le lui...* où il faut poser trois *il* distincts. Nous représenterons donc dans ce syntagme *il* sujet par il_1 — *le* par il_2, et *lui* par il_3.

Nous avons pour tâche de décrire d'une manière exhaustive les combinaisons des trois séries de pronoms, la série *je tu il*, la série *me te le se*, la série *moi toi lui soi*, leur sélectivité mutuelle, leur compatibilité respective avec les formes modales du verbe.

On montrera en détail que ce jeu complexe est déterminé par trois variables : la *personne*, le *mode* du verbe, et la *fonction grammaticale* de la forme pronominale.

Étudions la distribution respective des séries *me te le (se)* et *moi toi lui (soi)* pour le pronom objet, selon qu'il est *objet direct* ou *objet indirect*.

Cette distribution est définie par la nature du rapport syntagmatique entre le pronom objet et le pronom sujet pour chaque personne. Elle varie selon les modes de l'énoncé : d'une part indicatif, subjonctif, conditionnel (tous les exemples seront pour la commodité donnés à l'indicatif), de l'autre impératif.

A. Énoncé aux modes autres que l'impératif.

Règle d'ordre : le pronom objet précède le verbe.

1º Quand le pronom sujet (*je tu il*) a le même référent que le pronom objet, c'est-à-dire dans le pronom réflexif, la série *me te le* vaut à la fois pour l'objet direct et pour l'objet indirect à toutes les personnes :

1×1 *je* ME *vois* ∼ *je* ME *dis*
2×2 *tu* TE *vois* ∼ *tu* TE *dis*
3×3 *il* SE *voit* ∼ *il* SE *dit*

Le pronom impersonnel *on* (symbole N) se comporte comme *il* :

$N \times N$ *on* SE *voit* ∼ *on* SE *dit*

2º Quand le pronom sujet (*je tu il*) n'a pas le même référent que le pronom objet, il se produit une distinction selon les personnes :

a) Aux première et deuxième personnes, les pronoms objet *me te* valent également pour l'objet direct et pour l'objet indirect :

1×2 *je* TE *vois* ∼ *je* TE *dis*
3×2 *il* TE *voit* ∼ *il* TE *dit*
2×1 *tu* ME *vois* ∼ *tu* ME *dis*
3×1 *il* ME *voit* ∼ *il* ME *dit*

Même indistinction avec le pronom sujet *on* :

$N \times 1$ *on* ME *voit* ∼ *on* ME *dit*
$N \times 2$ on TE voit ∼ on TE dit

b) Mais à la 3ᵉ personne, on distingue le pronom objet direct *le* (pluriel *les*) et le pronom objet indirect *lui* (pluriel *leur*). Cette distinction vaut nécessairement aussi 1) quand *il* sujet *(il₁)* a un référent différent de *il* objet *(il₂)*, et 2) quand le sujet est le pronom *on* :

1×3 *je* LE *vois* ∼ *je* LUI *dis*
2×3 *tu* LE *vois* ∼ *tu* LUI *dis*
$3_1 \times 3_2$ *il* LE *voit* ∼ *il* LUI *dit*
$N \times 3$ *on* LE *voit* ∼ *on* LUI *dit*

B. Énoncé à l'impératif [1].

---

1. « Impératif » implique toujours la forme positive de ce mode.

Règle d'ordre : le pronom objet suit le verbe.

La forme verbale (au singulier) est limitée à une seule personne, la deuxième, et ne comporte pas de pronom ; les trois personnes peuvent être objet, la deuxième étant alors d'emploi réflexif. Ici encore la distinction entre un objet direct et un objet indirect dépend de la personne :

1º Le pronom objet des première et deuxième personnes prend la forme *moi toi* et vaut à la fois pour l'objet direct et pour l'objet indirect :

$$2 \times 1 \; vois\text{-}\text{MOI} ! \sim dis\text{-}\text{MOI} !$$
$$2 \times 2 \; vois\text{-}\text{TOI} ! \sim dis\text{-}\text{TOI} !$$

2º Le pronom objet de la 3ᵉ personne distingue l'objet direct *le* (pluriel *les*) et l'objet indirect *lui* (pluriel *leur*) :

$$2 \times 3 \; vois\text{-}\text{LE} ! \sim dis\text{-}\text{LUI} !$$

En somme la distinction entre un pronom objet direct *le* et un pronom objet indirect *lui* est constante pour la troisième personne sans égard au mode (ordre des mots mis à part), tandis qu'aux première et deuxième personnes la distinction entre la série *me (te)* et la série *moi (toi)* dépend exclusivement du mode, sans égard à la fonction d'objet direct ou indirect du pronom : *me (te)* aux modes autres que l'impératif, *moi (toi)* à l'impératif.

Ces relations sont portées en totalité dans le tableau suivant (p. 206) où la série verticale est celle des pronoms sujets, la série horizontale celle des pronoms objets.

On peut à présent faire un pas de plus et envisager la situation produite par l'emploi de deux pronoms en consécution, l'un objet direct, l'autre objet indirect.

Les deux questions qui se posent sont celles de leur *forme* et de leur *ordre*.

Aux modes autres que l'impératif, les deux pronoms objets précèdent le verbe, ils sont de la forme *me te le*, et ils se suivent dans l'ordre : indirect + direct quand le pronom objet indirect est celui de la 1ʳᵉ et de la 2ᵉ personne : *je me le dis ; je te le dis*.

Quand le pronom objet indirect est celui de la 3ᵉ personne, il est de la forme *lui* et l'ordre est inversé : *je le lui dis*.

A l'impératif, les deux pronoms objets suivent le verbe ; le pronom objet indirect est de la forme *moi toi lui*, et l'ordre

MODES AUTRES QUE L'IMPÉRATIF

		je	nous	tu	vous	il$_1$	ils$_1$	il$_2$	ils$_2$
je	dir. *me*	—		te	vous	le	les	—	—
	indir.	—				lui	leur		
nous	dir.	—	nous	te	vous	le	les	—	—
	indir.	—				lui	leur		
tu	dir. *me*		nous	te		—	le	les	— —
	indir.					—	lui	leur	
vous	dir. *me*		nous		vous	—	le	les	— —
	indir.					—	lui	leur	
il	dir. *me*		nous	te	vous	se	—	le	les
	indir.							lui	leur
ils	dir. *me*		nous	te	vous	—	se	le	les
	indir.							lui	leur

MODE IMPÉRATIF

			nous	toi		le	les
2e sg.	dir. *moi*		nous	toi	—	le	les
	indir.				—	lui	leur
1re pl.	dir.	—	nous	—	—	le	les
	indir.	—		—	—	lui	leur
2e pl.	dir. *moi*		nous	—	vous	le	les
	indir.					lui	leur

des pronoms devient : direct + indirect : *dis-le moi*![1]

Mais ces syntagmes formés de pronoms objets direct et indirect en séquence sont soumis à deux importantes règles de compatibilité.

1º *me (te se)* comme pronom objet *direct* n'est compatible avec aucun pronom objet indirect précédant le verbe; seul est possible le pronom objet indirect de la forme *moi toi lui* précédé de la préposition *à* et mis après le verbe. Ainsi *je me te confie, *tu te me confies sont impossibles; il faut : *je me confie à toi*; *tu te confies à moi*.

Est de règle au contraire la séquence *le (la, les)* pronom objet direct + *lui (leur)* objet pronom indirect précédant le verbe : *je le lui confie*; *tu les leur confies*.

2º *me (te se)* comme pronom objet *indirect* n'est compatible avec aucun pronom objet direct de 1re ou 2e personne avant le verbe; seul est possible le pronom objet indirect de la forme *moi toi lui* précédé de la préposition *à* et mis après le verbe. Ainsi **je me vous appelle*; **il te me recommande* sont impossibles; il faut : *je vous appelle à moi*; *il me recommande à toi*.

Est de règle au contraire la séquence *me (te, se)* pronom objet indirect + *le (la, les)* précédant le verbe : *je me le dis*; *il te la donne*; *tu te les rappelles*.

Ces relations sont portées en totalité dans le tableau suivant (p. 208) où chaque personne objet est représentée par la conjonction des deux pronoms direct et indirect dans l'ordre et avec la variation indiqués ci-dessus, et l'objet direct au singulier et au pluriel (*le* impliquant toujours *la*).

Il y a donc deux particularités à souligner :

1º Quand le pronom objet indirect se réfère à la 3e personne, il se place, quel que soit le mode, *après* le pronom objet direct : il *le lui* dit ∼ dis-le-*lui*!

2º le pronom objet indirect de la 3e personne est *lui* quel que soit le mode, tandis que pour la 1re et la 2e personne, le pronom objet indirect est *moi toi* à l'impératif, et *me te* aux autres modes.

Il résulte de là que le problème est celui de la 3e personne.

---

[1]. Il y a ici parfois quelque flottement dans l'usage : « rends-les-nous » est de règle, mais Hugo a écrit « rends-nous-les ». On trouvera des exemples chez Grevisse, *Le bon usage*[8], p. 420.

MODES AUTRES QUE L'IMPÉRATIF

	je + il/ils	nous + il/ils	tu + il/ils	vous + il/ils	il$_1$ + il$_2$/ils$_2$	ils$_1$ + il$_2$/ils$_2$	il$_2$/ils$_2$ + il$_3$	il$_2$/ils$_2$ + ils$_3$
je	me le/les	—	te le/les	vous le/les	—	—	lui le/les	leur le/les
nous	—	nous le/les	te le/les	vous le/les	—	—	lui le/les	leur le/les
tu	me le/les	nous le/les	te le/les	—	—	—	lui le/les	leur le/les
vous	me le/les	nous le/les	—	vous le/les	—	—	lui le/les	leur le/les
il	me le/les	nous le/les	te le/les	vous le/les	se le/les	—	lui le/les	leur le/les
ils	me le/les	nous le/les	te le/les	vous le/les	—	se le/les	lui le/les	leur le/les

MODE IMPÉRATIF

	il/ils + je	il/ils + nous	il/ils + tu	il/ils + vous	il$_1$/ils$_1$ + il$_2$	il$_1$/ils$_1$ + ils$_2$
2e sg.	moi le/les	nous le/les	toi le/les	—	lui le/les	leur le/les
1er pl.	—	nous le/les	—	—	lui le/les	leur le/les
2e pl.	moi le/les	nous le/les	—	vous le/les	lui le/les	leur le/les

Les pronoms de 1re et de 2e personne d'une part, ceux de la 3e de l'autre n'obéissent pas à la même distribution.

La 1re et 2e personne emploient *me te* pour les deux objets, directe et indirect, aux modes autres que l'impératif; et *moi toi* pour les deux objets, direct et indirect, à l'impératif. Les deux séries de formes sont donc, sans égard à la nature, directe ou indirecte, de l'objet, en distribution complémentaire de mode : *me te* aux modes autres que l'impératif, *moi toi* à l'impératif.

Mais à la 3e personne, *le* est objet direct et *lui* objet indirect, quel que soit le mode. Ces deux formes sont donc, sans égard au mode, en distribution complémentaire de régime : *le* direct, *lui* indirect.

Ainsi localisée, cette différence reste à expliquer. Pourquoi cette distinction *le/lui* à la 3e personne, quand les deux premières emploient *me (te)* indistinctement pour l'objet direct et indirect ?

La réponse doit être cherchée, non dans la nature grammaticale de l'un ou l'autre objet, mais dans une raison formelle, qui est la compatibilité des formes pronominales nécessairement conjointes dans le syntagme de l'objet double.

On voit au tableau p. 208 d'une part les syntagmes de pronoms réfléxifs : *je me le* (dis), *tu te le*..., *il se le*... qui sont entièrement symétriques; de l'autre, les syntagmes de pronoms non-réflexifs : *je le lui* ..., *tu le lui* ..., *il le lui* ... également symétriques. Entre les deux il y a une transformation, dont nous pouvons voir le point de départ; il se trouve dans le syntagme comprenant il_1 sujet et il_2 et il_3 objets direct et indirect. D'après *il me le*..., *il te le*..., on attendrait *il le le... On pourrait même généraliser ce modèle théorique d'après le paradigme du pronom objet indirect aux deux autres personnes. En vertu de :

1re   *je me le* ... — *tu me le* ... — *il me le* ...
2e   *je te   le* ... — *tu te   le* ... — *il te   le* ...

on devrait avoir :

3e   *je le le ... — *tu te le ... — *il le le ...

C'est cela que la langue a voulu éviter : la succession de deux formes pronominales identiques portant deux fonctions distinctes, et particulièrement à la 3e personne, où le syntagme *il le le ... aurait inclus, en face de il_1 sujet, deux *le* objet pour *il*₂ et *il*₃ indistinctement. On a donc remplacé *le, objet *indirect* de 3ᵉ personne, par *lui*. Mais alors une autre difficulté surgissait : *lui* ne précède jamais un autre pronom objet, ce qui rendait impossible *je LUI le ... On a donc interverti les pronoms; l'ordre est devenu *je le* LUI...; *tu le* LUI...; *il le* LUI ..., et pour la même raison à l'impératif : (dis)-*le*-LUI! Ainsi en toute condition modale *lui* est seulement objet indirect de 3ᵉ sg., distinct de *le* objet direct : *je le dis* : *je le* LUI *dis*.

Cette grammaticalisation de *lui* a été renforcée par une circonstance adjuvante, la forme des pronoms de 1ʳᵉ et 2ᵉ personne à l'impératif. Étant donné que les antonymes MOI TOI fonctionnent à l'impératif comme pronoms objets : *laisse*-MOI! ∼ *dis*-MOI! on a pu affecter aussi l'antonyme LUI à la fonction de pronom objet, tout en le restreignant, pour la raison indiquée plus haut, à l'objet indirect : *dis*-LUI!, distinct de l'objet direct : *dis-le!*

On a là l'explication des principes d'incompatibilité que nous avons observés (ci-dessus p. 207) dans la relation syntagmatique entre pronoms objets direct et indirect.

1° Étant donné que la forme *me (te se)* est à la fois celle du pronom objet direct et celle du pronom objet indirect, l'indistinction formelle interdit d'employer deux pronoms de cette série en consécution; il serait en effet impossible, dans un énoncé tel que *je me te confie, de discerner lequel, de *me* ou de *te*, est objet direct et lequel indirect. On obvie au risque d'amphibologie en disant : *je me confie à toi*. Mais le problème n'existe pas dans le cas du pronom objet de 3ᵉ personne où *le (la, les)* direct se distingue de *lui* (leur) indirect; la consécution des deux pronoms, direct + indirect, est alors pleinement licite, et l'on dit : *je le lui confie*.

2° Pourquoi alors, si *je le lui confie* est régulier, ne peut-on pas dire *je me lui confie ou *je te lui confie? — Cela est impossible parce qu'il y aurait contradiction entre la fonction et l'ordre des pronoms. Le pronom objet *me (te, se)*, qu'il soit objet direct (*je me vois*) ou objet indirect (*je me dis*), se place toujours immédiatement après le sujet; tout autre pronom se place *après* ce pronom objet. Tel est le principe d'ordre. Mais d'autre part *me (te, se)* suivi d'un autre pronom, ne peut être que pronom objet *indirect*; c'est la séquence prescrite indirect + direct : *je* te *le donne*. L'antéposition de *me (te, se)* lui attribuant la fonction d'objet indirect, il faut que le pronom subséquent soit objet direct. Par suite, un énoncé tel que **je me lui confie* contiendrait deux pronoms successifs d'objet indirect et aucun d'objet direct ; il y aurait conflit entre *me* qui serait objet indirect en vertu de sa position, et *lui* qui est objet indirect par nature. On ne pourrait non plus dire **je lui me confie* pour la raison déjà indiquée, que rien ne peut s'insérer entre *je* et *me*[1]. Les séquences **je me lui...* et **je lui me ...* sont donc également impossibles. Il faudra dire : *je me* (confie) *à lui*.

Il n'y a pas de conflit pareil dans le cas de *le*, puisqu'à la différence de *me (te, se)*, indistinctement objet direct ou indirect, *le* est seulement objet direct, et *lui* objet indirect ; de là : *je le lui ...*

Ainsi se dégage le principe qui gouverne le double statut grammatical de l'antonyme. Forme disjointe : MOI, *je suis*, ou régie par une préposition : *de* MOI; à MOI, il remplit la fonction d'objet à l'impératif, objet indirect : *dis*-MOI! ou direct : *laisse*-MOI!, parallèlement à : LUI, *il est ...* (mais fém. ELLE, *elle est ...*); *à* LUI; *dis*-LUI! (indirect seulement).

La seule discordance formelle du système se trouve dans le paradigme du pluriel de la 3e personne. Aux 1re et 2e personnes, les antonymes du pluriel sont identiques aux pronoms de conjugaison : NOUS, *nous sommes ...*; VOUS, *vous êtes...*; et aux pronoms objets : *il* nous *voit*; *il* nous *dit*. Mais à la 3e pluriel, l'antonyme est EUX, distinct du pronom de conjugaison *ils*, distinct aussi du pronom objet direct *les* et du pronom objet indirect, qui est *leur*. Cette abondance dote le pluriel de quatre formes distinctes à la 3e personne du masculin : EUX, *ils sont...* (fém. ELLES, *elles sont...*); *je les* vois; *je leur* donne, tandis qu'à la 3e personne du masculin singulier, il n'y en a que trois : *lui, il, le*.

L'anomalie consiste en ce que le pluriel a un pronom objet indirect *leur* distinct de l'antonyme EUX, en face du singulier où le pronom objet indirect *lui* est formellement identique à l'antonyme LUI. De ce fait on a un paradigme pluriel de quatre termes *eux, ils, les, leur*, pour trois termes au singulier

---

1. L'insertion d'une négation (*je* ne *me...*, *tu* ne *la...*) n'y contredit pas : la négation ne change en rien la structure syntaxique de l'énoncé ni les relations entre les pronoms.

lui, il, le. C'est juste l'opposé des autres personnes qui pour trois formes au singulier en ont une seule au pluriel : MOI, *je me* (repose); TOI, *tu te* (reposes) ~ *nous, nous nous* (reposons); *vous, vous vous* (reposez).

De plus, l'antonyme EUX est aussi la forme régie par une préposition, ce qui limite *leur* à la fonction grammaticale d'objet indirect du verbe, sans distinction de mode ni de genre.

Ce dédoublement *eux/leur* du pluriel en face de l'unique *lui* du singulier ne nous paraît susceptible d'aucune explication synchronique. Des raisons d'euphonie (*je le leur...* pour éviter **je le eux...*) ou d'attraction phonétique (*leur* avec la même initiale que *lui*) ne seraient pas suffisantes. L'histoire des formes peut seule en rendre compte.

On ne peut également que constater la coïncidence formelle de *leur*, pronom objet indirect du pluriel, avec *leur* possessif. Mais ici la coïncidence est sans portée; l'examen montre que les deux formes sont complètement différentes par leur statut et leurs fonctions. En regard du tableau (p. 208) qui situe le pronom *leur* dans le paradigme pronominal, il ne sera pas inutile de présenter *leur* dans le paradigme des adjectifs dits possessifs.

	Singulier	Pluriel
je	*mon*	*mes*
nous	*notre*	*nos*
tu	*ton*	*tes*
vous	*votre*	*vos*
il	*son* [1]	*ses*
ils	*leur*	*leurs*

Entre l'adjectif *leur* et le pronom *leur* les différences découlent de leur statut respectif :

1º L'adjectif possessif est un qualifiant à double relation de nombre, à la fois avec l'objet (possédé) et avec le sujet (possédant) : *leur* coordonne un possédé singulier et un possédant pluriel de 3ᵉ personne.

Le pronom *leur* se réfère exclusivement à un pluriel et seulement comme objet indirect.

---

1. On notera que *son* correspond à la fois à *il* et à *on* : « il a (on a) *son* caractère », sans équivalent de la distinction entre *lui* et *soi*.

2º L'adjectif possessif ne s'emploie pas seul; ou avec un substantif ou précédé d'un article défini qui le substantive lui-même : *c'est leur livre/c'est le leur.*

Le pronom *leur* ne peut s'employer que seul.

3º L'adjectif possessif de 3ᵉ personne fait partie d'un paradigme à deux entrées et à deux variants, fournissant quatre termes : *son/ses, leur/leurs* (phonétiquement [*lœr/lœr*ᶻ]). Dans ce réseau *leur* est le pluriel lexical de *son*, et le singulier grammatical de *leurs*.

Le pronom *leur* fait partie d'un paradigme à deux termes *lui/leur* où *leur* n'est que pluriel et s'oppose à un singulier *lui* qui n'a rien de commun avec le singulier *son* de l'adjectif *leur.*

On pourrait tenter d'unifier les deux *leur* en alléguant certaines constructions qui leur seraient communes à un élément près :

je viens de LEUR (dire)
je viens de LEUR (maison)

La ressemblance est fallacieuse. Outre que *venir* est pris dans deux acceptions différentes, il suffit de remplacer les deux *leur* par leur singulier respectif et l'on obtient :

je viens de LUI (dire)
mais *je viens de* SA (maison)

De même si l'on mettait en parallèle la possibilité de remplacer l'un et l'autre *leur* par *à eux* dans des constructions telles que :

je LEUR *ai dit* (= *j'ai dit* A EUX)
LEUR *maison* (= la maison A EUX) [1]

on se heurterait encore à la discordance qui apparaît entre les formes du singulier :

je LUI *ai dit* (= *j'ai dit* A LUI)
mais SA *maison* (= la maison A LUI)

accusant encore la dissemblance de *leur* pronom et de *leur* possessif.

Tout concourt donc à illustrer cette constatation générale

---

1. Du reste *à eux* est ici un équivalent conventionnel; *d'eux* serait tout aussi justifié.

que la 3ᵉ personne est foncièrement différente des deux autres dans son statut [1], sa fonction et la distribution de ses formes, et que spécialement dans les antonymes et les pronoms, le singulier et le pluriel à la 3ᵉ personne peuvent n'être même pas symétriques [2].

---

[1]. Cf. pour une théorie d'ensemble *BSL* 43 (1946), fasc. 1, pp. 1-12. (= *Problèmes de linguistique générale*, I, pp. 225-236.)

[2]. Note complémentaire. Dans le premier tableau de la p. 208, on observera que les pronoms régimes *il ils* des deux premières personnes se réfèrent pour le sens à il_1 et il_2. Ils ont été néanmoins rangés sous il_2 et il_3 par symétrie avec la 3ᵉ personne, à cause de la séquence direct + indirect.

CHAPITRE XV

La forme et le sens dans le langage*

Je suis très sensible à l'honneur qu'on m'a fait, en me conviant à inaugurer par un exposé le présent Congrès. Ce sentiment se mêle pour moi de beaucoup d'inquiétude à l'idée que je m'adresse ici, tout ignorant que je suis de la philosophie, à une assemblée de philosophes. Je trouve cependant quelque encouragement dans le fait qu'un tel congrès se soit justement donné un tel programme, que des philosophes aient jugé opportun de débattre entre eux des problèmes du langage. Dans les communications et les discussions qui vont occuper ces journées, la philosophie remontera ainsi jusqu'à une des sources majeures de son inspiration permanente, et en même temps seront proposées à l'attention des linguistes, de ceux qui s'occupent en spécialistes, comme on dit, du langage, certaines manières, probablement différentes, de réfléchir au langage. Ainsi commencera, tardivement, il faut bien le dire, un échange qui peut être de grand prix. De mon côté, ayant commis l'imprudence d'accepter cette invitation à parler ici, il ne me restait plus pour la justifier qu'à l'aggraver d'une autre imprudence, plus sérieuse encore, celle de choisir un sujet dont l'énoncé semble convenir à un philosophe plutôt qu'à un linguiste : la forme et le sens dans le langage.

J'aborde évidemment ce sujet en linguiste et non en philosophe. Il ne faudrait pas croire cependant que j'apporte

* *Le langage II* (Sociétés de Philosophie de langue française, Actes du XIIIe Congrès, Genève, 1966), Neuchâtel, La Baconnière, 1967, pp. 29-40.

ici quelque chose comme le point de vue *des* linguistes; un tel point de vue qui serait commun à l'ensemble ou au moins à une majorité de linguistes n'existe pas. Non seulement il n'y a pas parmi les linguistes de doctrine reconnue en cette matière, mais on constate chez beaucoup d'entre eux une aversion pour de pareils problèmes et une tendance à les laisser hors de la linguistique. Il n'y a pas si longtemps que l'école du linguiste américain Bloomfield, qui représentait à peu près toute la linguistique américaine et qui rayonnait largement au dehors, taxait de mentalisme l'étude du « meaning », de quelque manière qu'on traduise ce terme. Cette qualification équivalait à la rejeter comme entachée de subjectivisme, comme échappant à la compétence du linguiste. C'est des psychologues ou des psycho-physiologistes qu'il fallait, pensait-on, attendre quelque lumière sur la nature et sur le fonctionnement du sens dans la langue, le linguiste ne s'occupant que de ce qui peut être appréhendé, étudié, analysé par des techniques de plus en plus précises et de plus en plus concrètes. Aujourd'hui cet interdit est levé, mais la méfiance subsiste, et, reconnaissons-le, elle reste justifiée dans une certaine mesure par le caractère assez vague, flou et même inconsistant des notions qu'on rencontre dans les ouvrages, d'esprit assez traditionnel en général, qui sont consacrés à ce qu'on appelle la sémantique. De fait, les manifestations du *sens* semblent aussi libres, fuyantes, imprévisibles, que sont concrets, définis, descriptibles, les aspects de la *forme*. Des deux termes du problème dont nous nous occupons ici, on ne s'étonnera pas qu'en général le second seul paraisse relever de la linguistique. Les philosophes ne doivent donc pas croire qu'un linguiste, quand il aborde ces problèmes, puisse s'appuyer sur un consensus, et qu'il n'ait qu'à résumer, en les présentant un peu autrement ou en les simplifiant, des idées qui seraient généralement acceptées chez les spécialistes des langues, ou des idées qui s'imposeraient à l'analyste du langage. Celui qui parle ici le fait en son nom personnel et propose des vues qui lui sont propres. Le présent exposé est un effort pour situer et organiser ces notions jumelles de sens et de forme, et pour en analyser les fonctions hors de tout présupposé philosophique.

Notre domaine sera le langage dit ordinaire, le langage commun, à l'exclusion expresse du langage poétique, qui a ses propres lois et ses propres fonctions. La tâche, on l'accordera, est déjà assez ample ainsi. Mais tout ce qu'on peut mettre de clarté dans l'étude du langage ordinaire profitera, directement ou non, à la compréhension du langage poétique aussi bien.

Dans une première approximation, le sens est la notion impliquée par le terme même de langue comme ensemble de procédés de communication identiquement compris par un ensemble de locuteurs; et la forme est au point de vue linguistique (à bien distinguer du point de vue des logiciens), soit la matière des éléments linguistiques quand le sens en est écarté, soit l'arrangement formel de ces éléments au niveau linguistique dont il relève. Opposer la forme au sens est une convention banale et dont les termes mêmes semblent usés; mais si nous essayons de réinterpréter cette opposition dans le fonctionnement de la langue en l'y intégrant et en l'éclairant par là, elle reprend toute sa force et sa nécessité; nous voyons alors qu'elle enferme dans son antithèse l'être même du langage, car voici que d'un coup, elle nous met au cœur du problème le plus important, le problème de la signification. Avant toute chose, le langage signifie, tel est son caractère primordial, sa vocation originelle qui transcende et explique toutes les fonctions qu'il assure dans le milieu humain. Quelles sont ces fonctions? Entreprendrons-nous de les énumérer? Elles sont si diverses et si nombreuses que cela reviendrait à citer toutes les activités de parole, de pensée, d'action, tous les accomplissements individuels et collectifs qui sont liés à l'exercice du discours : pour les résumer d'un mot, je dirais que, bien avant de servir à communiquer, le langage sert à *vivre*. Si nous posons qu'à défaut du langage, il n'y aurait ni possibilité de société, ni possibilité d'humanité, c'est bien parce que le propre du langage est d'abord de signifier. A l'ampleur de cette définition, on peut mesurer l'importance qui doit revenir à la signification.

Une première question surgit aussitôt : qu'est-ce que la signification? Mais peut-on la définir à ce stade sans courir immédiatement le risque de circularité? Les linguistes acceptent cette notion toute faite, empiriquement; chez les philosophes, je ne sais si elle a été scrutée pour elle-même; à vrai dire, c'est là un de ces problèmes immenses qui pour concerner trop de sciences, ne sont retenus en propre par aucune. Je ne vois que les logiciens qui s'en soient occupés ; tout spécialement en Amérique, l'école de Carnap et de Quine. A vrai dire, dans leur préoccupation de rigueur, ils ont écarté toute tentative de définition directe de la signification ; pour ne pas tomber dans le psychologisme, ils ont remplacé l'analyse de la signification par le critère objectif d'acceptabilité, éprouvé au moyen de tests, selon que des prédicats sont acceptés ou non par le locuteur. Ainsi pour Carnap, la signification, ou comme il aime mieux dire, l'intension (opposée à l'extension) d'un prédicat Q pour un sujet parlant x est la condition générale que doit remplir un objet y pour que le sujet parlant x accepte d'attribuer le prédicat Q à cet objet y. Ainsi la « désignation signifiante », ce qu'il appelle « significant designation », sera obtenue par enquête, selon la réaction positive ou négative du locuteur, qui acceptera ou non d'associer tel prédicat à une série d'objets variables. Quine n'opère pas directement avec le concept de signification. Utilisant un procédé logique qui a servi autrefois à Russell à définir le nombre, il substitue à la signification le rapport de « *même* signification ». La signification est donc identique à la synonymie. Cette procédure, dont je n'ai pas à m'occuper autrement ici, peut être justifiée dans une conception strictement positive pour éliminer toute contamination de psychologisme. Je ne la crois pas opérante pour le linguiste, qui s'occupe d'abord de la langue pour elle-même ; et, comme nous le verrons, nous ne pouvons pas nous contenter d'un concept global comme celui de la signification à définir en soi et une fois pour toutes. Le cours même de notre réflexion nous amènera à particulariser cette notion, que nous entendons tout autrement que le font les logiciens. A nous en tenir pour l'instant à ce que chacun comprend par là, on peut tenir pour admis que le langage est l'activité signifiante par excellence, l'image même de ce que peut être la signification ; tout autre modèle significatif que nous pourrions construire sera accepté dans la mesure où il ressemblera par tel ou tel de ses aspects à celui de la langue. Effectivement dès qu'une activité est conçue comme représentation de quelque chose, comme « signifiant » quelque chose, on est tenté de l'appeler langage ; on parle ainsi de langage pour divers types d'activités humaines, chacun le sait, de façon à instituer une catégorie commune à des modèles variés.

Que la langue signifie, cela veut dire que la signification n'est pas quelque chose qui lui est donné par surcroît, ou dans une mesure plus large qu'à une autre activité; c'est son être même; si elle n'était pas cela, elle ne serait rien. Mais elle a aussi un caractère tout différent, mais également nécessaire et présent dans toute langue réelle, quoique subordonné, j'y insiste, au premier : celui de se réaliser par des moyens vocaux, de consister pratiquement dans un ensemble de sons émis et perçus, qui s'organisent en mots dotés de sens. C'est ce double aspect, inhérent au langage, qui est distinctif. Nous dirons donc avec Saussure, à titre de première approximation, que la langue est un système de signes.

C'est la notion de signe qui intègre désormais dans l'étude de la langue la notion très générale de signification. Cette définition la pose exactement, la pose-t-elle entièrement? Quand Saussure a introduit l'idée du signe linguistique, il pensait avoir tout dit sur la nature de la langue; il ne semble pas avoir envisagé qu'elle pût être autre chose en même temps, sinon dans le cadre de l'opposition bien connue qu'il établit entre langue et parole. Il nous incombe donc d'essayer d'aller au-delà du point où Saussure s'est arrêté dans l'analyse de la langue comme système signifiant.

Il faut d'abord comprendre tout ce qu'implique quant aux notions qui nous occupent ici — notion de sens et donc aussi notion de forme — la doctrine saussurienne du signe. On ne peut assez s'étonner de voir tant d'auteurs manipuler innocemment ce terme de « signe » sans discerner ce qu'il recèle de contrainte pour qui l'adopte et à quoi il l'engage désormais. Dire que le langage est fait de signes, c'est dire d'abord que *le signe est l'unité sémiotique*. Cette proposition qui, soulignons-le, n'est pas chez Saussure, peut-être parce qu'il la considérait comme allant de soi, et que nous formulons ici au seuil de l'examen, enferme une double relation qu'il faut expliciter : la notion du signe en tant qu'unité, et la notion du signe comme relevant de l'ordre sémiotique.

Toute discipline qui vise à acquérir le statut de science, doit d'abord définir ses constantes et ses variables, ses opérations et ses postulats, et tout d'abord dire quelles sont ses unités. Dans les sciences de la nature, les unités sont en général des portions identiques conventionnellement découpées dans un continu spécifique; il y a ainsi des unités quantitatives, identiques et substituables, dans chaque discipline de la nature. Le langage est tout autre chose, il ne relève pas du monde physique; il n'est ni du continu, ni de l'identique, mais bien au contraire du discontinu et du dissemblable. C'est pourquoi il se laisse non diviser, mais décomposer : ses unités sont des éléments de base en nombre limité, chacune différente de l'autre, et ces unités se groupent pour former de nouvelles unités, et celles-ci à leur tour pourront en former d'autres encore, d'un niveau chaque fois supérieur. Or l'unité particulière qu'est le signe a pour critère une limite inférieure : cette limite est celle de *signification*; nous ne pouvons descendre au-dessous du signe sans porter atteinte à la signification. L'unité, dirons-nous, sera l'entité libre, minimale dans son ordre, non décomposable en une unité inférieure qui soit elle-même un signe libre. Est donc signe l'unité ainsi définie, relevant de la considération sémiotique de la langue.

Une des thèses majeures de Saussure est que la langue forme une branche d'une sémiologie générale. Cela a été l'infortune et ce sera la gloire de Saussure d'avoir découvert le principe de la sémiologie un demi-siècle avant son temps. En traitant du signe linguistique, il a par avance frayé la voie à une description des unités sémiotiques : celles-ci doivent être caractérisées au double point de vue de la forme et du sens, puisque le signe, unité bilatérale par nature, s'offre à la fois comme signifiant et comme signifié. Je voudrais ici proposer quelques remarques sur l'un et l'autre de ces deux aspects.

Le signifiant n'est pas seulement une suite donnée de sons qu'exigerait la nature parlée, vocale, de la langue, il est la forme sonore qui conditionne et détermine le signifié, l'aspect formel de l'entité dite signe. On sait que toute forme linguistique est constituée en dernière analyse d'un nombre restreint d'unités sonores, dites phonèmes; mais il faut bien voir que le signe ne se décompose pas immédiatement en phonèmes, non plus qu'une suite de phonèmes ne compose immédiatement un signe. L'analyse *sémiotique*, différente de l'analyse phonétique, exige que nous posions, avant le niveau des phonèmes, celui de la structure phonématique du signifiant. Le travail consiste ici à distinguer les phonèmes qui font seulement partie, nécessairement, de l'inventaire de la langue, unités dégagées par des procédures et une technique appropriées, et ceux qui, simples ou combinés, caractérisent la structure formelle du signifiant et remplissent une fonction distinctive à l'intérieur de cette structure.

Voici un exemple ou deux, choisis parmi les plus simples.

En latin, la finale d'une forme nominale fléchie, quelle que soit la classe de flexion, admet n'importe laquelle des cinq voyelles *a e i o u*, mais deux consonnes seulement : *s* et *m*, très rarement *r*, encore plus rarement *l*, et c'est tout ; aucun phonème dental ou nasal ou guttural n'est admis. Voilà donc une sélection opérée, pour constituer des signes formels, dans l'inventaire des phonèmes que la langue possède. C'est de la même manière que, à la finale des formes verbales fléchies, quatre voyelles seulement sur cinq : *a e i o* sont admises ; il n'y a jamais de *u* ; les consonnes sont seulement trois, *m*, *s*, *t*, et dans une fonction spéciale (médio-passif), *r* ; aucune des nombreuses autres consonnes n'est admise en cette position. Voilà un exemple de sélectivité assujettie à la constitution formelle du signifiant latin. En français, on pourrait dégager aussi un certain nombre de caractéristiques qui sont déterminées toujours par la fonction de constituer une partie d'un signifiant. Ainsi la voyelle [ɛ], notée *in-* (dans *invisible*), avec une variante mécanique *in-* (dans *in-édit*), à l'initiale d'une longue série d'adjectifs, cette voyelle est nécessairement là parce qu'elle assume une certaine fonction dans une certaine classe de signes ; cette fonction est la fonction de négation.

Il y a ainsi une série de caractéristiques qui peuvent se dégager, dans chaque langue, de l'examen attentif de la structure formelle des signifiants. Nous aboutissons alors à créer dans l'analyse du signifiant un plan distinct de celui des phonèmes, c'est celui des composants formels de signifiants. Cette analyse peut être poussée plus loin ; elle permettra de dresser de grands inventaires statistiques, qui eux-mêmes appelleront un traitement logique et mathématique. Chaque langue dans son organisation entière sera justiciable de pareilles analyses et on dégagera ainsi des schémas qui illustreront la structure propre de chaque idiome. Nous instaurons donc sous la considération sémiotique des classes particulières que nous dénommons comme sémiotiques, même un peu lourdement, pour les mieux délimiter et pour les spécifier dans leur ordre propre : des sémio-lexèmes, qui sont les signes lexicaux libres; des sémio-catégorèmes, qui sont des sous-signes classificateurs (préfixes, suffixes, etc.) reliant des classes entières de signifiants, assurant par là de grandes unités, supérieures aux unités individuelles, et enfin des sémio-phonèmes qui ne sont pas tous les phonèmes de la nomenclature courante, mais ceux qui, comme on vient de l'indiquer, caractérisent la structure formelle du signifiant.

Considérons à présent le signifié. Le signe se définit, disions-nous, comme l'unité sémiotique; il est reçu comme pourvu de signification dans la communauté de ceux qui ont l'usage d'une même langue, et la totalité de ces signes forme la totalité de la langue.

En sémiologie, ce que le signe signifie n'a pas à être défini. Pour qu'un signe existe, il faut et il suffit qu'il soit reçu et qu'il se relie d'une manière ou d'une autre à d'autres signes. L'entité considérée signifie-t-elle ? La réponse est oui, ou non. Si c'est oui, tout est dit, on l'enregistre; si c'est non, on la rejette, et tout est dit aussi. « Chapeau » existe-t-il ? — Oui. — « Chameau » ? — Oui. — « Chareau » ? — Non.

Il n'est donc plus question de définir le sens, en tant que celui-ci relève de l'ordre sémiotique. Au plan du signifié, le critère est : cela signifie-t-il ou non ? Signifier, c'est avoir un sens, sans plus. Et ce oui ou non ne peut être prononcé que par ceux qui manient la langue, ceux pour qui cette langue est *la langue* tout court. Nous élevons donc la notion d'usage et de compréhension de la langue à la hauteur d'un principe de discrimination, d'un critère. C'est dans l'usage de la langue qu'un signe a existence; ce qui n'entre pas dans l'usage de la langue n'est pas un signe, et à la lettre n'existe pas. Il n'y a pas d'état intermédiaire; on est dans la langue ou hors de la langue, « tertium non datur ». Et qu'on n'objecte pas les archaïsmes qui subsistent dans l'usage, quoiqu'ils ne soient plus définissables ou opposables aujourd'hui. Il suffit que le mot français « rez » soit constamment lié à « de chaussée » (« rez-de-chaussée ») ou « fur » à l'expression « à mesure » (« au fur et à mesure »), pour qu'ils soient identifiés, étant donné qu'ils ne se maintiennent que dans des groupes constants, prévisibles, et qu'ils font partie intégrante de signes uniques.

Énonçons donc ce principe : tout ce qui relève du sémiotique a pour critère nécessaire et suffisant qu'on puisse l'identifier au sein et dans l'usage de la langue. Chaque signe entre dans un réseau de relations et d'oppositions avec d'autres signes qui le définissent, qui le délimitent à l'intérieur de la langue. Qui dit « sémiotique », dit « intra-linguistique ». Chaque signe a en propre ce qui le distingue d'autres signes. Être distinctif, être significatif, c'est la même chose.

De là résultent trois conséquences de principe. Premièrement, à aucun moment, en sémiotique, on ne s'occupe de la relation du signe avec les choses dénotées, ni des rapports entre la langue et le monde. Deuxièmement, le signe a toujours et seulement valeur générique et conceptuelle. Il n'admet donc pas de signifié particulier ou occasionnel; tout ce qui est individuel est exclu; les situations de circonstance sont à tenir pour non avenues. Troisièmement, les oppositions sémiotiques sont de type binaire. La binarité me paraît être la caractéristique sémiologique par excellence, dans la langue d'abord, puis dans tous les systèmes de comportement nés au sein de la vie sociale et relevant d'une analyse sémiologique. Enfin, il doit être entendu que les signes se disposent toujours et seulement en relation dite paradigmatique. On doit donc inclure dans la sémiologie, outre les diverses catégories de signes, les modèles et les schémas selon lesquels les signes s'engendrent et s'organisent : les paradigmes, au sens traditionnel (flexion, dérivation, etc.). Ici évidemment, toute espèce de problèmes peuvent se poser, qui ont, certains d'entre eux, une importance philosophique. Si l'inventaire sémiotique comprend le signe « *si* » (conjonction d'hypothèse), il faut admettre également sa fonction particulière qui est la fonction d'induction, « *si*... alors... ». Cette conclusion aurait un intérêt certain, le fondement de l'induction serait linguistique avant d'être logique.

La nature sémiotique paraît être commune à tous les comportements qui s'institutionnalisent dans la vie sociale, parce qu'ils sont des entités à double face, pareils au signe linguistique. Et cette commune faculté sémiotique compose pour chaque ensemble un système, lequel d'ailleurs, dans la plupart des cas, reste encore à dégager.

Tout ce qui précède a trait à la structure ou aux relations du signe. Mais qu'en est-il de la phrase ? Qu'en est-il de la fonction communicative de la langue ? Après tout, c'est ainsi que nous communiquons, par des phrases, même tronquées, embryonnaires, incomplètes, mais toujours par des phrases. C'est ici, dans notre analyse, un point crucial. Contrairement à l'idée que la phrase puisse constituer un signe au sens saussurien, ou qu'on puisse par simple addition ou extension du signe, passer à la proposition, puis aux types divers de construction syntaxique, nous pensons que le signe et la phrase sont deux mondes distincts et qu'ils appellent des descriptions distinctes. Nous instaurons dans la langue une division fondamentale, toute différente de celle que Saussure a tentée entre langue et parole. Il nous semble qu'on doit tracer à travers la langue entière une ligne qui départage deux espèces et deux domaines du sens et de la forme, bien que, voilà encore un des paradoxes du langage, ce soient les mêmes éléments qu'on trouve de part et d'autre, dotés cependant d'un statut différent. Il y a pour la langue deux manières d'être langue dans le sens et dans la forme. Nous venons d'en définir une; la langue comme *sémiotique*; il faut justifier la seconde, que nous appelons la langue comme *sémantique*. Cette condition essentielle apparaîtra, espérons-le, assez claire pour qu'on nous pardonne d'employer des termes aussi voisins, et qu'on nous accorde le droit de spécialiser en les distinguant les termes de « sémiotique » et « sémantique »; nous n'avons pu en trouver de meilleurs pour définir les deux modalités fondamentales de la fonction linguistique, celle de signifier, pour la sémiotique, celle de communiquer, pour la sémantique.

La notion de sémantique nous introduit au domaine de la langue en emploi et en action; nous voyons cette fois dans la langue sa fonction de médiatrice entre l'homme et l'homme, entre l'homme et le monde, entre l'esprit et les choses, transmettant l'information, communiquant l'expérience, imposant l'adhésion, suscitant la réponse, implorant, contraignant; bref, organisant toute la vie des hommes. C'est la langue comme instrument de la description et du raisonnement. Seul le fonctionnement sémantique de la langue permet l'intégration de la société et l'adéquation au monde, par conséquent la régulation de la pensée et le développement de la conscience.

Or l'expression sémantique par excellence est la phrase. Nous disons : la phrase en général, sans même en distinguer la proposition, pour nous en tenir à l'essentiel, la production du discours. Il ne s'agit plus, cette fois, du signifié du signe, mais de ce qu'on peut appeler l'intenté, de ce que le locuteur veut dire, de l'actualisation linguistique de sa pensée. Du sémiotique au sémantique il y a un changement radical de perspective : toutes les notions que nous avons passées en revue reviennent devant nous, mais autres, et pour entrer dans des rapports nouveaux. Le sémiotique se caractérise comme une propriété de la langue, le sémantique résulte d'une activité du locuteur qui met en action la langue. Le signe sémiotique existe en soi, fonde la réalité de la langue, mais il ne comporte pas d'applications particulières; la phrase, expression du sémantique, n'est *que* particulière. Avec le signe, on atteint la réalité intrinsèque de la langue; avec la phrase, on est relié aux choses hors de la langue; et tandis que le signe a pour partie constituante le signifié qui lui est inhérent, le sens de la phrase implique référence à la situation de discours, et l'attitude du locuteur. Le cadre général de cette définition ainsi donné, essayons de dire comment les notions de forme et de sens apparaissent cette fois sous le jour sémantique.

Une première constatation est que le « sens » (dans l'acception sémantique qui vient d'être caractérisée) s'accomplit dans et par une forme spécifique, celle du syntagme, à la différence du sémiotique qui se définit par une relation de paradigme. D'un côté, la substitution, de l'autre la connexion, telles sont les deux opérations typiques et complémentaires.

En second lieu, nous avons à déterminer le type d'unité qui convient à cette structure formelle. On a vu que l'unité sémiotique est le signe. Que sera l'unité sémantique ? — Simplement, le mot. Après tant de débats et de définitions sur la nature du mot (on en a rempli un livre entier), le mot retrouverait ainsi sa fonction naturelle, étant l'unité minimale du message et l'unité nécessaire du codage de la pensée.

Le sens de la phrase est en effet *l'idée* qu'elle exprime; ce sens est réalisé formellement dans la langue, par le choix, l'agencement des mots, par leur organisation syntaxique, par l'action qu'ils exercent les uns sur les autres. Tout est dominé par la condition du syntagme, par la liaison entre les éléments de l'énoncé destiné à transmettre un sens donné, dans une circonstance donnée. Une phrase participe toujours de

« l'ici - maintenant »; certaines unités du discours y sont conjointes pour traduire une certaine idée intéressant un certain présent d'un certain locuteur. Toute forme verbale, sans exception, en quelque idiome que ce soit, est toujours reliée à un certain présent, donc à un ensemble chaque fois unique de circonstances, que la langue énonce dans une morphologie spécifique. Que l'idée ne trouve forme que dans un agencement syntagmatique, c'est là une condition première, inhérente au langage. Le linguiste se trouve ici devant un problème qui lui échappe; il peut seulement conjecturer que cette condition toujours nécessaire reflète une nécessité de notre organisation cérébrale. On retrouve dans les modèles construits par la théorie de l'information la même relation entre le message et les unités probables du codage.

Essayons maintenant d'élucider le processus par lequel se réalise le « sens » en sémantique. Il règne à ce sujet tant de confusion ou, bien pis, tant de fausse clarté, qu'il faut s'attacher à bien choisir et à délimiter les termes de l'analyse. Nous posons pour principe que le sens d'une phrase est autre chose que le sens des mots qui la composent. Le sens d'une phrase est son idée, le sens d'un mot est son emploi (toujours dans l'acception sémantique). A partir de l'idée chaque fois particulière, le locuteur assemble des mots qui dans *cet* emploi ont un « sens » particulier. De plus, il faut introduire ici un terme qui n'était pas appelé par l'analyse sémiotique : celui de « référent », indépendant du sens, et qui est l'objet particulier auquel le mot correspond dans le concret de la circonstance ou de l'usage. Tout en comprenant le sens individuel des mots, on peut très bien, hors de la circonstance, ne pas comprendre le sens qui résulte de l'assemblage des mots; c'est là une expérience courante, qui montre que la notion de référence est essentielle. C'est de la confusion extrêmement fréquente entre sens et référence, ou entre référent et signe, que sont nées tant de vaines discussions sur ce qu'on appelle le principe de l'arbitraire du signe. Cette distinction, qu'on vérifie aisément dans la sémantique lexicale, doit-elle être introduite aussi dans la sémantique de la phrase? Nous le pensons. Si le « sens » de la phrase est l'idée qu'elle exprime, la « référence » de la phrase est l'état de choses qui la provoque, la situation de discours ou de fait à laquelle elle se rapporte et que nous ne pouvons jamais, ni prévoir, ni deviner. Dans la plupart des cas, la situation est une condition unique, à la connaissance de laquelle rien ne peut suppléer. La phrase est donc chaque fois un événement différent ; elle n'existe que dans l'instant où elle est proférée et s'efface aussitôt ; c'est un événement évanouissant. Elle ne peut sans contradiction dans les termes comporter d'emploi ; au contraire, les mots qui sont disposés en chaîne dans la phrase et dont le sens résulte précisément de la manière dont ils sont combinés n'ont que des emplois. Le sens d'un mot consistera dans sa capacité d'être l'intégrant d'un syntagme particulier et de remplir une fonction propositionnelle. Ce qu'on appelle la polysémie n'est que la somme institutionnalisée, si l'on peut dire, de ces valeurs contextuelles, toujours instantanées, aptes continuellement à s'enrichir, à disparaître, bref, sans permanence, sans valeur constante.

Tout fait ainsi ressortir le statut différent de la même entité lexicale, selon qu'on la prend comme signe ou comme mot. De cela résultent deux conséquences opposées : d'une part on dispose souvent d'une assez grande variété d'expressions pour énoncer, comme on dit, « la même idée » ; il y a je ne sais combien de manières possibles, dans le concret de chaque situation et de chaque locuteur ou interlocuteur, d'inviter quelqu'un à s'asseoir, sans parler du recours à un autre système de communication, non linguistique, néanmoins sublinguistique, le simple geste désignant un siège. D'autre part, en passant dans les mots, l'idée doit subir la contrainte des lois de leur assemblage ; il y a, ici, nécessairement, un mélange subtil de liberté dans l'énoncé de l'idée, de contrainte dans la forme de cet énoncé, qui est la condition de toute actualisation du langage. C'est par suite de leur coaptation que les mots contractent des valeurs que en eux-mêmes ils ne possédaient pas et qui sont même contradictoires avec celles qu'ils possèdent par ailleurs. On voit s'allier des concepts logiquement opposés et qui même se renforcent en se conjoignant. Ceci est tellement commun que nous n'en avons plus conscience ; telle l'alliance entre « avoir » et « perdre » dans « j'ai perdu », entre « aller » et « venir » dans « il va venir », entre « devoir » et « recevoir » dans « il doit recevoir ». Le procès de l'auxiliation dans le verbe illustre bien cette transformation que les conditions d'emploi peuvent produire dans le sens même des mots appelés à une syntagmation étroite. Ainsi le « sens » de la phrase est dans la totalité de l'idée perçue par une compréhension globale; la « forme » est obtenue par la dissociation analytique de l'énoncé poursuivie jusqu'aux unités sémantiques, les mots. Au-delà, les unités ne peuvent plus être dissociées sans cesser de remplir leur fonction. Telle est l'articulation sémantique.

Le sens à convoyer, ou si l'on veut, le message est défini, délimité, organisé par le truchement des mots; et le sens des mots de son côté se détermine par rapport au contexte de situation. Or, les mots, instruments de l'expression sémantique, sont, matériellement, les « signes » du répertoire sémiotique. Mais ces « signes », en eux-mêmes conceptuels, génériques, non circonstanciels, doivent être utilisés comme « mots » pour des notions toujours particularisées, spécifiques, circonstancielles, dans les acceptions contingentes du discours. Cela explique que les signes les moins délimités à l'intérieur du répertoire sémiotique de la langue, « être », « faire », « chose », « cela », aient, comme mots, la plus haute fréquence d'emploi. De plus la conversion de la pensée en discours est assujettie à la structure formelle de l'idiome considéré, c'est-à-dire à une organisation typologique qui, selon la langue, fait tantôt prédominer le grammatical et tantôt le lexical. Que néanmoins il soit possible en gros de « dire la même chose » dans l'une comme dans l'autre catégorie d'idiomes est la preuve, à la fois, de l'indépendance relative de la pensée et en même temps de son modelage étroit dans la structure linguistique.

Qu'on réfléchisse de près à ce fait notable, qui nous paraît mettre en lumière l'articulation théorique que nous nous efforçons de dégager. On peut transposer le sémantisme d'une langue dans celui d'une autre, « salva veritate »; c'est la possibilité de la traduction; mais on ne peut pas transposer le sémiotisme d'une langue dans celui d'une autre, c'est l'impossibilité de la traduction. On touche ici la différence du sémiotique et du sémantique.

Néanmoins, que la traduction demeure possible comme procès global est aussi une constatation essentielle. Ce fait révèle la possibilité que nous avons de nous élever au-dessus de la langue, de nous en abstraire, de la contempler, tout en l'utilisant dans nos raisonnements et nos observations. La faculté métalinguistique, à laquelle les logiciens ont été plus attentifs que les linguistes, est la preuve de la situation transcendante de l'esprit vis-à-vis de la langue dans sa capacité sémantique.

Ces deux systèmes se superposent ainsi dans la langue telle que nous l'utilisons. A la base, il y a le système sémiotique, organisation de signes, selon le critère de la signification, chacun de ces signes ayant une dénotation conceptuelle et incluant dans une sous-unité l'ensemble de ses substituts paradigmatiques. Sur ce fondement sémiotique, la langue-discours construit une sémantique propre, une signification de l'intenté produite par syntagmation de mots où chaque mot ne retient qu'une petite partie de la valeur qu'il a en tant que signe. Une description distincte est donc nécessaire pour chaque élément selon le domaine dans lequel il est engagé, selon qu'il est pris comme signe ou qu'il est pris comme mot. En outre, il faut tracer une distinction à l'intérieur du domaine sémantique entre la multiplicité indéfinie des phrases possibles, à la fois par leur diversité et par la possibilité qu'elles ont de s'engendrer les unes les autres, et le nombre toujours limité, non seulement de lexèmes utilisés comme mots, mais aussi des types de cadres syntaxiques auxquels le langage a nécessairement recours. Tel est le double système constamment à l'œuvre dans la langue et qui fonctionne si vite, et d'un jeu si subtil, qu'il demande un long effort d'analyse et un long effort pour s'en détacher si l'on veut dissocier ce qui relève de l'un et de l'autre. Mais au fondement de tout, il y a le pouvoir signifiant de la langue, qui passe bien avant celui de dire quelque chose.

Au terme de cette réflexion, nous sommes ramenés à notre point de départ, à la notion de signification. Et voici que se ranime dans notre mémoire la parole limpide et mystérieuse du vieil Héraclite, qui conférait au Seigneur de l'oracle de Delphes l'attribut que nous mettons au cœur le plus profond du langage : *Oute légei, oute krýptei* « Il ne dit, ni ne cache », *alla semaínei* « mais il signifie ».

DISCUSSION

M. Gochet. — M. Benveniste a fait une distinction entre sémiotique et sémantique, c'est-à dire une classification dichotomique. Comment est-il possible dans ces conditions de situer l'*opposition* généralement reconnue aujourd'hui, en philosophie analytique, entre la phrase et l'énoncé, la phrase, en anglais : *sentence*, et l'énoncé : *statement* ? En effet, il semble que la phrase relève à la fois de deux classes *opposées* : d'un côté, elle ressemble au mot, dans la mesure où elle est une pure disponibilité, où elle n'est pas nécessairement assertée, mais simplement présentée, sans qu'elle exprime une adhésion de celui qui la prononce ; comme dans le cas de la phrase en mention, par opposition à la phrase en emploi (*mention* et *use*). Par ce côté-là, la phrase *(sentence)* a une disponibilité qui la fait beaucoup ressembler au mot et semble relever non pas du sémantique, mais du sémiotique. D'un autre côté, la phrase a déjà certain caractère en commun avec ce que vous avez appelé effectivement « phrase », c'est-à-dire avec un énoncé unique, non répétable, qui est lié au locuteur et au cadre dans lequel il est prononcé, ce que l'on traduit en anglais par le terme « statement ». Ma question est donc :

Comment est-il possible de faire justice du fait que la phrase dans le premier sens a déjà des traits syntaxiques, puisqu'elle n'est pas une simple liste de mots ? et que d'autre part, elle n'a pas encore tous les traits sémantiques, puisqu'elle n'est pas encore un énoncé ? La phrase est disponible, un peu à la manière d'un mot pris dans un dictionnaire et qui n'est pas encore utilisé, mais elle l'est déjà moins qu'un mot, parce qu'elle n'est pas une simple liste. Elle a déjà une unité syntaxique, mais elle n'a pas encore une valeur sémantique bien déterminée comme l'énoncé, le « *statement* » ?

M. Benveniste. — Ceci est un peu en dehors de la distinction que j'ai essayé d'instituer, mais je prévoyais que cette distinction entraînerait plus de problèmes que je n'en ai mentionné. Le langage a, dans son utilisation, une diversité d'emplois, de jeu, dont nous ne pouvons pas encore nous faire une idée.

Il faut naturellement distinguer, comme l'a fait l'orateur, deux possibilités dans l'utilisation d'une phrase, et c'est le fait qu'il a illustré par la distinction du « sentence » et du « statement ».

Je réponds que, dans la dichotomie que je propose, aucune forme de phrase n'a place dans le domaine du sémiotique. Tout est de l'ordre sémantique à partir du moment où nous quittons le domaine du signe tel que je l'ai circonscrit. Celui qui parle a certes la possibilité de prendre ou non à son compte un certain énoncé qu'il articule, c'est-à-dire ou bien de présenter un énoncé d'opinion, situé « ici-maintenant », ou bien de procéder par citation. Mais c'est exactement la même situation où nous nous trouvons dans une circonstance dont je n'ai pas non plus fait mention, pour le mot, quand nous traitons du mot lexical, envisagé comme matière lexicologique. Le dictionnaire nous présente des entités lexicales qui ont une réalité « sui generis », qui n'est pas la réalité de l'emploi linguistique. Je crois qu'il en est de même pour la phrase. La phrase telle que je l'ai comprise, énoncé de caractère nécessairement sémantique, n'exclut pas la possibilité de produire une phrase toute faite par exemple pour illustrer une règle de syntaxe, éventuellement de l'employer comme telle, sans qu'elle puisse être considérée comme un élément de mon propre discours, sinon justement en qualité d'élément rapporté.

M. Gueroult. — Je me demande si cette distinction entre la mention et l'énoncé que l'on prend à son compte n'est pas un peu superficielle en l'espèce. Quand je fais une citation, je m'efface derrière l'interlocuteur qui est l'objet de la citation. Par conséquent, on se trouve devant une affirmation qui était prise en compte par quelqu'un ; c'est un autre quelqu'un que je substitue à moi. On ne voit pas, au point de vue de la situation philosophique, que cela pose un problème différent. Par exemple, je fais une citation, ce n'est évidemment pas moi qui parle, mais c'est un interlocuteur que j'introduis à ma place et qui, lui, a pris à son compte cette phrase que j'ai citée.

M. Gochet. — Je pensais à une phrase mentionnée dans un exemple de grammaire, qui représente ce qu'un orateur *quel-*

conque pourrait dire. Il n'y a plus alors d'élément assertif, même au deuxième degré. C'était à ce genre de mention utilisée à titre illustratif, que je faisais allusion, pour faire ressortir la différence entre, d'une part, la phrase qui est là, *disponible*, et, d'autre part, l'énoncé asserté par un individu déterminé ou attribué à un individu *déterminé* dans une *citation véritable*. Cette phrase qui est là, disponible, est pourtant déjà un ensemble structuré, un *syntagme* et pas seulement un élément d'ordre paradigmatique qui illustre quelque chose. C'est une *phrase* déjà, mais qui n'est *assertée* par personne en *particulier* et qui n'est attribuée à personne en *particulier*.

M. Benveniste. — Pour mettre tout à fait les choses au point : j'ai laissé volontairement de côté (j'aurais dû le dire expressément) toute notion de phrase disponible, existant déjà hors de l'emploi instantané, spontané, personnel, que je puis en faire en tant que locuteur. C'est-à-dire, pratiquement, un matériel d'énoncés fixés sous forme écrite, permanente, non personnelle.

M. Perelman. — Le philosophe recherche toujours le contact avec les spécialistes des disciplines où il pourrait apprendre quelque chose; c'est le cas de la linguistique. Mais il y a toujours un danger quand des personnes de disciplines différentes s'entretiennent, c'est que leurs classifications et leur vision, leurs problèmes soient à tel point différents qu'ils peuvent être à la base d'un grand nombre de malentendus, chacun continuant sa propre discipline. Par exemple, quand vous prolongez de Saussure, un philosophe qui vous écoute pense, lui, à l'histoire de sa propre discipline, qui a élaboré progressivement une distinction entre syntaxe, sémantique et pragmatique, l'ensemble étant appelé sémiotique; les mêmes mots ayant un sens tout autre pour vous et pour lui. Si je pose la question, c'est pour savoir ce que vous considérez comme secondaire dans cette tripartition. Dans la pragmatique intervient non seulement le locuteur, mais aussi l'*interlocuteur*, c'est-à-dire, ceux auxquels on s'adresse avec tous les problèmes que cela peut poser. Étant donné que vous n'avez qu'une dichotomie, il faut bien que votre sémantique emprunte certains éléments de la sémantique et certains éléments de la pragmatique des logiciens. J'aimerais savoir dans quelle mesure vos préoccupations vous permettent de vous dispenser de cette division.

M. Gochet est déjà intervenu en distinguant « statement » de « sentence », c'est-à-dire la phrase impersonnelle, de son usage dans un contexte déterminé; mais une fois que nous examinons un cas concret, nous n'avons pas seulement une situation objective, nous avons tout l'arrière-fonds culturel et historique, nous avons tous ceux auxquels nous nous adressons, et tout un ensemble d'éléments qui permettent d'expliquer l'action sur l'interlocuteur, grâce à l'arrière-fonds par lequel on peut agir. C'est pourquoi, j'aimerais savoir ce qui est mis pour ainsi dire à l'arrière-plan, ce que vous considérez comme secondaire en vous contentant d'une dichotomie, au lieu d'une triple division.

M. Benveniste. — Il sera utile en effet de confronter ici deux usages terminologiques, parce qu'ils ne sont pas seulement terminologiques, et qu'ils impliquent justement telle ou telle conception d'ensemble. Je crois nécessaire, quant à moi (j'ai l'impression de ne pas être le seul dans ce cas parmi les linguistes), de partir de la langue et d'essayer d'aller jusqu'aux fondements qu'elle permet d'entrevoir. La contribution des linguistes à la théorie générale de la connaissance est précisément dans l'indépendance de leur démarche, et dans la façon dont, pour leur propre compte, ils tentent d'élaborer cet ensemble que représente la langue avec sa complication toujours croissante, la variété de ses niveaux, etc... Il s'agit donc de savoir si la dichotomie que je présente est ou non conciliable (et si elle ne l'est pas, pourquoi?) avec la triplicité qu'instituent les logiciens. Si je ne me trompe, la notion de syntaxique, la notion de sémantique, la notion de pragmatique, sont les trois ordres de notions auxquels les logiciens en général adhèrent. Ces trois notions constituent un ensemble qui est tout autrement articulé que ce que la langue en elle-même permet de concevoir. Ensemble ou séparément, elles appartiennent exclusivement au domaine qui est, dans ma terminologie, celui du sémantique. En effet, ce qui pour le logicien est syntaxique, c'est-à-dire la liaison entre les éléments de l'énoncé, relève d'une considération qui pour moi est ambiguë, en ce sens que d'une part, ce qui est syntagmatique pour le linguiste coïncide avec ce que l'on appelle syntaxique en logique, et qui, par conséquent, se situe à l'intérieur de l'ordre du sémantique ; mais d'autre part, aux yeux du linguiste, cette liaison peut être gouvernée par une nécessité purement grammaticale, qui dépend entièrement de la structure de l'idiome, qui n'est pas quelque chose d'universel, qui prend des formes particulières suivant le type de langue considérée. Il y a ainsi non seulement une certaine manière de coder la pensée, mais une certaine manière d'enchaîner les éléments du discours, qui est fonction de ce qu'on peut appeler une grammaire. Vous voyez comment le linguiste et le logicien peuvent à la fois coïncider et différer dans la manière de concevoir le « syntaxique ». Pour ce qui est de la distinction admise en logique entre le pragmatique et le sémantique, le linguiste, je crois, ne la trouve pas nécessaire. Il est important pour le logicien de distinguer d'un côté le rapport entre la langue et les choses, c'est l'ordre sémantique ; et de l'autre, le rapport entre la langue et ceux que la langue implique dans son jeu, ceux qui se servent de la langue, c'est l'ordre pragmatique. Mais pour un linguiste, s'il peut être utile de recourir à cette sous-division à tel moment de l'étude, en principe, une pareille distinction de principe n'est pas nécessaire. A partir du moment où la langue est considérée comme action, comme réalisation, elle suppose nécessairement un locuteur et elle suppose la situation de ce locuteur dans le monde. Ces relations sont données ensemble dans ce que je définis comme le sémantique.

M. Perelman. — La syntaxe comporte plus que ce que vous avez dit puisqu'elle comprend aussi tous les signes utilisés dans la langue et pas seulement leur concaténation et les rapports entre ces signes. Elle est à la fois une espèce de vocabulaire *et* l'ensemble des règles de grammaire, selon la conception traditionnelle de la syntaxe. D'autre part, je comprends parfaitement que la sémantique dans le sens du logicien soit à l'arrière-plan dans la mesure où le linguiste ne s'intéresse pas au problème de la vérité. C'est évidemment un problème philosophique et on saisit parfaitement que dans une certaine conception réaliste du discours le problème de la vérité passe au premier plan, ce qui est une préoccupation plutôt secondaire pour le linguiste.

M. J.-C. Piguet. — M. Benveniste a dit à peu près ceci : « Le sens de la phrase est autre chose que le sens des mots qui la composent; le sens des phrases est donné par l'idée, le sens des mots par leur emploi dans la phrase ». Il a ajouté : « Le sens de la phrase équivaut à la totalité de l'idée, perçue sémantiquement; la forme de la phrase en revanche est donnée par la dissociation de cette totalité en unités sémiotiques ou par la composition d'unités sémiotiques indépendantes ». Il apparaît donc que la sémiotique et la sémantique forment deux plans qui relèvent sinon de méthodes, du moins d'idées épistémologiques ou méthodologiques distinctes. La sémantique présupposerait une méthode globale d'appréhension du sens. Par opposition, la méthode ou la direction de l'esprit requise dans la sémiotique serait de composition ou de décomposition, donc analytique et non globale.

Ma question est dès lors la suivante : comment ces deux méthodes s'allient-elles à l'intérieur de la linguistique ? Comment la sémiotique et la sémantique peuvent-elles coexister méthodologiquement, si l'une est de type analytique, et l'autre de type global non-analytique ? Quelle doit alors être finalement la méthode fondamentale rectrice de la linguistique dans son ensemble ?

M. Benveniste. — C'est une question largement anticipatrice; toute réponse catégorique supposerait justement ce que j'ai écarté au début, qu'il existe une doctrine linguistique à ce sujet. Ce que j'ai formulé, ce sont des vues personnelles, ce sont des propositions, qu'il reste à discuter, à préciser, à étendre, à circonscrire dans tous les domaines de la linguistique.

Je distingue entre les unités dites signes de la langue pris en soi et en tant qu'ils signifient, et la phrase, où les mêmes éléments sont construits et agencés en vue d'un énoncé particulier. Je conçois donc deux linguistiques distinctes. C'est là, au stade présent de l'étude, une phase nécessaire de cette grande reconstruction à laquelle nous commençons seulement de procéder, et de cette découverte de la langue, qui en est encore à ses débuts. Au stade présent, il faut élaborer des méthodes et des ensembles conceptuels distincts, strictement appropriés à leur objet. Je trouve donc tout avantage, pour la clarification des notions auxquelles nous nous intéressons, à ce qu'on procède par linguistiques différentes, si elles doivent, séparées, conquérir chacune plus de rigueur, quitte à voir ensuite comment elles peuvent se joindre et s'articuler.

M. Ricœur. — Mon intervention portera sur deux points : d'une part, je considérerai les implications philosophiques de la distinction proposée par M. Benveniste, d'autre part, je poserai une question portant sur son extension éventuelle. La distinction du sémiotique et du sémantique est d'une fécondité philosophique considérable ; elle permet de reprendre la discussion sur le problème fondamental de la *clôture* de l'univers linguistique. La linguistique s'est conquise précisément en proclamant cette clôture et en l'instituant, en séparant par conséquent la constitution interne du système des signes dans la langue de la prise du langage sur la réalité. Et du même coup la linguistique a créé un paradoxe, à savoir que le signe disparaît dans sa fonction essentielle qui est de dire quelque chose. Or la double linguistique de M. Benveniste permet de reprendre le problème à nouveaux frais ; son concept de sémantique permet de rétablir une série de médiations entre le monde clos des signes, dans une sémiotique, et la prise que notre langage a sur le réel en tant que sémantique. Cette distinction du sémiotique et du sémantique va beaucoup plus loin que la dichotomie saussurienne de la langue et de la parole. M. Benveniste retrouve ainsi le problème déjà aperçu par Meillet lorsqu'il distinguait l'immanence et la transcendance de la langue, c'est-à-dire les rapports internes à la langue et son dépassement vers quelque chose d'autre. La double linguistique de M. Benveniste permet de comprendre que le langage se constitue dans la clôture du monde des signes et pourtant se dépasse vers ce qu'ils disent. En même temps que la visée de réalité au niveau de la phrase, M. Benveniste permet de résoudre un second problème, celui de l'instance du sujet à son propre langage par le moyen du nom propre, des pronoms, des démonstratifs, etc. Il serait d'ailleurs intéressant de savoir comment M. Benveniste se situe par rapport à Gustave Guillaume qui, lui aussi, s'était proposé de « reverser à l'univers » le langage par le moyen de la morphologie du discours.

Je voudrais maintenant poser la question suivante à M. Benveniste : dans la perspective qu'il a ouverte, ne faudrait-il pas prolonger la dualité de la sémiotique et de la sémantique jusque dans l'ordre syntagmatique ? N'y a-t-il pas d'une part les syntagmes qui sont chaque instance de discours, chaque fois circonstanciels et référés à une situation et à un locuteur singulier, et d'autre part une « grammaire » qui permet de traiter comme une production auto-normée la création d'un nombre infini de phrases ? Cette fois c'est du côté de Chomsky qu'il faudrait faire porter la comparaison et la discussion. Ce n'est pas seulement le mot qui peut être abordé du point de vue sémiotique et du point de vue sémantique, mais aussi la phrase. Accepteriez-vous de parler d'une sémiotique et d'une sémantique de la phrase ?

M. Benveniste. — Je ne pense pas que la phrase puisse trouver place dans le sémiotique. Le problème de la phrase ne se pose qu'à l'intérieur du sémantique, et c'est bien la région de la langue sur laquelle porte la question de M. Ricœur. Nous constatons qu'il y a d'une part, empiriquement, des phrases et des possibilités de phrases indéfinies, d'autre part, certaines conditions qui commandent la génération des phrases. Chaque langue possède sans aucun doute un certain nombre de mécanismes, de schèmes de production, qui peuvent se formuler, qui peuvent même se formaliser; c'est à les reconnaître et à les inventorier que s'emploie une certaine école de linguistes à l'heure actuelle. Or, regardons, dans le concret de leurs démarches, les opérations que pratiquent les théoriciens de la grammaire générative : nous observons qu'ils se placent toujours à l'intérieur d'une syntaxe réelle pour fonder en raison ce qui peut être dit et ce qui ne peut pas être dit. C'est là la distinction fondamentale. Ils se demandent, par exemple : par quel procédé passe-t-on d'une certaine façon de dire à une autre ? Par quel procédé peut-on convertir une phrase de type actif, transitif, en une phrase passive ? Par quel procédé transforme-t-on une proposition assertive en une proposition négative ? Quelles sont les lois qui gouvernent cette génération ?

Toutes formelles que sont ces procédures, exposées sous une forme axiomatique, mathématique même, elles visent en définitive des réalisations. Nous ne cessons pas d'être dans le sémantique.

Je voudrais ici préciser un point que je n'ai peut-être pas

fait suffisamment ressortir. Ce qui relève de la nécessité idiomatique, du mécanisme grammatical est quelque chose de distinct, qui appartient à la structure formelle de la langue et reste en dehors du sémantique et du sémiotique, n'étant pas à proprement parler de la signification.

A une question d'un congressiste relative aux rapports entre logique et sémiotique, M. Benveniste répond : Le besoin et la justification que les logiciens se donnent à eux-mêmes de leur entreprise est évidemment la notion de vérité, qui conditionne les démarches et les divisions instaurées à l'intérieur de la logique. Cette condition de connaissance n'est pas la condition primordiale pour le linguiste, qui analyse le donné qu'est la langue et qui essaie d'en reconnaître les lois.

Quant à la place du sémiotique, je crois que c'est un ordre distinct, qui obligera à réorganiser l'appareil des sciences de l'homme. Nous sommes là, en effet, tout à fait au commencement d'une réflexion sur une propriété qui n'est pas encore définissable d'une manière intégrale. C'est une qualité inhérente du langage, mais que l'on découvre aussi dans des domaines où l'on n'imaginait pas qu'elle pût se manifester. On connaît les tentatives qui sont faites actuellement pour organiser en notions sémiotiques certaines données qui relèvent de la culture ou de la société en général. Dans le langage est unifiée cette dualité de l'homme et de la culture, de l'homme et de la société, grâce à la propriété de signification dont nous essayons de dégager la nature et le domaine.

VI

Lexique et culture

CHAPITRE XVI

Diffusion d'un terme de culture : latin orarium[*]

Le vocabulaire des langues anciennes et modernes est rempli d'emprunts qui se croisent en tous sens. Nombre de ces mots ont voyagé loin de leur source, passant d'une langue à l'autre par des détours imprévus, mais il est très rare qu'on en décrive le trajet entier. Dans la plupart des cas, les étymologistes ne retiennent qu'une portion des données, celles qui intéressent leur domaine respectif, alors qu'il faut suivre toute la continuité du procès et embrasser l'étendue entière du champ linguistique pour être sûr de décrire exactement et de comprendre le phénomène de diffusion.

C'est ce que nous voudrions montrer par un exemple. Ayant rencontré l'aboutissant extrême d'un mot d'emprunt, nous avons dû pour l'éclaircir remonter jusqu'à la source première, qui est latine. Mais notre exposé suivra l'ordre inverse de notre recherche, et partira du latin pour définir les conditions initiales et pour atteindre dans leur consécution historique les formes successives de l'emprunt, qui s'échelonnent de Rome jusqu'au cœur de l'Asie.

Le texte du Nouveau Testament présente quatre exemples du mot σουδάριον « serviette, mouchoir », et, assez naturellement, la Vulgate le rend chaque fois par *sūdārium* « mouchoir à essuyer la sueur », puisque *sudarium* est l'original de l'emprunt grec σουδάριον. Il faut citer ces quatre passages.

---

[*] *Studia classica et orientalia Antonio Pagliaro oblata*, Istituto di Glottologia della Università di Roma, vol. 1 (1969), pp. 213-218.

Luc, 19, 20 : ἡ μνᾶ σου ἣν εἶχον ἀποκειμένην ἐν σουδαρίῳ « ta mine, que j'ai gardée enveloppée dans un linge »; Vulg. *mna tua quam habui repositam in sudario* (arm. *varšamak* [1]; v. sl. *ubrusŭ* [2]);

Actes 19, 12 : ὥστε καὶ ἐπὶ τοὺς ἀσθενοῦντας ἀποφέρεσθαι ἀπὸ τοῦ χρωτὸς αὐτοῦ σουδάρια ἢ σιμικίνθια « de sorte qu'on appliquait aux malades des mouchoirs ou des linges qui avaient touché sa peau (et ils étaient guéris) »; Vulg. *ita ut etiam super languidos deferrentur a corpore eius sudaria et semicinctia* (arm. *t'aškinak* [3] *kam varšamak*; v. sl. *ubrusŭ*);

Toujours avec le même sens, le mot est employé dans une circonstance particulière chez Jean en deux passages :

J. 11, 44 (résurrection de Lazare) : ἡ ὄψις αὐτοῦ σουδαρίῳ περιεδέδετο « son visage était enveloppé d'un linge »; Vulg. *facies illius sudario erat ligata* (arm. *varšamak*; v. sl. *ubrusŭ*);

J. 20, 7 (le tombeau vide) : τὸ σουδάριον ὃ ἦν ἐπὶ τῆς κεφαλῆς αὐτοῦ « le linge qui était sur sa tête (= de Jésus) »; Vulg. *sudarium quod fuerat super caput eius* (arm. *varšamak*; v. sl. *sudarĭ* [4]).

Ces deux passages ont joué un rôle décisif dans l'histoire lexicale de *sudarium*. C'est à partir de ce récit [5] que *sudarium*, qui désignait en général et ici aussi un linge à essuyer la sueur, a pris, du fait qu'il était mentionné dans les apprêts funéraires lors de la Résurrection, le sens spécifique de « linge enveloppant la tête *des morts* », d'où est sorti fr. *suaire* [6].

Plus intéressante encore, mais bien moins apparente, a été

1. Sur arm. *waršamak*, emprunt à l'iranien, cf. *BSL*, 53 (1958), p. 70.
2. Avec russe *ubrús* « mouchoir, fichu », russe dial. *obrus* « serviette de table », du préfixe *u-* et le radical de v. sl. *brŭsnǫti* « effacer, essuyer »; cf. M. Vasmer, *Russ. etym. Wb.* III, p. 170.
3. Sur *t'aškinak*, cf. H. Hübschmann, *Arm. Gramm.*, p. 512 et le dictionnaire d'Adjarian, 11, p. 1132, aussi peu concluants l'un que l'autre. L'origine iranienne est probable.
4. La forme v. slave *sudarĭ* (russe *sudar'* comme terme ecclésiastique) vient du grec σουδάριον (cf. Vasmer, *op. cit.*, III, p. 39). Ce mot grec a également passé en syriaque sous la forme *sūdārā* (Jean II, 44; 20,7); cf. S. P. Brock, *Le Muséon*, 80 (1967), p. 415-6.
5. Les récits parallèles des autres Évangiles ont des termes différents : σινδών, lat. *sindon* (Mc 15, 46); στολή, lat. *stola* (16, 5); ὀθόνια, lat. *linteamina* (L. 24, 12).
6. Autrement *sudarium* ne survit en roman que dans le dalmate *sudar* « mouchoir » (dimin. *sudaroli* de *sudariolum*) qui conserve le sens premier du mot latin. Cf. *FEW*, XII, p. 395.

la situation de *sudarium* dans la tradition textuelle latine. Nous nous proposons justement de mettre en lumière une particularité qu'elle présente et les conséquences qui en sont résultées.

Pour Jean 11, 44 ἡ ὄψις αὐτοῦ σουδαρίῳ περιεδέδετο « sa figure était enveloppée d'un mouchoir », la Vulgate donne, on l'a vu, *facies illius sudario erat ligata*, et rien ne paraît plus naturel que de trouver, ici comme ailleurs, gr. σουδάριον rendu par lat. *sudarium*. Mais assez curieusement, la plus ancienne traduction latine, la *Vetus Latina* (Itala) ne portait pas ici *sudarium*, mais un mot différent, *orarium*, que la Vulgate a banni pour y substituer le *sudarium* du texte actuel. On n'a guère prêté attention à cette discordance, qui est pourtant notable sous maints rapports.

Tout d'abord est à retenir le fait que le latin disposait, pour la même notion, de deux termes, *orarium* et *sudarium*. Si les plus anciens traducteurs, ayant à rendre le σουδάριον de Jean 11, 44, ont choisi *orarium*, alors que *sudarium* paraissait s'imposer ou en tout cas se présentait en premier, cette préférence doit avoir une raison. Elle s'explique, pensons-nous, par la situation respective de *sudarium* et de *orarium* dans l'usage. Entre les deux, pratiquement synonymes, la différence est de niveau stylistique. *Sudarium* appartient à la bonne langue classique (Catulle, Quintilien); *orarium* devait être plus commun, sinon vulgaire. La formation même de *orarium* « linge à (essuyer le) visage », où le thème de *os* a remplacé *sud-*, montre une création secondaire d'intention expressive. Le mot apparaît seulement au IVe siècle, dans l'Histoire Auguste, où il désigne les linges que les spectateurs agitaient au théâtre pour manifester leur contentement : *ipsumque primum donasse oraria populo romano quibus uteretur populus ad favorem*[1], cf. chez Eusèbe : κατασείειν ταῖς ὀθονίαις ἐν τοῖς θεάτροις[2]. On cite ensuite, au début du Ve siècle, chez Augustin : *Tunc, sicut potuit, oculum lapsum atque pendentem, loco suo revocatum, ligavit orario*[3]. Prudence, exaltant deux martyrs, rappelle le miracle qui accompagna leur mort : on vit monter au ciel deux objets, l'anneau de l'un, le mouchoir de l'autre : *illius fidem figurans nube fertur anulus,*

1. Vopiscus, *Aurelianus*, chap. XLVIII.
2. *Hist. eccles.* VII, cité par Leclercq, *Dict. d'arch. chrét.*, XII 2, p. 2322.
3. *Civ. dei.*, XXII, 8.

hic sui dat pignus oris, ut ferunt, orarium [1], avec figure étymologique, *orarium sui oris*. D'autres exemples de la latinité chrétienne, plus récents, sont cités par Rönsch [2].

On peut donc voir dans le choix de *orarium* chez les premiers traducteurs des Évangiles pour le σουδάριον de Jean 11, 44, un reflet de l'usage commun, et dans le *sudarium* que la Vulgate y substitue, le souci du bien dire. C'est un fait du même ordre que le remplacement de *lauacrum* qui était le premier terme latin pour « baptême » par *baptisma* (*-mus*).

Mais l'apparition de *orarium* dans l'Itala n'intéresse pas seulement l'histoire du vocabulaire latin. Elle a eu au dehors des conséquences qui n'ont pas encore été aperçues.

La version gotique des Évangiles nous est conservée pour deux des passages, cités plus haut, où grec σουδάριον et latin *sudarium* se répondent. Il est intéressant de voir comment Wulfila le traduit.

Le premier exemple est Luc 19, 20 « (ta mine que j'ai gardée enveloppée) ἐν σουδαρίῳ, *in sudario* », en gotique : (*sa skatts þeins þanei habaida galagidana*) *in fanin*. Ce mot gotique *fana* rend ailleurs (Mt 9, 16; Mc 2, 21) gr. ῥάκος, lat. *pannus* « pièce de tissu (pour réparer un vêtement) ». Le traducteur a donc pris ici *sudarium* non dans son sens propre, mais dans son acception contextuelle de « pièce d'étoffe, linge (à envelopper un objet quelconque) ».

Le second exemple gotique est, par chance, Jean 11, 44, « son visage était enveloppé d'un linge (σουδαρίῳ) », le passage même où l'Itala donne *orarium* et la Vulgate *sudarium*. Il est traduit : *wlits is auralja bibundans*. Le terme gotique n'est plus *fani*, mais *aurali* qui, comme on l'a reconnu depuis longtemps, est pris du latin *orarium* [3]. On constate donc un

---

1. Prudence, *Peristeph.* I, v. 85-6.
2. Voici intégralement la notice de H. Rönsch, *Itala und Vulgata*, 1875, p. 318-9 : *orarium* = *sudarium, linteum*, Jo. 11, 44 : et facies eius *orario* [σουδαρίῳ] conligata erat, Brix. Rehd. Ambros., Corb. (ligata). — Aug. Civ. XXII. 8 : oculum lapsum... ligavit *orario*. — Ambros. d. Obit. fratr. : divinum illud fidelium sacra mentum ligari fecit in *orario* et *orarium* involvit collo. — Paulin. vit. Ambros. : iactabat etiam turba... *oraria* vel semicinctia sua. — Prud. perist. I : hic sui dat pignus oris, ut ferunt *orarium*. — Act. Jul. mart. c. 2 ap. Ruinart : accepit *orarium* et ligavit oculos suos. — Act. Marcian. et Nicandr. c. 3 ib. : *orariis* oculis martyrum circumdatis. — Treb. Poll. Claud. 17. Vopisc. Aurel. 48.
3. Cf. S. Feist, *Vergl. Wb. der got. Spr.*[2], p. 68 a.

accord frappant entre la version gotique et celle de l'Itala. Ce ne peut être un hasard si, à l'endroit même où cette dernière présente *orarium*, le gotique dit *aurali* pour gr. σουδάριον. Le traducteur gotique a dû utiliser, à côté du grec, un texte latin ancien tel que le Brixianus qui donne en effet *orarium* [1]. Il fallait que la forme latine *ōrārium* fût devenue *ŏrārium* pour aboutir à got. *aurali* [2]. L'emprunt au latin a été fait — ce qui en confirme le caractère populaire — dans plusieurs dialectes germaniques indépendamment; de là vient que les formes diffèrent du gotique par la flexion : vha. *orul, orel*; v. angl. *orel, orl*, d'où v. norrois *url(an)* « voile de figure » [3]. Ce devait être un mot répandu dans les provinces romaines et que divers peuples germaniques ont adopté à des dates différentes.

Le sort de *orarium* se fût sans doute borné là et le mot n'aurait pas connu d'autre notoriété si une circonstance imprévue ne lui avait ouvert une nouvelle carrière. A partir du VIe siècle on a dénommé *orarium*, dans la liturgie chrétienne, la pièce d'étoffe que le diacre portait sur l'épaule gauche [4] et qui devait plus tard, vers le XIe-XIIe siècle, s'appeler *stola* « étole » [5]. Du langage commun, *orarium* est alors passé dans le vocabulaire ecclésiastique. Au sens d' « étole », c'était un terme nouveau, et à ce titre il a été largement diffusé hors du latin, vers l'Est de l'Europe, puis dans les langues du christianisme oriental. Il ne sera pas inutile d'en regrouper les témoignages.

L'étape décisive a été l'adoption de *orarium* en grec, sous la forme ὡράριον « étole ». C'est à partir du grec que le procès de diffusion s'est réalisé. Le mot a été emprunté par v. slave

---

1. Sur l'importance du Brixianus pour la traduction gotique, cf. W. Streitberg, *Die gotische Bibel*, p. XLII sq.
2. M. H. Jellinek, *Gesch. der got. Sprache*, 1926, pp. 183, 185.
3. E. Schwarz, *Goten, Nordgermanen, Angelsachsen*, 1951, pp. 41-42.
4. Sur l'ensemble du problème de l'*orarium* liturgique, l'étude de Hefele, *Beiträge zur Kirchengeschichte*, II, 1864, p. 186 sq. reste utile à lire. Une forme plus récente de *orarium* est *orale* (cf. Du Cange) qui a donné a. fr. *orel*, synonyme de *orier* « étole » < *orarium* (cf. *FEW*, VII, pp. 384-5).
5. Dans une homélie de St. Jean Chrysostome (cf. Hefele, *op. cit.*, II, p. 186 sq.) les diacres sont comparés aux anges, et les légères étoffes sur leur épaule gauche (λεπταὶ ὀθόναι ἐπὶ τῶν ἀριστερῶν ὤμων) aux ailes des anges.

urarj « « ὡράριον » » dans l'Euchologe sinaïtique 38 b[1], d'où v. russe *urarĭ, orarĭ*, russe *orar'* « bande étroite sur l'épaule gauche du vêtement du diacre »[2]. Du grec vient aussi l'arménien *orar, urar* « étole »[3] chez les écrivains ecclésiastiques, ainsi que le géorgien *olari*, défini comme une « longue bande d'étoffe parsemée de croix que le prêtre officiant met sur l'épaule gauche[4] ». On le retrouve en syriaque comme *'ōrārā*[5], et le syriaque *'ōrārā* fournit à son tour l'original du mot sogdien chrétien *'wrr'* que nous avons identifié[6] dans un fragment d'un écrit sur la symbolique des accessoires du culte[7]. Voici la traduction du passage sogdien : « Les deux diacres auprès de l'autel sont l'image de ces anges qui sont visibles aux pieds et à la tête de Notre-Seigneur. L'étole (*wrr'*) sur leur épaule gauche (*pr wyšnty s'ptw fyq*) est pour qu'ils montrent qu'ils sont des serviteurs (*frm'n ptywšyt*) »[8].

Ainsi *orarium* « linge de figure, mouchoir », devenu terme de liturgie au sens d' « étole », a été véhiculé jusqu'en Asie Centrale[9] par les missionnaires de langue syriaque, tandis qu'il disparaissait du latin même. Dès la Vulgate *orarium* a été remplacé dans son sens propre par *sudarium*; et plus tard, dans son sens liturgique, par *stola*. Seuls les emprunts étrangers conservent le témoignage de son existence.

---

1. « On notera la représentation de ω inaccentué par sl. *u* » (Meillet, *Et. sur l'étym. et le vocab. du v. slave*, p. 187).
2. Cf. M. Vasmer, *Russ. etym. Wb.*, II, p. 274.
3. H. Hübschmann, *Arm. Gramm.*, p. 369, n. 303 a.
4. Dans le Dictionnaire de Tchoubinov, p. 391.
5. Exemples chez Payne Smith, *Thesaurus*, I, p. 100. Le mot n'est cité qu'incidemment chez A. Schall, *Stud. über griech. Fremdwörter im Syrischen*, 1960, p. 176 fin, 244 fin.
6. *BSL* 53 (1958), fasc. 1, p. 70.
7. Ed. Hansen, *Berliner sogdische Texte*. II, 1955, p. 903 sq., ll. 5, 27, 28.
8. Fragment cité II. 25 *sqq*. Pour le symbolisme de l'étole, on comparera un texte d'Innocent III (cité par Hefele, *op. cit.*, II, p. 194) : « Stola quae super amictum collo sacerdotis incumbit, oboedientiam et servitutem significat quam Dominus omnium propter salutem servorum subivit ».
9. Nous avons donné un aperçu du vocabulaire chrétien en sogdien et en vieux turc dans le recueil intitulé *L'Oriente cristiano nella storia della civiltà* « Accad. dei Lincei », Rome 1964, pp. 85-91.

CHAPITRE XVII

Genèse du terme « scientifique » [*]

La constitution d'une terminologie propre marque dans toute science l'avènement ou le développement d'une conceptualisation nouvelle, et par là elle signale un moment décisif de son histoire. On pourrait même dire que l'histoire propre d'une science se résume en celle de ses termes propres. Une science ne commence d'exister ou ne peut s'imposer que dans la mesure où elle fait exister et où elle impose ses concepts dans leur dénomination. Elle n'a pas d'autre moyen d'établir sa légitimité que de spécifier en le dénommant son objet, celui-ci pouvant être un *ordre* de phénomènes, un *domaine* nouveau ou un mode nouveau de *relation* entre certaines données. L'outillage mental consiste d'abord en un inventaire de termes qui recensent, configurent ou analysent la réalité. Dénommer, c'est-à-dire créer un concept, est l'opération en même temps première et dernière d'une science.

Nous tenons donc l'apparition ou la transformation des termes essentiels d'une science pour des événements majeurs de son évolution. Tous les trajets de la pensée sont jalonnés de ces termes qui retracent des progrès décisifs et qui, incorporés à la science, y suscitent à leur tour de nouveaux concepts. C'est que, étant par nature des inventions, ils stimulent l'inventivité. Cependant l'histoire de la science ne met pas encore à leur juste place ces créations, qui passent pour n'intéresser que les lexicographes.

Encore faut-il distinguer. Des noms de matières, de corps

[*] *L'Age de la Science*, Aix, II (1969), n° 1, pp. 3-7.

nouveaux — il en apparaît sans cesse en chimie — ont un intérêt de nomenclature, mais limité à la spécialité, et d'ailleurs, comme ils sont souvent inventés sur l'instant ou par association arbitraire, ils représentent l'extrême de la particularité. Les termes instructifs sont ceux qui s'attachent à un concept neuf désigné à partir d'une notion théorique (*civilisation, évolution, transformisme, information*, etc.), mais aussi bien ceux qui, dérivés d'une notion antérieure, y ajoutent une détermination nouvelle.

Nous en proposons, pour l'étudier ici, un exemple typique, celui d'un adjectif si usuel que personne n'en cherche le commencement et si nécessaire qu'on ne se représente même pas qu'il ait dû commencer; c'est l'adjectif *scientifique*. Il semble donné avec la notion même de *science*, dont instinctivement on le dirait contemporain et immédiatement dérivé. Mais l'apparence nous trompe autant sur la relation avec le terme de base que sur le concept qu'il introduit.

Entre *science* et *scientifique* le rapport de dérivation formelle n'est ni clair ni usuel. Les adjectifs tirés de termes notables dans les grandes provinces de la science sont généralement en *-ique* (type *sphère : sphérique ; atome : atomique*) ou par voie savante, en *-al* (*espace : spatial ; genre : général*). Rien n'empêchait la création d'un adjectif tel que *scientique ou * *sciential*; c'eût même été la forme la plus naturelle, celle qui se présentait d'emblée. A la généralité du concept de *science* eût répondu un dérivé de classe très générale. Ainsi ont procédé pour leur compte les langues modernes qui, hors de la tradition latine, devaient créer un tel adjectif. De *wissenschaft* « science », l'allemand a tiré *wissenschaftlich*; de *nauka* « science », le russe a fait *naučnyj*. Dans les deux cas, l'adjectif emprunte une forme suffixale, *-lich* en allemand, *-nyj* en russe, de fonction très large et donc de faible spécificité.

Tout à l'opposé est le rapport de *scientifique* à *science*. Ce type d'adjectif dérivé en *-fique* sur base de substantif abstrait n'a pas d'autre représentant en français que *scientifique* précisément, et *scientifique* est dans une situation singulière à l'égard de la formation dont il relève. Si l'on excepte un certain nombre de formes devenues inanalysables (*prolifique*), les dérivés en *-fique* ne sont jamais de simples adjectifs de relation, comme l'est *scientifique* vis-à-vis de *science*. Ils montrent une fonction « factitive » très prononcée : *calorifique, frigorifique, soporifique* « qui produit la chaleur, le froid, le sommeil », *pacifique* « qui amène la paix », *honorifique* « qui procure l'honneur ». Replacé dans cette série à laquelle il appartient certainement, *scientifique* signifiera proprement non « de science », mais « qui fait la science ». C'est ce qu'observe avec raison Lalande :

« *Scientifique*. Proprement, qui sert à construire la science. D'ordinaire et plus largement : qui concerne la science ou qui appartient à la science » [1].

Mais aucune interprétation n'est donnée de ce sens propre, et l'on ne discerne pas pourquoi *science* — et seulement *science* — aurait reçu comme adjectif un dérivé en *-fique* signifiant « qui fait (la science) » plutôt qu'un simple adjectif de relation facile à former avec un des suffixes usuels.

Déjà Littré avait pressenti ce problème quand, indiquant l'étymologie de *scientifique* par « lat. *scientia*, science, et *facere*, " faire " », il observait :

« Ce mot qui paraît avoir été créé au XIVᵉ siècle, signifie : qui fait la science, et c'est aussi le sens qu'il a chez Oresme [2]. Mais avec le sens que nous lui donnons, il serait mieux avec la finale *al* ou *aire* : *sciential* ou *scientiaire* » [3].

D'où vient alors que la langue ait fait ce choix singulier, délaissant la voie qui s'offrait d'une dérivation normale, celle qu'indique Littré ?

Nous sommes devant un cas particulier, qui semble sortir de la norme et dont aucune raison générale ne peut rendre compte. Il faut donc examiner les conditions de fait qui ont produit cet adjectif. Contrairement à ce que croyait Littré, *scientifique* n'a pas été formé en français. Comme tous les adjectifs en *-fique*, il nous vient du latin, où la classe des composés en *-ficus* « faisant », bien établie dès la langue classique (*bene-ficus* « bien-faisant », *honori-ficus* « qui fait honneur »,) est restée productive jusqu'à basse époque [4].

---

1. Lalande, *Vocabulaire de philosophie*, s. v. *scientifique*.
2. Citations du XIVᵉ siècle chez Littré : « De ces parties une est scientifique ou spéculative, l'autre est raciocinative ou pratique, Oresme, *Eth.* 171. Et pour ce aussi que la proposition singulière laquele est le derrenier terme en ceste pratique, n'est pas universelle ne scientifique, c'est-à-dire que de elle n'est pas science, Id. 199 ».
3. Littré, *Dictionnaire*, art. *scientifique*, fin.
4. Sur ces composés, cf. F. Bader, *La formation des composés nominaux du latin* (Annales littéraires de l'Université de Besançon, vol. 46), Paris, 1962, pp. 207-221.

De fait *scientificus* date de la période tardive du latin [1]. Il apparaît pour la première fois au VIe siècle de notre ère. C'est déjà un fait digne de remarque qu'un tel intervalle sépare *scientia*, qui est usuel chez les meilleurs auteurs classiques, de *scientificus*, né sept siècles plus tard. On dirait que la notion dénommée *scientia* est restée inerte de longs âges durant, mal définie, mouvante, représentant selon les cas un « savoir », une « connaissance », un « art », une « technique », jusqu'à ce qu'elle atteignît beaucoup plus tard le stade de la « science ». Et la création de *scientificus* au VIe siècle semble confirmer l'émergence du concept de « science » à cette époque. Mais à quelle nécessité obéit la forme propre de l'adjectif? Il faut ici se reporter à l'auteur qui a créé *scientificus*, Boèce.

C'est à Boèce qu'on doit l'invention de ce terme, qui allait devenir la qualification nécessaire de toute « science ». Cependant ce n'a pas été un néologisme qu'il suffise d'enregistrer [2], et l'on simplifie les choses en établissant un rapport linéaire, du latin *scientificus* au français *scientifique* : d'une part *scientificus* chez Boèce ne signifie pas « scientifique » au sens où nous l'entendons, de l'autre *scientificus* n'est pas le seul dérivé de *scientia* que Boèce ait forgé. Il a créé aussi l'adjectif *scientialis*. C'est donc une double relation qu'il faut élucider, celle de *scientificus* à *scientia*, et celle de *scientificus* à *scientialis*, en les prenant l'une et l'autre à leur source même.

Boèce n'a pas produit *scientificus* dans ses écrits originaux en suite d'une réflexion personnelle sur la science; il a forgé le mot pour les besoins de sa traduction d'Aristote. Dans cette tâche il a dû largement inventer les équivalents latins

1. Dans l'ouvrage précité de F. Bader, *scientificus* figure à la fin du paragraphe 250 parmi les adjectifs en -*ficus* indiquant simplement « qui est relatif à... ». On montre ci-dessous que ce n'est pas le sens original.

2. Les dictionnaires étymologiques du français (Bloch-Wartburg, Dauzat) rapportent bien *scientificus* à Boèce, mais sans autre précision, non plus d'ailleurs que les dictionnaires latins.

P. Zumthor chez Wartburg, *Französisches Etymologisches Wörterbuch*, XI, 1961, p. 309 *b* et 310 *b* renseigne utilement sur l'évolution du sens de *scientifique* en français, ce qui nous dispense d'y revenir, mais il ne dit rien de la formation de lat. *scientificus*. Battisti-Alessio, *Dizionario etimologico italiano*, V, 1966, p. 3398, s. v. *scientifico* indiquent seulement : « lat. tardo (Boezio) *scientificus* da *sciens-entis* (*scire*) sul modello di *beneficus maleficus munificus* ecc. » Moins explicitement encore Corominas, *Diccionario crítico etimológico de la lengua castellana*, I (1954), p. 791 *b* : « *científico*... del lat. tardío *scientificus* ».

d'un vocabulaire technique qu'Aristote avait lui-même pour une large part inventé en grec. L'adjectif *scientifique* apparaît plusieurs fois dans la version des *Secondes Analytiques*, notamment dans ce passage crucial (I, chap. 2, 71 *b* 18) [1] :

ἀπόδειξιν δὲ λέγω συλλογισμὸν ἐπιστημονικόν. ἐπιστημονικὸν δὲ λέγω... καθ' ὃν τῷ ἔχειν αὐτὸν ἐπιστάμεθα' ...συλλογισμὸς μὲν γάρ ἔσται καὶ ἄνευ τούτων, ἀπόδειξις δ' οὐκ ἔσται. οὐ γὰρ ποιήσει ἐπιστήμην.

« Par *démonstration* j'entends le syllogisme scientifique, et j'appelle *scientifique* un syllogisme dont la possession même constitue pour nous la science... Un syllogisme peut assurément exister sans ces conditions, mais il ne sera pas une démonstration, car il ne sera pas productif de science » [2].

Boèce traduit [3] :

« Demonstrationem autem dico syllogismum epistemonicon id est facientem scire, sed epistemonicon dico secundum quem (in habendo ipsum) scimus... et sine his demonstratio autem non erit, no enim faciet scientiam ».

Toute l'articulation du raisonnement et le choix des termes latins s'élucident ensemble dans la version de Boèce. Il rend l'expression à l'accusatif συλλογισμὸν ἐπιστημονικόν en la transcrivant par *syllogismum epistemonicon*, mais il y ajoute la glose : *id est facientem scire* « (syllogisme épistémonique), c'est-à-dire qui fait savoir », utilisant par avance la définition qu'Aristote donne quelques lignes plus bas : le syllogisme sera une démonstration parce qu' « il produira la science », ποιήσει ἐπιστήμην, *faciet scientiam*. Nous avons ici, dans cette qualité de « produire la science, *scientiam facere* », le critère et la formule même qui font reconnaître une démonstration « *scienti-fique* ». Et un peu plus loin, quand Aristote traitera des ἐπιστημονικαὶ ἀποδείξεις (75 *a* 30), Boèce dira tout naturellement *scientificæ demonstrationes* [4]. L'équivalence est trouvée et le terme désormais fixé.

1. Pour ce texte d'Aristote, l'édition utilisée est celle de W. D. Ross et L. Minio-Palluello (Oxford, 1964), où l'introduction (p. VI) renseigne sur l'histoire de la traduction latine des Secondes Analytiques, et donne (p. X sq.) les références à l'*Aristoteles Latinus*.
2. Trad. J. Tricot, *Organon* IV, *Les Secondes Analytiques*, éd. 1966, p. 8.
3. Boèce, *Posteriorum Analyticorum Aristotelis Interpretatio* I, chap. éd. Migne, *Patrologie Grecque*, t. 64, p. 714.
4. *Ibid.*, p. 720.

Citons encore dans les *Topiques* :

Ἁπλῶς μὲν οὖν βέλτιον τὸ διὰ τῶν προτέρων τὰ ὕστερα πειρᾶσθαι γνωρίζειν ἐπιστημονικώτερον γὰρ τὸ τοιοῦτόν ἐστι (141 *b* 16).

« Au sens absolu il est donc préférable de s'efforcer de faire connaître les choses postérieures par les choses antérieures, car un tel procédé est plus productif de savoir »[1].

Chez Boèce :

« Simpliciter igitur melius per priora posteriora tentare cognoscere, nam magis *scientificum* tale est »[2].

Dans le même traité, οἱ ἐπιστημονικοὶ συλλογισμοί (155 *b* 15) est traduit *scientifici syllogismi*[3].

Il apparaît donc que Boèce a forgé *scientificus* pour traduire le terme aristotélicien ἐπιστημονικός, et qu'il emploie toujours cet adjectif *scientificus* dans la plénitude du sens étymologique : « qui *produit* le savoir ». Les contextes des passages cités ne laissent pas de doute sur cette valeur qui seule peut expliquer la formation du néologisme.

Il est d'autant plus intéressant de relever que Boèce donne une traduction différente du même terme aristotélicien ἐπιστημονικός dans un passage des *Secondes Analytiques* (77 *a* 38) ou ἐρώτημα ἐπιστημονικόν est traduit *interrogatio scientialis*. Voilà encore une création de Boèce. Il a jugé nécessaire d'introduire ici un dérivé distinct et nouveau, *scientialis*; c'est qu'en effet Aristote entend ici par ἐρώτημα ἐπιστημονικόν une interrogation *qui porte sur la science*, comme le montre la suite (ἐρώτημα γεωμετρικόν, ἰατρικόν « interrogation portant sur la géométrie, sur la médecine ») et non « *qui crée* la science ». Boèce a donc distingué deux acceptions de ἐπιστημονικός : 1º « propre à la science » qu'il traduit *scientialis*, et 2º « qui produit la science », qu'il rend par *scientificus*. Le terme grec ἐπιστημονικός était lui-même un néologisme créé par Aristote sur le thème de ἐπιστήμων « possédant la connaissance scientifique » (cf. *Secondes Analytiques* 74 *b* 28) pour servir d'adjectif à ἐπιστήμη[4]. Il donne

1. Trad. Tricot, *Organon* V, *Les Topiques*, éd. 1950, p. 236.
2. Boèce, *loc. cit.*, p. 973.
3. Boèce, *loc. cit.*, p. 993.
4. Pour la formation on comparera les adjectifs ἡγεμονικός, γνωμονικός, μνημονικός.

lieu chez Boèce à une double définition, chacune exigeant un terme distinct et nouveau. Mais *scientialis* n'a pas vécu [1]. Seul *scientificus* s'est généralisé soit pour des raisons doctrinales, soit à cause de sa plus grande expressivité, et, passé dans les langues modernes de l'Occident, il y est devenu un outil conceptuel inséparable de la notion de science et de la science même.

1. Il eût fourni au français l'adjectif *sciential* que Littré, avec un sens juste de la dérivation, estimait mieux approprié que *scientifique* à l'usage moderne.

CHAPITRE XVIII

La blasphémie et l'euphémie[*]

Blasphémie et euphémie : nous avançons ces néologismes pour associer dans l'unité de leur manifestation deux concepts qu'on n'a pas l'habitude d'étudier ensemble, et pour les poser comme activités symétriques. Nous voyons dans la blasphémie et l'euphémie les deux forces opposées dont l'action conjointe produit le *juron*.

Nous considérons ici le juron comme l'expression blasphémique par excellence, entièrement distincte du blasphème comme assertion diffamante à l'égard de la religion ou de la divinité (ainsi le « blasphème » de Jésus se proclamant fils de Dieu, *Marc* 14, 64). Le juron appartient bien au langage, mais il constitue à lui seul une classe d'expressions typiques dont le linguiste ne sait que faire et qu'en général il renvoie au lexique ou à la phraséologie. De ce fait on ne retient du juron que les aspects pittoresques, anecdotiques, sans s'attacher à la motivation profonde ni aux formes spécifiques de l'expression.

Dans les langues occidentales, le lexique du juron ou, si l'on préfère, le répertoire des locutions blasphémiques, prend son origine et trouve son unité dans une caractéristique singulière : il procède du besoin de violer l'interdiction biblique de prononcer le nom de Dieu. La blasphémie est

---

[*] *Archivio di Filosofia* (« L'analyse du langage théologique. Le nom de Dieu ». Actes du colloque organisé par le Centre international d'Études humanistes et par l'Institut d'Études philosophiques de Rome, Rome, 5-11 janvier 1966), diretto da Enrico Castelli, Rome, 1969, pp. 71-73.

de bout en bout un procès de parole; elle consiste, dans une certaine manière, à remplacer le nom de Dieu par son outrage.

Il faut prêter attention à la nature de cette interdiction qui porte non sur le « dire quelque chose » qui serait une opinion, mais sur le « prononcer un nom » qui est pure articulation vocale. C'est proprement le tabou linguistique : un certain mot ou nom ne doit pas passer par la bouche. Il est simplement retranché du registre de la langue, effacé de l'usage, il ne doit plus exister. Cependant, c'est là une condition paradoxale du tabou, ce nom doit en même temps continuer d'exister en tant qu'interdit. C'est ainsi, en tant qu'existant-interdit, qu'il faut également poser le nom divin, mais en outre la prohibition s'accompagne des plus sévères sanctions, et elle est reçue chez des peuples qui ignorent la pratique du tabou appliqué au nom des défunts. Cela souligne plus fortement encore le caractère singulier de cet interdit du nom divin.

Pour le comprendre et donc pour mieux voir les ressorts de la blasphémie, on doit se référer à l'analyse que Freud a donnée du tabou. « Le tabou, dit-il, est une prohibition très ancienne, imposée du dehors (par une autorité) et dirigée contre les désirs les plus intenses de l'homme. La tendance à la transgresser persiste dans son inconscient; les hommes qui obéissent au tabou sont ambivalents à l'égard du tabou ». Pareillement, l'interdit du nom de Dieu refrène un des désirs les plus intenses de l'homme : celui de profaner le sacré. Par lui-même le sacré inspire des conduites ambivalentes, on le sait. La tradition religieuse n'a voulu retenir que le sacré divin et exclure le sacré maudit. La blasphémie, à sa manière, veut rétablir cette totalité en profanant le nom même de Dieu. On blasphème le *nom* de Dieu, car tout ce qu'on possède de Dieu est son *nom*. Par là seulement on peut l'atteindre, pour l'émouvoir ou pour le blesser : en prononçant son nom.

Hors du culte, la société exige que le nom de Dieu soit invoqué dans une circonstance solennelle, qui est le serment. Car le serment est un *sacramentum*, un appel au dieu, témoin suprême de vérité, et une dévotion au châtiment divin en cas de mensonge ou de parjure. C'est le plus grave engagement que l'homme puisse contracter et le plus grave manquement qu'il puisse commettre, car le parjure relève non de la justice des hommes, mais de la sanction divine. Aussi le nom du dieu doit figurer dans la formule du serment.

Dans la blasphémie aussi le nom de Dieu doit apparaître, car la blasphémie, comme le serment, prend Dieu à témoin. Le juron est bien un jurement, mais un jurement d'outrage. Ce qui le caractérise en propre tient à un certain nombre de conditions qu'il nous faut dégager successivement.

La principale consiste dans la forme même de l'expression blasphémique. Nous abordons ici le domaine de l'expression émotionnelle, si peu exploré encore, qui a ses règles, sa syntaxe, son élocution. La blasphémie se manifeste comme *exclamation*, elle a la syntaxe des interjections dont elle constitue la variété la plus typique ; elle n'utilise que des formes signifiantes, à la différence des interjections onomatopées, qui sont des cris (*Oh! aïe! hé!...*), et elle se manifeste dans des circonstances spécifiques.

Il faut rendre sa pleine force au terme « exclamation » quand on étudie le phénomène linguistique de la blasphémie. Le Dictionnaire Général définit l'exclamation : « cri, paroles brusques qu'on laisse échapper pour exprimer un sentiment vif et soudain ». Le juron est bien une parole qu'on « laisse échapper » sous la pression d'un sentiment brusque et violent, impatience, fureur, déconvenue. Mais cette parole n'est pas communicative, elle est seulement expressive, bien qu'elle ait un sens. La formule prononcée en blasphémie ne se réfère à aucune situation objective en particulier ; le même juron est proféré en des circonstances toutes différentes. Il n'exprime que l'intensité d'une réaction à ces circonstances. Il ne se réfère pas non plus au partenaire ni à une tierce personne. Il ne transmet aucun message, il n'ouvre pas de dialogue, il ne suscite pas de réponse, la présence d'un interlocuteur n'est même pas nécessaire. Il ne décrit pas davantage celui qui l'émet. Celui-ci se trahit plutôt qu'il ne se révèle. Le juron lui a échappé, c'est une *décharge émotive*. Néanmoins cette décharge se réalise en formules fixes, intelligibles et descriptibles.

La forme de base est l'exclamation « nom de Dieu! », c'est-à-dire l'expression même de l'interdit, et on la renforce de l'épithète qui va souligner la transgression : « *sacré* nom de Dieu! ». Adjuration inversée où « Dieu » peut être remplacé par un de ses parèdres « Madone, Vierge », etc. C'est bien le « vilain serment » que mentionnent les chroniqueurs du Moyen Age. On accentue l'intention outrageante en accouplant au nom divin une invective, en substituant au « nom » le « corps » ou tel de ses organes, ou sa « mort », en redoublant l'expression (type : « bon Dieu de bon Dieu ! »), chacune de ces variétés donnant lieu à de nombreuses variantes et permettant des inventions insultantes ou burlesques, mais toujours dans le même modèle syntaxique. Un autre procédé consiste à invoquer nommément l'anti-Dieu, le Diable, par l'exclamation « Diable ! ». Le besoin de transgresser l'interdit, profondément enfoui dans l'inconscient, trouve issue dans une jaculation brutale, arrachée par l'intensité du sentiment, et qui s'accomplit en bafouant le divin.

Mais cette exclamation suscite aussitôt une censure. La blasphémie suscite l'euphémie. On voit maintenant cõmme les deux mouvements se tiennent. L'euphémie ne refrène pas la blasphémie, elle la corrige dans son expression de parole et elle la désarme en tant que jurement. Elle conserve le cadre locutionnel de la blasphémie, mais elle y introduit trois modes de changement :

1º le remplacement du nom « Dieu » par quelque terme innocent : « *nom d'une pipe !* », « *nom d'un petit bonhomme !* » ou « *bon sang !* »;

2º la mutilation du vocable « Dieu » par aphérèse de la finale « *par Dieu ! > pardi !* » ou la substitution d'une même assonance : « *parbleu !* »;

3º la création d'une forme de non-sens à la place de l'expression blasphémique : « *par le sang de Dieu !* » devient « *palsambleu !* », « *je renie Dieu !* » devient « *jarnibleu !* ».

La blasphémie subsiste donc, mais elle est masquée par l'euphémie qui lui ôte sa réalité phémique, donc son efficacité sémique, en la faisant littéralement dénuée de sens. Ainsi annulée, la blasphémie fait allusion à une profanation langagière sans l'accomplir et remplit sa fonction psychique, mais en la détournant et en la déguisant.

CHAPITRE XIX

Comment s'est formée une différenciation lexicale en français[*]

C'est un fait d'observation que deux signes lexicaux de forme très voisine peuvent n'avoir pas de rapport associatif parce que leurs signifiés restent distincts. S'il y a néanmoins des raisons de penser que ces deux signes sont bien de même famille, la question se pose de savoir quels facteurs les ont dissociés et comment s'est réalisée cette délimitation nouvelle, qui ne peut manquer de déplacer à son tour d'autres signes.

Tel est le problème théorique autour duquel va s'organiser l'analyse présentée ici d'une donnée lexicale du français. Au point de départ, il y a une observation fortuite. Notre attention s'est trouvée éveillée, puis retenue, par la ressemblance que présentent deux signes pourtant distincts du français : le verbe *amenuiser* et le substantif *menuisier*. Autant la relation formelle est claire et serrée, autant est incertaine celle du sens. *Amenuiser*, c'est « rendre plus menu »; un *menuisier* est un « ouvrier qui travaille le bois ». Y a-t-il seulement un rapport? C'est bien plutôt une absence de rapport que le « sentiment linguistique » éprouvera. On peut conjecturer, assez vaguement, que le point de jonction est l'adjectif *menu*, mais rien dans l'usage actuel ne rapproche *menuisier* de *menu*, et il est certain qu'on n'associera pas spontanément, qu'on sera au contraire porté à séparer l'une de l'autre ces unités lexicales.

Le problème est donc de voir à quel niveau de la langue ce

[*] *Cahiers Ferdinand de Saussure*, Genève, Droz, n° 22 (1966), pp. 15-28.

rapport peut être restauré, puis comment et pourquoi il a été rompu. Il ne s'agit pas d'une étude historique au sens traditionnel du terme, mais de l'analyse descriptive d'une relation envisagée dans plusieurs états successifs d'une évolution linguistique.

En effet dès lors qu'on traite d'une relation entre signes, le champ de l'étude est synchronique, et quand cette relation est une variable, on passe d'une synchronie à une autre. Il nous faut donc délimiter ces synchronies, sans souci des cloisonnements historiques, dans la continuité linguistique dont le français est la phase actuelle.

On sera d'abord tenté de chercher en ancien français le lien qui rattacherait ensemble *amenuiser* et *menuisier*. Mais ces deux termes semblent au contraire y diverger encore davantage, car a. fr. *(a) menuiser* signifie « réduire en poussière » et a. fr. *menuisier* se dit d'artisans en diverses matières et non pas seulement en bois [1]. La différence existe déjà, elle est seulement articulée d'une autre manière.

Il faut donc prendre les choses plus haut, à l'état du latin, décrire la donnée de base qui est l'adjectif *minutus*, puis la relation de cet adjectif avec ses dérivés, et construire ainsi le modèle auquel on comparera ensuite l'état de cette relation en français. Cette description des faits latins devra faire ressortir les traits distinctifs de la notion. On n'a jamais trop de toutes les déterminations pour définir un signe.

*

Il n'y a pas lieu de s'arrêter sur la forme de *minutus*, par rapport à *minuo* « diminuer » : c'est celle, toute normale, d'un participe passif. La valeur de participe est également claire dans un exemple tel que celui-ci : « consul alter equestri proelio uno et vulnere suo *minutus* (" diminué, affaibli ") [2]. »

Ce qui a produit un changement dans les valeurs sémantiques de *minutus* et de ses dérivés est son changement de statut : de participe, il est devenu adjectif, et il a pris le sens approximatif de « menu ». Tout est parti de là; c'est de ce passage d'une fonction à une autre, éloignant *minutus* de son apparte-

---
1. Les données seront citées plus loin, p. 268.
2. Liv. XXI, 52, 2.

nance verbale, que résultent les traits nouveaux qui composent sa définition lexicale. Il faut les dégager [1].

Une première particularité, qui n'a pas été remarquée, dans la fonction d'adjectif que *minutus* assume, est comme le prolongement de son origine participiale. Du fait que *minutus* participe énonçait un état résultant d'un procès transitif, et que le procès dénoté par *minuo* consiste en un changement graduel (« diminuer », c'est « rendre moindre »), *minutus* adjectif énonce la qualification comme relative et oppositive. Il n'indique pas une propriété à l'état absolu, et il ne sert pas de substitut populaire à *parvus* « petit » [2]. On entend par *minutus* ce qui est « *plus* réduit en volume (que l'état normal) ». Cela ressort de la syntaxe même des emplois anciens, où fréquemment *minutus* est employé, qu'il soit lui-même au comparatif ou au superlatif, en liaison ou en opposition avec un adjectif comparatif, ou qu'il se trouve en général dans un contexte qui suggère cette valeur comparative, par exemple avec des diminutifs. Voici quelques exemples qui appartiennent à plusieurs phases de la langue :

— Si venisses Capuam, quod et *pueros minutos* vides libenter et *maiores* animadvertere non vis... [3] « tu aimes voir les petits garçons, les plus grands ne t'intéressent pas » ;

— *pisciculos minutos* aggerebant frequenter ut *a maioribus* absumerentur [4] ;

— forma esse oportet magnitudine media. Quod *nec vastas nec minutas* decet esse equas [5] (le contraste avec *media* montre que *vastas* et *minutas* indiquent l'excès des qualités contraires).

---

1. Nous ne faisons pas ici une étude philologique. Dans le riche matériel offert par l'article *minutus* du *Thesaurus linguae latinae* (VIII, p. 1038 sq.), nous avons choisi quelques citations caractéristiques. D'autres nous ont été fournies par nos propres lectures.
2. Comme le dit Ernout-Meillet, p. 405 a. Il y a eu quelques substitutions de *minutus* à *parvus*, mais seulement au sens figuré, et Cicéron les condamne : « abutimur saepe verbo, ut cum *grandem* orationem pro magna, *minutum* animum pro parvo dicimus » (*in Orat.* 27).
3. Fragment d'une Epistula Latina de Varron ap. Nonius 141, 13. Le sens a été élucidé par H. Dahlmann, *Museum Helveticum* VII (1950), p. 211 sq. qui renvoie à Suétone *Aug.* 83 *ludebat cum pueris minutis*, et fait une observation juste, mais sommaire et incomplète, sur l'opposition *minutus/maior*.
4. Varron, *R.R.* III, 17, 6.
5. Varron, *op. cit.*, II, 7, 4.

Lexique et culture

— Di me omnes *magni minutique* et etiam patellarii... faxint [1]...

— Unus tibi hic dum propitius sit Jupiter, tu istos *minutos* caue deos flocci feceris « pourvu seulement que ce Jupiter que voici (= moi) te soit propice, moque-toi comme d'une guigne de ces dieux subalternes »[2]. A quoi l'autre répond : « Sed tandem si tu Juppiter sis mortuus, cum ad deos *minoris* redierit regnum tuum, quis mihi subveniet tergo... »[3] « supposons que toi, mon Jupiter, tu finisses par mourir, quand ton royaume sera revenu aux dieux inférieurs, qui est-ce qui protégera mon dos...? » indiquant l'équation *minutus = minor*.

— *curculiunculos minutos* fabulare « tu ne m'offres que de tout petits charançonnets » (autant dire : trois fois rien)[4]; liaison entre *minutus* et le diminutif;

— euge, litteras *minutas*!... — Verum qui satis videat, *grandes* satis sunt « ah! quelle menue écriture!... — Pour qui a de bons yeux, elle est bien assez grande »[5];

— nutricas *pueros infantes minutulos* ut domi procurent [6];

— *pisciculos minutos* [7];

— ossa uidelicet e *pauxillis* atque *minutis* | ossibus hic, et de *pauxillis* atque *minutis* | uisceribus uiscus gigni « (il enseigne) que les os sont formés d'os infiniment petits et menus; la chair, de chairs infiniment petites et menues »[8];

— multis partibus hic (sc. aer) est *mobilior*, multisque *minutior*, et *mage pollens* (opp. *aer crassior*)[9];

— aer... dispergitur ad *partis* ita quasque *minutas* corporis [10] « l'air se répand presque dans les parties les plus menues du corps » (= superlatif);

— ... ne laneum *latusculum* manusque *mollicellas*... tibi flagella *conscribillent*... uelut *minuta* magno deprensa nauis in

1. Plaute, *Cist.* 522.
2. Plaute, *Cas.* 331 sq.
3. *Ibid.* 335, trad. Ernout.
4. Plaute, *Rud.* 1325.
5. Plaute, *Bacch.* 991.
6. Plaute, *Poen*, prol. 28. Ce sont là tous les exemples de *minutus* chez Plaute.
7. Térence, *Andr.* 369.
8. Lucrèce I 835-7, trad. Ernout.
9. Lucrèce IV, 318.
10. Lucrèce IV, 895.

mari [1]... (*minuta* est mis par l'entourage au rang d'un diminutif);

— salem non *nimium minutum* aspergito [2];

— napi quoque, sed integri; si *minuti* sint, *maiores* etiam insecti [3];

— itaque populus *minutus* laborat; nam isti *maiores* maxillae semper Saturnalia agunt « c'est ainsi que le menu peuple est dans la misère ; car pour toutes ces grosses mâchoires, c'est toujours Saturnales » [4];

— *minutis maioribus*que abscessibus [5];

— (Attila) forma breuis, lato pectore, capite *grandiore*, *minutis* oculis [6]...

Ces exemples, illustrant la valeur de comparatif propre à *minutus*, montrent ce qui le distingue de *parvus* et de *tenuis*, en vertu principalement des liaisons et oppositions syntagmatiques où il entre, tant dans des emplois figurés — que nous ne citons pas — que dans ceux où *minutus* garde son sens littéral.

Une circonstance particulière ajoute un nouveau trait à cette définition : c'est l'influence de l'adjectif grec λεπτός. Comme cette influence ne semble pas avoir été remarquée [7], il faut en exposer brièvement la raison et les preuves :

1º Comme *minutus*, λεπτός est un ancien participe devenu adjectif; *minutus* en avoisine le sens, à partir d'une notion verbale toute différente. Le rapport entre le verbe λέπω « écosser, peler » et λεπτός comme participe ne se voit guère que dans un exemple homérique (*Y* 497) où λεπτός qualifie le grain de maïs dépouillé de sa balle sous les pieds des bœufs. Mais c'est une survivance. Partout ailleurs chez Homère et même dès le mycénien (*re-poto,*) λεπτός apparaît comme adjectif au sens de « mince, menu, fin »;

2º λεπτός a dans ses premiers emplois une implication comparative qui se manifeste soit par la jonction avec un

---

1. Catulle 25, 10.
2. Columelle XII, 56.
3. Columelle, *loc. cit.*
4. Pétrone, *Sat.* 44, 3, trad. Ernout.
5. Cels. V, 18, 7.
6. Jordanes, *Get.* 35, 182.
7. On n'en trouve mention ni dans l'article du *Thesaurus* ni dans les dictionnaires étymologiques d'Ernout-Meillet et de J. B. Hofmann.

autre adjectif au comparatif (hom. ἀλλά τέ οἱ βράσσων τε νόος, λεπτὴ δέ τε μῆτις K 226), soit par une opposition contextuelle : chez Hérodote, τὰ λεπτὰ τῶν προβάτων « le menu bétail » par contraste avec les gros animaux (I 133; VIII 137); λεπτὰ πλοῖα « menues embarcations », opp. πεντηκόντεροι, τριήρεις (VII 36); λεπταὶ ἄκραι « minces pointes rocheuses », trop minces justement pour des roches et prises de loin pour des vaisseaux (VII 107).

Ces deux caractéristiques de λεπτός préfiguraient celles qui se dessinent en latin dans l'emploi de *minutus*. Devant ces coïncidences, il n'y a rien d'étonnant que des écrivains romains imbus de culture grecque aient été portés à rapprocher *minutus* de λεπτός, puis à faire de *minutus* l'équivalent de λεπτός en plusieurs acceptions nouvelles, qui sont de véritables calques.

Le neutre λεπτόν pris comme substantif désigne dans le Nouveau Testament une menue monnaie : on l'a rendu en latin par *minutum* : ἔβαλεν λεπτὰ δύο = Vulg. « misit duo minuta »[1]; — ἕως καὶ τὸ ἔσχατον λεπτὸν ἀποδῷς = Vulg. « donec etiam novissimum *minutum* reddas »[2], locution proverbiale « (tu ne sortiras pas d'ici) que tu n'aies payé jusqu'au dernier sou »[3].

Une autre acception, également technique, du neutre λεπτόν allait avoir, transposée en latin, une grande fortune. Les astronomes grecs ont désigné par λεπτόν, dans le système sexagésimal de Ptolémée, la 60ᵉ partie d'un degré de cercle, puis de l'heure. Pour traduire cette notion, le latin a choisi *minutus* qu'il a commencé par spécialiser dans une expression descriptive; ainsi chez Augustin : « dies et horas *minutioresque horarum articulos* »[4]; puis il en a fait une désignation directe, *minutum* d'abord, ensuite *minuta* « minute », qui s'est implanté dans la plupart des langues modernes. Enfin, toujours à l'imitation du grec, le latin a distingué la *minuta prima* (πρῶτον λεπτόν), qui est notre « minute », et une subdivision sexagésimale, *minuta secunda* (δεύτερον λεπτόν), notre « seconde ».

---

1. Marc 12, 42; Luc 21, 2.
2. Luc 12, 59.
3. Ce sont là tous les exemples de λεπτός dans le NT.
4. Aug. *Conf.* VII, 6, 8.

En outre *minutus* reproduit λεπτός dans une série d'expressions non techniques, dont voici quelques-unes :

aer minutior (opp. *crassior*) chez Lucrèce évoque la λεπτότης de l'air selon Platon, ainsi que la définition d'Aristote : λεπτότερον ἀὴρ ὕδατος [1];

minutus pour qualifier les êtres « menus » rappelle τὰ λεπτὰ τῶν προβάτων (Hérodote, ci-dessus);

minuta nauis (Catulle, ci-dessus), et λεπτὰ πλοῖα (Hérodote, ci-dessus);

sal minutum « sel égrugé »[2] et ἅλας λεπτόν (Hippiatr. gr.);

populus minutus, minuta plebes « le *menu* peuple » et οἱ λεπτοί (Polybe).

Toute chance de rencontre fortuite ou de développement spontané est exclue dans les exemples que fournit l'Itala, où *minutus* a été choisi pour traduire λεπτός :

concides de illis minutum traduisant συγκόψεις ἐκ τούτων λεπτόν [3] (Vulg. *in tenuissimum pulverem*);

facta sunt minuta = λεπτότερον [4] (Vulg. *contrita sunt*);

de même dans l'Itala, le dénominatif *minutare* traduit λεπτύνειν dans Ps. 17, 43 : *minutabo* = λεπτυνῶ (Vulg. *comminuam*) « je (les) réduirai en poussière », et le participe *minutatus*, en locution prédicative avec *facere*, rend gr. λεπτὸν ποιεῖν : *simulacra... minutata facies* = εἴδωλα λεπτὰ ποιήσεις [5] (Vulg. *disperges*).

Hors des textes bibliques, mais sous la dépendance de cette équivalence consacrée, on rencontre chez Tertullien le composé *minutiloquium* qui doit être une traduction de gr. λεπτολογία [6].

L'expression *concidere minute (minutim, minutatim)* « couper en menus morceaux » (cf. ci-dessus la citation biblique de l'Itala) est parallèle à gr. λεπτὰ τῖλαι chez Théocrite; τὴν ῥίζαν κόψαι λεπτήν (Hippiatr. gr.). Elle est fréquente en latin dans les recettes culinaires. Le traité d'Apicius, *De re coquinaria*, écrit dans les premières années du Ier siècle après

---

1. Aristote, *Phys.* 215 b 4.
2. Varron, *R.R.* III, 9, 12.
3. Exode 30, 36.
4. Dan. 2, 35.
5. Isaïe 30, 22. L'arménien a ici *manrasc^ces* « tu réduiras en pièces ».
6. Plutôt que μικρολογία indiqué par Ernout-Meillet.

J.-C., en a déjà beaucoup d'exemples [1]; *minute concidere* se comparera à gr. λεπτοκοπεῖν « couper menu ».

A définir ainsi les zones d'emploi où lat. *minutus* concorde avec gr. λεπτός jusqu'à en être devenu l'équivalent de traduction, on aperçoit mieux celles où ils ne coïncident pas. Ici est le point essentiel.

La notion qui est au centre de *minutus* et qui demeure constante dans les emplois les plus divers se laisse maintenant définir. Cet adjectif qualifie ce qui est de peu de volume par état naturel — êtres vivants, organes corporels, etc. — ou ce qui est réduit à l'état de fragment par rupture, écrasement, segmentation; c'est le cas des matières inertes : *minutum ferrum* « un petit fragment de fer (pour éprouver un aimant) » [2]. Il se dira de tout ce qui est obtenu par division d'un continu ou d'un entier : ainsi *minutum* pour une petite division monétaire, *minuta* pour une petite division du degré. Avec un verbe signifiant « couper, trancher », l'adjectif *minutus* ou les adverbes *minute minutim minutatim* indiqueront ce qui a peu d'épaisseur, ce qui est réduit en tranches minces (on voit ici la transition de *minutus* à fr. *mince, émincer*) [3]. Cette définition couvre tout l'ensemble des liaisons de *minutus* et convient donc aussi aux emplois équivalents de gr. λεπτός.

Mais le domaine de gr. λεπτός est plus étendu que celui de lat. *minutus*. Par une portion importante de ses emplois, λεπτός déborde *minutus*. Dès l'époque homérique et même déjà en mycénien (*ri-no re-po-to* = λίνον λεπτόν) [4], l'adjectif, grec se dit des matières *travaillées par l'homme*, des objets de dimensions réduites et finement ouvragés : fils, cordons, tissus, vêtements, voiles, cuirs, bronzes : λέπτ' ἠλάκατα (ρ 97) — λεπτῇ μηρίνθῳ (ψ 855) — λίνοιο λεπτὸν ἄωτον (Ι 661) — λεπτὰς ὀθόνας (Σ 595) — εἵματα λεπτά (χ 511) —

---

1. Voir Apicius *De re coquinaria*, éd. André (Paris 1965), §§ 68, 103, 104-5, 126, 174, etc. et pour la définition du *minutal* « fricassée de chair de poisson, d'abats ou de viande coupés en morceaux » (p. 125).
2. Varron, *L. L.* IX, 94.
3. Nous ne mentionnons que par prétérition ce rapport du lat. *minutus* à fr. *mince*, qui n'entre pas dans notre sujet.
4. Cf. Lejeune, *Mémoires de philologie mycénienne*, p. 133 sq.; références textuelles chez Morpurgo, *Mycenaeae graecitatis Lexicon*, 1963, pp. 291, 296.

ἱστὸν λεπτόν (β 95) — φᾶρος λεπτόν (ε 231) — πέπλοι λεπτοί (η 97) — λεπτότατος χαλκός (Υ 275) — λεπτοτάτη ῥινὸς βοός (Υ 276) — des liens d'une finesse de toile d'araignée : δέσματα ... ἠΰτ' ἀράχνια λεπτά (θ 280), et en général les œuvres de grande habileté : οἷα θεάων λεπτά τε καὶ χαρίεντα καὶ ἀγλαὰ ἔργα πέλονται, telles la toile tissée par Circé (κ 223).

La notion prégnante ici ressort de la dernière citation : λεπτὰ ἔργα, c'est la finesse d'un objet réalisé par le *travail* de l'homme. Non plus la petite dimension naturelle d'un être ou d'une chose, ni le menu fragment arraché à une matière, mais la délicatesse d'un *ouvrage* : λεπτός, qualifiant ἔργον, introduit dans la définition les valeurs de la technique et de l'art.

Si caractéristique, si ancienne aussi, est cette liaison instaurée entre λεπτός et ἔργον qu'elle produit le composé λεπτουργής, qui apparaît dès l'époque homérique : ἔσθος λεπτουργές « un vêtement de fin travail »[1], puis viennent les dérivés λεπτουργεῖν, λεπτουργός, λεπτουργία, λεπτουργικός qui se développent avec les métiers, et qu'on trouve surtout à partir du début de notre ère dans les papyri.

Le fait qui mérite ici une attention particulière est que le nom d'agent λεπτουργός se spécialise assez tôt pour l'artisan qui travaille *le bois* : c'est un « menuisier ». Déjà Diodore de Sicile au Ier siècle av. J.-C. donne λεπτουργός en ce sens : ἀρχιτέκτονας ἀθροίσας καὶ λεπτουργῶν πλῆθος (pour le bûcher d'Heplaistion)[2], où λεπτουργός « menuisier » s'oppose à ἀρχιτέκτων « chargé du gros œuvre », et nombre de mentions dans les papyri et les inscriptions le confirment[3]. Une variante, λεπτοποιός, a été signalée récemment[4]. Le grec a réalisé dans λεπτουργός un nom d'artisan qui répond exactement à fr. *menuisier*.

Or ce développement de λεπτός pour qualifier les menus objets produits par le travail de l'artisan, n'a aucun parallèle

---

1. Hymnes homériques 31, 14.
2. Diod. Sic. 17, 115.
3. Les témoignages principaux sont réunis dans les dictionnaires de Liddell-Scott-McKenzie et de Preisigke, s. v.
4. Louis Robert, *Noms indigènes dans l'Asie Mineure gréco-romaine*, Paris, 1963, p. 292, n. 4. Il faut mentionner encore ξυλουργός qui est resté en grec moderne. Sur ξυλικάριος « charpentier » ou « menuisier », cf. L. Robert, Χαριστήριον εἰς Α. Κ. Ὀρλάνδον, Athènes, 1964, p. 338 *sq*.

en latin dans l'emploi de *minutus*. On ne trouve pas *minutus* dans la terminologie latine des métiers. Ou plutôt on le trouve en une seule occasion, dans un contexte fort instructif, à propos d'un artiste grec vanté par Varron. Pour que l'œil, dit Varron, pût discerner plus facilement le détail des petits ivoires que sculptait Myrmecides, il fallait les mettre devant un fond noir [1], c'étaient en effet des *minuta opera*, comme il dit ailleurs : « in Myrmecidis *minutis operibus* » [2]. Et Cicéron caractérise dans les mêmes termes l'œuvre de cet artiste : « Myrmecides *minutorum opusculorum* fabricator » [3]. Chez ces deux auteurs, nourris de culture hellénique, parlant d'un sculpteur grec qui était célèbre par ses petits ouvrages d'ivoire et de bronze [4], l'expression *minuta opera*, étrangère à l'usage latin, est vraisemblablement la traduction d'un terme grec tel que λεπτουργία.

Si *minutus*, ne désignant jamais un produit fabriqué, reste hors du vocabulaire de l'artisanat, à plus forte raison le latin n'est-il jamais arrivé à désigner par *minutus* ou par un composé ou dérivé de *minutus* le travail spécifique du « menuisier », comme l'a fait le grec par λεπτουργός. Il y en a une preuve frappante : dans l'Édit de Dioclétien qui contient bien des noms de métiers, nous trouvons justement λεπτουργὸς τεχνίτης pour « menuisier », mais l'équivalent latin est *faber intestinarius* [5].

On appelait ainsi l'ouvrier qui exécutait l'*opus intestinum*, les travaux de menuiserie à l'intérieur de la maison, par opposition à l'*opus tectorium*; par exemple chez Varron; « villam *opere tectorio et intestino*... spectandam » [6]; et Pline dit du sapin : « abies... ad quaecumque libeat *intestina opera* aptissima siue Graeco siue Campano siue Siculo fabricae artis genere », « le sapin... est très bon... pour tous les ouvrages de menuiserie de style grec, campanien ou sicilien » [7]

---

1. Varron, *L.L.*, VII, 1.
2. *Ibid.* IX, 8.
3. *Acad.* II, 120. Le grammairien Apulée dit aussi de Myrmecides : « Fuit sculptor admirandus in *minutis* marmoreis *operibus* formandis » (*Orthogr.* 57).
4. Cf. Elien, *V. H.* I, 17; Ath. XI, 782 b, Pline, VII, 21, 21, XXXVI, 5, 15.
5. Cf. Blümner, *Der Maximaltarif des Diokleitian*, p. 106.
6. Varron, *R.R.* III, 1, 10.
7. Pline XVI, 225 éd. et trad. André.

Faber intestinarius : le latin n'avait pas d'autre manière de désigner le « menuisier » à l'époque où le grec disait λεπτουργὸς τεχνίτης ou simplement λεπτουργός. La création d'un terme de même sens dans les deux langues a obéi à des modèles complètement différents : le grec a profité de ce que λεπτός qualifiait dès l'origine le travail artisanal pour le restreindre au travail particulier des artisans du bois, sous la forme du composé λεπτουργός; le latin, ne pouvant employer à cette fin *minutus*, et d'ailleurs peu enclin à forger des composés (ceux en *-fex* comme *aurifex* sont rares et peu productifs), a créé une dénomination de type descriptif, avec *faber* accompagné d'un adjectif qui spécifie le mode d'activité : *intestinarius*. C'était le procédé usuel pour former des noms d'artisans : on tirait un dérivé en *-arius* d'un nom de matière, accompagné ou non de *faber* : ainsi *(faber) ferrarius* « forgeron »; *(faber) aerarius* « fondeur », *plumbarius* « plombier », *lapidarius* « tailleur de pierres », etc. et aussi *lignarius* dont on ne sait s'il veut dire « charpentier » ou « menuisier »[1].

Telle est en définitive, comparée à celle de λεπτός, la situation de *minutus*. Ni l'adjectif ni aucun de ses dérivés *(minutare, minutia, minutalis, minutatim)* ne se rapportent à une activité artisanale, et spécialement au travail du bois.

*

Envisageons maintenant les données en ancien français. Elles se distribuent assez clairement, et on n'a pas besoin d'un grand appareil de citations[2] pour les situer par rapport au modèle latin.

L'adjectif *menu* (qui comporte un dimunitif *menuet*) « de peu de volume, de petite taille » (opp. *gros*) occupe la même position qu'avait *minutus* en latin, et la conservera en français moderne.

Le verbe *menuiser* qui continue lat. *minutare* (en fait, *minutiare), signifie de même « réduire en menus morceaux ». Ex. : « *cum poudre* [les] *menuiserai; — les jours de son tens menuisas; —* la terre pour apporter fruict sera *menuisée et*

---

1. Cf. Liv. XXXV, 41, 10.
2. Celles que nous donnons sont prises au Dictionnaire de Godefroy, sous les mots en question. Cf. aussi Tobler-Lommatzsch, *Altfr. Wb.* I, p. 341; V, p. 1455 *sqq.*

amollie par le soc de la charrue », etc. C'est encore bien le sens latin. Et quand Montaigne écrit : « (Le vif argent) se va *menuisant* et esparpillant », c'est déjà notre *s'amenuiser*.

La valeur technique commence d'apparaître avec *menuier* « aminci, mince » qui désigne, avec un nom de personne, celui « qui exerce un menu métier » (*marchans menuyers*), et surtout avec *menuierie* « menus ouvrages », produits par des artisans en divers métiers. On peut mesurer la variété des emplois par ces trois exemples : « enrichir de entaillures, paintures, armoieries et autres *menuieries* plaisans à l'ueil » — « joyaulx d'argent de *menuierie* » — « faire mettre ladite maison et ses appartenances en bon et souffisant point et estat de *m(i)enuierie*, charpenterie et autres reparacions ».

Plus durable sera une dérivation parallèle, qui se constitue sur le thème *menuis-*, base du verbe *menuiser*, et qui produit les noms génériques féminins *menuise* (lat. *minutiae*) « menu morceau, petit objet », *menuisaille* « menues pièces, débris; petits poissons », et enfin *menuiserie*.

Avec *menuiserie* commence un développement nouveau qui va enrichir le vocabulaire des métiers. On entend d'abord par *menuiserie* toutes sortes de menus ouvrages exécutés en toutes matières par des artisans qualifiés, en opposition à *grosserie* qui désigne les grosses pièces, notamment celles des taillandiers [1]. Il y a une « « menuiserie » des orfèvres, une « menuiserie » des ferronniers. Encore en 1498 une ordonnance mentionne « les ouvrages tant d'or que d'argent, en *grosserie* et *menuyserie* », et à la même époque il est question de « menuiserie » dans le métier de serrurier.

Du même coup est institué *menuisier* comme nom d'artisan, avec la même étendue et variété d'emplois. A l'instar de l'opposition entre *menuiserie* et *grosserie*, il a existé, en face de *menuisier*, un nom d'artisan, *grossier* « taillandier », attesté au XIIIe siècle, mais tôt disparu. Un « menuisier » peut travailler les matières précieuses : « ung ouvrier, d'or et de pierres menusier », ou le bois : « vous menuziers, besognez de bois sec », ou des métaux. Dans son *Glossaire des émaux*, Laborde définit bien le terme :
« Chaque métier avait ses menuisiers, les huchiers aussi bien que les orfèvres, les potiers d'étain, les serruriers, etc.

---

1. A. fr. *grosserie* est devenu en anglais *grocery*.

C'étaient des ouvriers que leur talent et leur aptitude portaient à l'exécution des ouvrages les plus délicats, les plus menus. Dans les lettres patentes de 1396 il est question de huchiers-menuisiers, le corps de métier comprenant à la fois les deux genres d'aptitudes : les huchiers, qui répondent à nos menuisiers, les huchiers-menuisiers à nos ébénistes. L'acception du mot menuisier, restreinte aux ouvriers en bois, date de la fin du XVIe siècle » [1].

Voilà comment on aboutit au sens moderne de *menuisier*. Ce mot n'a pas d'ancêtre latin, ni dans sa forme, ni dans son sens. Pour le produire, il a fallu deux innovations successives en ancien français.

En premier lieu, la création du terme *menuisier*, pour répondre à une division croissante des techniques et des corps de métiers, entraînant la multiplication des noms de spécialités. Cette création s'est faite d'abord directement à partir de *menu* et n'a emprunté que secondairement le thème *menuis-*. Comme nom d'artisan, *menuisier* est étranger au verbe *menuiser* « réduire en menues parcelles » qui n'a jamais désigné un travail d'ouvrier [2].

Une deuxième innovation, réalisée à la fin du XVIe siècle, restreint *menuisier* au sens d'ouvrier chargé des ouvrages de boiserie. A partir de ce moment la situation du terme est transformée :

1º *menuisier* n'a plus qu'un rapport de consonance avec *(a)menuiser*;

2º le signifié de *menuisier* perd toute relation avec celui de *menu*;

3º un rapport associatif rattache désormais *menuisier*, signe isolé, au groupe de *huchier* (désuet aujourd'hui), *charpentier*, *ébéniste*, *parqueteur*, etc., par le trait distinctif qui leur devient commun : « travail du bois »;

4º la rupture du lien entre *menuisier* et *menu* et la spécification technique de *menuiserie* pour le travail du bois font que *menuiserie* ne s'oppose plus à *grosserie*. Ce terme *grosserie*, devenu sans emploi précis, disparaît. Désormais *menuisier* se délimite par rapport à *charpentier* : « ... tant pour l'art de la hasche, que l'on appelle la *charpente* en Levant que pour

---

1. Cité par Godefroy, s. v. *menuisier*.
2. Le verbe *menuiser* au sens de « exécuter un travail de menuiserie » est moderne et refait sur *menuisier*.

la *menuiserie* » (Brantôme); — « Si on regarde bien le plus beau buffet ou chalit d'alors, ne dira-t-on pas que c'est *charpenterie* et non pas *menuiserie*? » (Estienne) [1].

En somme le français a refait spontanément le même chemin que le grec ancien, quand il a spécifié *menuisier* pour l'ouvrier du bois, comme le grec l'avait fait pour λεπτουργός. Il n'y a pas eu d'intermédiaire latin entre ces créations successives [2]. Mais en grec le lien entre λεπτός et λεπτουργός a subsisté, parce que λεπτός était dès le début associé à la terminologie des métiers, tandis qu'en français *menu* ne comportait pas de valeur technique. Aussi *menuisier* s'est-il distancé de *menu* et de son dérivé *amenuiser*.

Cette rupture de rapports formels entre signes très voisins au profit de nouveaux groupements associatifs est un phénomène bien plus fréquent qu'il ne paraît. Il serait utile de faire une étude systématique de ces phénomènes, qui manifestent la vie changeante des signes au sein des systèmes linguistiques, et les déplacements de leurs relations dans la diachronie.

---

1. Cités par Littré, s. v. *charpente*.
2. On relève chez Du Cange, IV, 425, cette citation d'une charte de 1219 : « Praecipi fieri de meo proprio de triginta marchis argenteis quemdam militem minutatum super equum suum, et illud tradi ecclesiae B.M. Carnotensi praecepi ». Cet emploi de *minutatus* est évidemment une transposition d'a. fr. *menuisé* « travaillé en menu ».

CHAPITRE XX

Deux modèles linguistiques de la cité*

Dans le débat incessant sur le rapport entre langue et société, on s'en tient généralement à la vue traditionnelle de la langue « miroir » de la société. Nous ne saurions assez nous méfier de ce genre d'imagerie. Comment la langue pourrait-elle « refléter » la société ? Ces grandes abstractions et les rapports, faussement concrets, où on les pose ensemble ne produisent qu'illusions ou confusions. En fait ce n'est chaque fois qu'une partie de la langue et une partie de la société qu'on met ainsi en comparaison. Du côté de la langue, c'est le vocabulaire qui tient le rôle de représentant, et c'est du vocabulaire qu'on conclut — indûment, puisque sans justification préalable — à la langue entière. Du côté de la société, c'est le fait atomique qu'on isole, la donnée sociale en tant précisément qu'elle est objet de dénomination. L'un renvoie à l'autre indéfiniment, le terme désignant et le fait désigné ne contribuant, dans ce couplage un à un, qu'à une sorte d'inventaire lexicologique de la culture.

Nous envisageons ici un autre type de comparaison, à partir de la langue. L'analyse portera sur un fait de *dérivation,* profondément lié à la structure propre de la langue. De ce fait un changement de perspective est introduit dans la recherche. Ce n'est plus une substance, un donné lexical sur lequel s'exerce la comparaison socio-linguistique, mais une *relation*

---

* *Échanges et communications.* Mélanges offerts à Claude Lévi-Strauss à l'occasion de son 60e anniversaire, réunis par Jean Pouillon et Pierre Maranda, La Haye, Mouton & Co, 1970, pp. 489-596.

entre un terme de base et un dérivé. Cette relation intralinguistique répond à une certaine nécessité de configuration à la fois formelle et conceptuelle. De plus, étant intralinguistique, elle n'est pas censée fournir une dénomination d'objet, mais elle signifie un rapport (à interpréter selon le cas comme subordination ou dépendance) entre deux notions formellement liées. Il faut voir dans quelle *direction* se produit la dérivation. Alors la manière dont se configure dans la langue ce rapport notionnel évoquera dans le champ des réalités sociales la possibilité (c'est tout ce qu'on peut dire *a priori*) d'une situation parallèle. Si le parallélisme se vérifie, une fructueuse recherche est amorcée qui conduira peut-être à découvrir de nouvelles corrélations. En tout cas, la relation de dérivation dont on est parti doit être à son tour soumise à une enquête comparative dans son ordre propre, afin de voir si elle donne ou non le seul modèle possible de la hiérarchie entre les deux termes.

La notion à laquelle nous nous attacherons ici est, dans son expression lexicale, celle de « cité ». Nous la considérons sous la forme où elle s'énonce en latin, *civitas*. D'abord dans sa structure formelle. Rien de plus simple, de plus immédiatement clair soit pour le locuteur romain, soit pour l'analyste moderne que la formation de *civitas* : c'est l'abstrait en *-tās* dérivé de *civis*.

Ici commence à se former un problème imprévu. Nous savons ce que signifie *civitas*, puisque c'est le terme qui donne corps en latin à la notion de « cité », mais que signifie *civis* ? La question surprendra. Y a-t-il lieu de contester le sens de « citoyen » donné toujours et partout à *civis* ? Oui, il le faut. Assurément, en nombre de ses emplois, ce mot peut se rendre par « citoyen », mais nous croyons pouvoir établir, à l'encontre de toute la tradition, que ce n'est pas le sens propre et premier de *civis*. La traduction de *civis* par « citoyen » est une erreur de fait, un de ces anachronismes conceptuels que l'usage fixe, dont on finit par n'avoir plus conscience, et qui bloquent l'interprétation de tout un ensemble de rapports.

On peut le montrer d'abord par raison logique. Traduire *civis* par « citoyen » implique référence à une « cité ». C'est là poser les choses à l'envers puisque en latin *civis* est le terme primaire et *civitas* le dérivé. Il faut nécessairement que le

mot de base ait un sens qui permette que le dérivé signifie
« cité ». La traduction de *civis* par « citoyen » se révèle un
hysteron proteron.

Si l'on n'avait pas reçu cette traduction comme une évidence, et si l'on s'était si peu que ce soit soucié de voir comment le mot se définissait pour ceux qui l'employaient, on n'eût pas manqué de prêter attention au fait, que les dictionnaires d'ailleurs enregistrent, mais en le reléguant en deuxième ou troisième position, que *civis* dans la langue ancienne et encore à l'époque classique se construit souvent avec un pronom possessif : *civis meus, cives nostri*. Ceci suffirait à révoquer la traduction par « citoyen » : que pourrait bien signifier « mon citoyen » ? La construction avec le possessif dévoile en fait le vrai sens de *civis*, qui est un terme de valeur réciproque [1] et non une désignation objective : est *civis* pour moi celui dont je suis le *civis*. De là *civis meus*. Le terme le plus voisin qui puisse en français décrire cette relation sera « concitoyen » en fonction de terme mutuel [2]. Que le sens de *civis* est bien « concitoyen » ressort à l'évidence d'une série d'emplois épigraphiques et littéraires dont nous ne pouvons citer qu'un choix, mais qui concordent sans exception. Ils sont significatifs à la fois par la nature diverse des textes, documents officiels d'une part, langue familière de la comédie de l'autre, et par leur date ancienne. La caractéristique commune est la construction de *civis* avec un pronom possessif : *civis meus* ne peut signifier autre chose que « mon concitoyen » [3]. Telle est la traduction qui s'impose dans les exemples suivants.

Dans la *Lex repetundarum* 60 : *regis populeive civisve suei nomine*.

---

1. Nous laissons de côté ici le problème étymologique qui sera traité ailleurs (*Le Vocabulaire des institutions indo-européennes*, I, 1969). Nous aurons à montrer que les correspondants de *civis*. skr. *śeva-*, got. *heiwa-*, etc., impliquent précisément ce rapport mutuel.
2. On pensera à l'appellation paysanne *mon pays*, *ma payse* que Furetière définissait : « un salut de gueux, un nom dont ils s'appellent l'un l'autre quand ils sont du mesme pays ».
3. On trouve dans l'article du *Thesaurus* s. v. *civis* une sous-division où le terme est défini : « saepe de participe eiusdem civitatis cuius est alius quoque civis, de quo agitur, qui sequiore aetate " convivis " audiebat (inde *civis meus* etc.) » et une liste d'exemples dont ceux que nous citons.

Chez Plaute [1] :
facilem hanc rem meis civibus faciam
« je m'arrangerai pour faciliter la chose à mes concitoyens » (*Pseud.* 586 a)
adulescens quidam civis huius Atticus
« un de ses compatriotes, un jeune Athénien » (*Rud.* 42)
opsecro, defende civis tuas, senex
« je t'en supplie, vieillard, défends tes concitoyennes » (*Rud.* 742)
turpilucricupidum te vocant cives tui
« 'homme bassement cupide' t'appellent tes concitoyens » (*Tri.* 100);
Chez Tite-Live :
invitus quod sequius sit de meis civibus loquor
« je regrette d'avoir à tenir des propos fâcheux sur mes compatriotes » (II 37, 3);
adeste, cives ; adeste, commilitones
« au secours, *cives*! au secours, camarades de guerre! (II 55,7).
La symétrie entre *cives* et *commilitones* accuse bien dans *cives* l'aspect communautaire;
iuvenem egregium... suum quam alienum mallent civem esse
« qu'ils devaient préférer que ce jeune homme hors pair fût leur propre concitoyen plutôt que celui d'étrangers » (III 12, 6);
Chez Varron :
non sine causa maiores nostri ex urbe in agris redigebant suos cives
« ce n'est pas sans raison que nos ancêtres ramenaient de la ville aux champs leurs concitoyens » (*R.R.* III, 1, 4).
Chez Cicéron, *cives nostri* « nos concitoyens » n'est pas rare.
Il ne faudrait pas croire que ce sens de *civis* soit limité à une certaine latinité et qu'il ait disparu ensuite. Qui entreprendra de le suivre à travers les phases ultérieures de la langue le découvrira jusque dans la Vulgate, où il reste encore inaperçu : *cives eius* « ses concitoyens » chez Luc 19, 14, pour rendre gr. *hoi politai autoû* avec la même valeur réciproque de *politēs* [2].

---

1. Les citations de Plaute sont accompagnées à dessein de la traduction de A. Ernout (Belles-Lettres), qui donne partout à *civis* la traduction « concitoyen, compatriote » que le contexte requiert.
2. Sens peu fréquent en grec. On n'attachera aucune valeur idiomatique

Les trois traductions anciennes des Évangiles ont reproduit l'expression : en gotique, *baurgjans is*; en arménien, *kʿalakʿacʿikʿn nora* et en v. slave *graždane ego*. Même quand l'original grec du NT dit *sympolítes* pour « concitoyen », la Vulgate évitera *concivis*, et maintiendra *civis*. Ainsi *cives sanctorum* « concitoyens des saints » (Eph. II 19); mais les autres versions imitent le dérivé grec : got. *gabaurgja*, arm. *kʿalakʿakicʿ*, v. sl. *sožitelĭ*.

Ainsi défini dans ses emplois contextuels, *civis* l'est aussi par la relation paradigmatique où il s'oppose à *hostis*. Le couple *civis/hostis* est bien complémentaire dans cette représentation où la valeur s'affirme toujours mutuelle. Comme pour la rendre évidente, Plaute encore la formule explicitement. Ampélisque, servante du temple de Vénus, demande une cruche d'eau à son voisin Sceparnion, qui en échange lui demande une autre faveur (*Rud.* 438-440) :

Cur tu aquam gravare, amabo, quam hostis hosti commodat?
— *Cur tu operam gravare mihi quam civis civi commodat?*
« Pourquoi te faire tant prier, s'il te plaît, pour de l'eau qu'on ne refuse pas à un étranger ?
— Pourquoi te faire tant prier pour une complaisance qu'on ne refuse pas à un compatriote ? »

Un *hostis* a en face de lui un *hostis*; un *civis* est tel pour un autre *civis*. La question est toujours *hostisne an civis* (Trin. 102). Ce sont deux termes polaires, l'un et l'autre mutuels : Ego est *hostis* à l'égard d'un *hostis*; il est pareillement *civis* à l'égard d'un *civis*. Il n'y a donc pas de *civis* hors de cette dépendance réciproque. On est le *civis* d'un autre *civis* avant d'être *civis* d'une certaine ville. Dans *civis Romanus* l'adjectif n'ajoute qu'une indication localisante, non une définition de statut.

Il devient possible et aisé à présent de fonder en rigueur le rapport linguistique de *civis* à *civitas*. En tant que formation d'abstrait, *civitas* désignera proprement l' « ensemble des *cives* ». Telle est en effet l'idée que se faisaient de la *civitas*

à l'emploi, unique, de *polítēs* pour « (son) prochain » dans un passage de l'Épître aux Hébreux 8, 11, qui est une citation de Jérémie 31, 34 : *hékastos tòn polítēn autoû*, Vulg. *unusquisquam proximum suum* « chacun (n'enseignera plus) son prochain »; ici gr. *polítēs* est un hébraïsme.

les meilleurs écrivains. Plaute en donne un exemple au début du Prologue du *Rudens* (v. 1-2) où l'astre Arcturus parle :

> *Qui gentes omnis mariaque et terras movet
> eius sum civis civitate caelitum*

« Du dieu (Jupiter) qui meut toutes les nations, les terres et les mers, je suis le *civis* dans la *civitas* des habitants du ciel ». Un double rapport est illustré ici : *civis eius sum* « je suis son *civis* (et il est le mien) »; *civis civitate* « je suis son *civis* dans et par la *civitas* des célestes », c'est-à-dire à la fois parmi l'ensemble des *cives* du ciel et en vertu de la qualité de *civis*. C'est bien aussi à la *civitas* comme collectivité et mutualité des *cives* que renvoie César, B. Gall. 7, 4, 1 : *cuius pater... ab civitate erat interfectus* « son père avait été tué par ses concitoyens ». Le même César fait comprendre le lien entre *civis* et *civilis* quand il écrit : *ne cives cum civibus armis decertarent* « que les (con)citoyens ne se combattent entre eux (= ne se livrent à une guerre *civile*) » (B. Civ. III 19, 2, cf. 31, 4); *civilis* signifie bien d'abord « qui a lieu entre *cives* ».

Un modèle tout autre de cette même relation (nous disons qu'elle est la même non pas seulement parce qu'elle opère entre termes de même sens, mais parce qu'elle ne peut varier que par inversion : A → B ou B → A) est donné par le grec. Les termes à considérer sont en grec ceux du binôme *pólis* « cité » : *polítēs* « citoyen ». Cette fois le dérivé en -*itēs*[1] se détermine par rapport à un terme de base *pólis* en tant qu'il désigne « celui qui participe à la *polis* », celui qui assume les devoirs et les droits de sa condition[2]. Ce rapport apparaît aussi en grec dans une série :

> *thiasos* : *thiasítēs* (ou -*ṓtēs*)
> *phulḗ* : *phulḗtēs*
> *phrā́tra* : *phratrítās*

On part donc en grec du nom de l'institution ou du groupement pour former celui du membre ou du participant. La

---

1. Voir sur cette formation G. Redard, *Les noms grecs en -tēs, -tis* (Paris, 1949), p. 20 sq.
2. Parfois, mais très rarement, *polítēs* se dit du « concitoyen ». Normalement *polítēs* ne se prête pas à la construction avec un pronom de personne

démarche est inverse de celle que nous avons observée en latin[1] et cette particularité met en lumière la différence des deux modèles. Il faut la préciser dans sa structure formelle et dans le mouvement conceptuel dont elle procède.

En latin le terme de base est un adjectif qui se rapporte toujours à un statut social de nature mutuelle : tel est *civis*, qui ne peut se définir que dans une relation à un autre *civis*. Sur ce terme de base est construit un dérivé abstrait dénotant à la fois la condition statutaire et la totalité de ceux qui la possèdent : *civis → civitas*.

Ce modèle se reproduit en latin pour un certain nombre de relations typiques, caractérisant des groupements anciens de la société romaine. D'abord :

socius : societas. Un *socius* l'est par rapport à un autre *socius*, et le cercle entier des *socii* s'intègre en une *societas*.

De même dans les confréries :

sodalis : sodalitas
ou dans les classes :
nobilis : nobilitas.

Ainsi la *civitas* romaine est d'abord la qualité distinctive des *cives* et la totalité additive constituée par les *cives*. Cette « cité » réalise une vaste mutualité; elle n'existe que comme sommation. Nous retrouvons ce modèle dans les groupements, anciens ou modernes, fondés sur un rapport de mutualité entre gens de même appartenance, que celle-ci tienne à la parenté, à la classe, à la profession : sodalités, fraternités, corporations, syndicats; italien *socio : società*, allemand *Geselle : Gesellschaft*; ancien français *compain : compagne* (« compagnie »), etc.

Tout à l'opposé, dans le modèle grec, la donnée première est une entité, la *polis*. Celle-ci, corps abstrait, État, source et centre de l'autorité, existe par elle-même. Elle ne s'incarne ni en un édifice, ni en une institution, ni en une assemblée. Elle est indépendante des hommes, et sa seule assise matérielle est l'étendue du territoire qui la fonde.

A partir de cette notion de la *polis* se détermine le statut

---

[1]. Il faut bien distinguer en latin la relation *civis : civitas* de celle de *pagus : paganus*, *urbs : urbanus* qui se ramène à la classe des ethniques *Roma : Romanus*.

du *polítēs* : est *polítēs* celui qui est membre de la *polis*, qui y participe de droit, qui reçoit d'elle charges et privilèges. Ce statut de participant à une entité primordiale est quelque chose de spécifique, à la fois référence d'origine, lieu d'appartenance, titre de naissance, contrainte d'état; tout émane de cette liaison de dépendance à la *polis*, nécessaire et suffisante à définir le *polítēs*. Il n'y a pas d'autre terme que *polítēs* pour dénoter le statut public de l'homme dans la cité qui est sienne, et c'est par nécessité un statut de relation et d'appartenance, puisque par nécessité la *polis* prime le *polítēs*. Nous avons là une situation initiale dont il ne serait pas possible de mettre au jour les implications sans étendre l'analyse à d'autres dérivés, comme l'adjectif *politikós*, l'abstrait *politeía*, le présent *politéuein*, qui se tiennent étroitement et dont chacun apporte aux autres ses déterminations propres. Une étude complète de ces dérivés ferait encore mieux ressortir la spécificité de cette notion de *polis*. Rappelons-nous qu'Aristote tenait la *polis* pour antérieure à tout autre groupement humain, qu'il la rangeait parmi les choses qui existent par nature et qui sont liées à l'essence de l'humanité et à ce privilège de l'homme, le langage (*Politique* 1253 a).

On peut résumer cette confrontation de deux types de relations dans le schéma suivant :

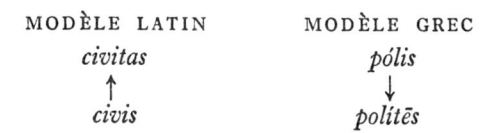

MODÈLE LATIN	MODÈLE GREC
civitas	*pólis*
↑	↓
civis	*polítēs*

Dans le modèle latin, le terme primaire est celui qui qualifie l'homme en une certaine relation mutuelle, *civis*. Il a engendré le dérivé abstrait *civitas*, nom de collectivité.

Dans le modèle grec, le terme primaire est celui de l'entité abstraite *pólis*. Il a engendré le dérivé *polítēs*, désignant le participant humain.

Ces deux notions, *civitas* et *polis*, si voisines, pareilles et pour ainsi dire interchangeables dans la représentation qu'en donne l'humanisme traditionnel, se construisent en réalité à l'inverse l'une de l'autre. Cette conclusion, fruit d'une analyse interne, devrait être le point de départ d'une nouvelle étude comparée des institutions mêmes.

Aujourd'hui dans le vocabulaire politique des langues occidentales et de celles qui appartiennent à la même aire, c'est le modèle grec qui a prévalu. Il a produit :

fr.	*cité* : *citoyen*
angl.	*city* : *citizen*
all.	*burg* : *bürger*
russe	*gorod* : *graždanin*
irlandais	*cathir* : *cathrar*

Il a éliminé le modèle latin, puisque c'est l'ancien dérivé secondaire *civitas* qui est devenu dans les langues romanes le terme primaire : fr. *cité*, it. *città*, esp. *ciudad*, sur lequel s'est construit le dérivé nouveau fr. *citoyen*, ital. *cittadino*, esp. *ciudadano*. Un binôme nouveau *cité* : *citoyen* a succédé au binôme inverse latin *civis* : *civitas*. Il vaudrait la peine de rechercher en détail si cette recréation a procédé de causes mécaniques : réduction phonétique de *civitas* dans les langues romanes et élimination de *civis*, ou si elle a eu un modèle (ce qui est le cas de v. slave *graždaninŭ*, imité du grec *politēs*). Toute l'histoire lexicale et conceptuelle de la pensée politique est encore à découvrir.

Index

à (joncteur), 172, 174 sq
actif, 185 sq.
adjectifs, 113 sq. (en -*eur*), 161, 162, 248.
allemand, 107, 110, 125, 137 sq., 146, 159, 245 (v.h.a.), 248, 278, 280.
altaïques, 136.
(a)menuiser, 258, 269 sq.
anglais, 107, 112, 124, 125, 146, 149, 151, 152, 155, 159, 230, 245 (vieux —), 269 [1], 280.
anthropologie, 38.
antonyme, 200 sq., 210.
aoriste, 75, 130.
arbitraire, 49, 50, 147, 225.
[arabe], 157.
argument, 180.
art(s), 27, 28, 56 sq.
assomption (modalisants d' —), 192.
arménien, 242, 246, 264 [5], 276.
assertion, 84.
auxiliaire, 177 sq.
auxiliant, 179 sq.
 quasi-, 192, 193.
 sur-, 192, 193.
auxiliarité, 177 sq.
auxiliation, 127 sq., 179, 180, 186, 190, 227.
— de diathèse, 179, 185 sq., 190, 193.
— de modalité, 179, 187 sq.
— de temporalité, 179 sq., 185 sq.
 sur —, 184, 185, 188 sq., 192.

auxilié, 179 sq., 192.
 sur-, 185.
avestique, 134, 152, 154, 158 [1].
avoir, 180 sq.
aztec, 109 sq., 135.
bahuvrīhi, 150 [2], 155 sq.
binarité, 223.
blasphémie, 254 sq.
catégories, 126 sq.
chinook, 75.
cité, 273 sq.
communication, 86, 101, 227.
communion phatique, 86, 87.
composition, 145 sq., 163 sq., 171 sq.
composé(s), 103 sq., 145 sq.
— conglomérés, 171.
— exocentrique, 156.
— savants, 163 sq.
— de dépendance, 149.
— possessif, 156.
concept, 247, 248, 250.
conceptualisation, 247.
condition (directive, mesurative, stative), 71.
conglomérés (composés), 171.
connexion, 225.
coordination, 147.
culture, 22 sq., 28, 60, 92, 93, 96, 98, 238, 272.
corpus, 18, 31.
culturologie, 26.
dalmate, 242.
de (joncteur), 172 sq.
démonstratifs, 69.
dépendance (composé de —), 149.

désignation signifiante, 218.
directive (condition —), 71.
devoir, 188, 190, 191, 193.
diachronie, 45, 193, 271.
diachronique, 32.
dialogue, 85, 86, 88.
diathèse (auxilition de —), 179, 185 sq., 190, 193.
discours, 56, 60, 61, 64, 67, 68, 73 sq., 77, 78, 80 sq., 85, 86, 88, 99, 200, 201, 217, 225, 226, 228, 231, 234, 236, 237.
dvandva, 147.
échange, 101.
économie, 101.
emprunt, 241.
engendrement (relation d' —), 60.
énoncé, 68, 80, 86, 153 sq., 187, 203, 204, 210, 211, 225, 227, 230 sq.
énonciation, 61, 62, 64, 65, 79 sq., 99, 100.
épistémologie, 38, 39.
espagnol, 107, 117 (— mexicain), 170, 280.
être, 178, 180 sq.
euphémie, 254, 257.
exclamation, 256, 257.
exocentrique (composé —), 156.
extension, 218.
flexion, 223.
fonction, 101, 104, 126 sq., 145 sq., 177, 178, 180, 182 sq., 190, 192, 200, 203, 205, 209 sq., 214, 217, 221 sq., 236, 248 sq.
forme, 31, 75, 126, 145, 178 sq., 183 sq., 189, 205, 211 sq., 215 sq.
français, 103 sq., 111 sq., 127, 139, 151, 155, 163 sq., 175 (— de Nouvelle-Calédonie), 242 (— moderne), 245 [4] (ancien —), 248 sq., 258 sq., 268 sq. (ancien —), 268 (— moderne), 273 sq.
futur, 75, 76, 127 sq.
géographie linguistique, 14.
géorgien, 246.
glossématique, 57.
gotique, 107, 244, 245, 274 [1], 276.
grammaire, 29, 234, 237.
— comparée, 12, 13, 23.
— générative, 31, 237.

— transformationnelle, 81.
grec, 105, 133, 134, 146 sq., 164, 166, 200, 241 sq., 251, 252, 262 sq., 266 (— moderne), 271, 275 sq.
homologie (relation d' —), 61.
hongrois, 160.
icônes, 44.
impératif, 199, 204 sq.
index, 44.
indicatif, 203, 204.
indo-européen, 12, 34, 105, 107, 108, 155.
indo-iranien, 152.
induction, 223.
infinitif, 188 sq.
intension, 218.
intenté, 225.
interprétance (relation d' —), 61, 62.
interrogation, 84.
intimation, 84.
iranien, 154, 242 [1].
irlandais, 157, 280.
italien, 107, 139, 170, 278, 280.
joncteur, 172 sq.
juron, 254, 256.
langage, 46, 47, 76, 78, 88 sq., 91, 94, 101, 102, 215 sq., 230, 235, 255, 279.
— des abeilles, 33, 34.
— poétique, 34, 216, 217.
— artistique, 59.
langue, 16, 46, 47, 56, 58, 61, 76, 78, 80 sq., 86, 91 sq., 140, 161, 162, 201, 218 sq., 233, 235, 272, 273.
latin, 127 sq., 137, 151, 152, 155, 159, 170, 201, 221, 241 sq., 249 sq., 259 sq., 273 sq.
linguistique, 13, 24 (— comme science pilote), 29, 45, 46.
maintenir, 104 sq.
mentalisme, 19, 30.
menuisier, 258, 266 sq.
mesurative (condition —), 71.
métalangue(s), 35, 97, 181.
métalinguistique, 229.
métamorphisme, 161.
microbe, 164 sq.
modalisant(s), 188, 181, 192.
— d'assomption, 192.
— de fonction, 192.
modalisation, 190, 191.
sur-, 191.

Index

modalisé, 189.
modalité, 179, 187 sq.
modes, 85, 203, 205 sq.
monologue, 85.
morphème, 178, 183.
morphologie, 145, 161.
mot, 64, 81, 225 sq., 230 sq.
mudrās (skr.), 65.
musique, 54 sq., 58.
mutation, 183.
mycénien, 262, 265.
nahuatl, 109.
négation, 84, 211 [1], 221.
nom d'agent en *-eur*, 113 sq.
nom propre, 200, 201.
nomenclature technique, 173, 174.
non-personne, 99.
non-redondance, 53.
norrois (vieux —), 245.
objet direct, 203, 204.
objet indirect, 203, 204.
oralité, 86.
orarium, 241, 243, 244.
ordre, 205, 210, 247.
ostension, 82.
otarie, 168 sq.
paiute, 108, 109, 111, 112, 155.
paradigmatique, 55, 69, 101, 173, 174, 183, 191, 223, 229, 232, 276.
paradigme, 33, 56, 68, 79, 83, 180, 183, 187 sq., 201, 202, 211 sq., 223, 225.
parfait, 75, 127 sq., 180 sq.
parole, 16, 65, 73, 80, 86, 99, 200, 217, 219, 224, 236, 255, 257.
passé, 73, 75, 76, 187.
passif, 185 sq., 190, 193.
périphrase, 127 sq.
philologie, 29.
philosophie analytique, 230.
phonème(s), 15, 17, 220, 221.
phonétique, 29, 212, 222.
phrase, 223 sq., 230 sq.
phraséologie, 85, 88, 254.
polysémie, 20, 98, 227.
portugais, 134.
possessif, 156, 212, 213.
pouvoir, 180, 190, 191, 193.
pragmatique, 232 sq.
prédicat, 218.
prédication, 159 sq.
présent, 73 sq., 83, 84, 130, 153 sq., 181, 183, 186, 192.

prétérit, 75, 180.
pronoms, 43, 68, 83, 84, 99, 197 sq.
proposition, 156, 160 sq., 224, 225.
— attributive, 156, 157.
— prédicative, 156, 157, 160.
— relative, 157.
provençal, 106.
quasi-auxiliant, 192, 193.
référence, 226.
référent, 226.
relation, 247 sq., 258, 259, 272, 277, 278.
rhétorique, 36.
russe, 151, 242 [2], 246 (vieux —), 248, 280.
sanskrit, 107, 149, 151, 156, 159, 163, 274 [1].
science, 247 sq.
scientifique, 247 sq.
sémantème, 161, 178, 183, 189, 190.
sémantique, 21, 22, 48, 63 sq., 97, 216, 224 sq., 230 sq.
sémantisation, 81.
sémantisme, 98 (— social), 228.
sémio-catégorèmes, 222.
sémio-lexèmes, 222.
sémio-phonèmes, 222.
sémiologie, 20, 33, 34, 47 sq., 56, 59 sq., 65, 96, 220, 222, 223.
sémiotique, 21, 22, 43, 52 sq., 60 sq., 96, 219 sq., 230 sq.
sémitique [arabe], 157.
sens, 20 sq., 52, 57, 81, 97, 100, 183, 184, 215 sq., 235.
serbo-croate, 17.
serment, 255 sq.
shoshon, 109.
signe(s), 15, 32, 43 sq., 47 sq., 79, 81, 84, 91, 97, 126, 127, 147 sq., 219 sq., 231, 234 sq., 256, 257, 270, 271.
sous-, 222.
signifiance, 45, 51, 58, 59, 61, 62, 64.
signifiant, 64, 75, 101, 220 sq.
signification, 34, 43, 57, 58, 64, 86, 98, 100, 217 sq., 229, 238.
signifié, 45, 64, 101, 220, 222, 223, 225, 258.
situation, 226 sq.
slave (vieux —), 242, 245, 276.

société, 91 sq., 224, 238, 272, 273.
sogdien, 134, 246 (— chrétien).
sons, 15, 16, 31, 54, 56, 58, 80, 81, 216, 220.
sous-signes, 222.
stative (condition —), 71.
structuralisme, 16 sq., 19, 33, 34.
structure, 33, 221 sq., 225, 228, 234, 238, 272.
subduction, 178.
subductivité, 177.
substance, 31.
substitution, 225.
sudarium, 241 sq.
surauxiliant, 192, 193.
surauxiliation, 184, 185, 188 sq., 192.
surauxilié, 189.
surmodalisation, 191.
symboles, 44.
symbolisation, 25.
synapsie, 171 sq.
synaptique, 172 sq.
synchronie, 45, 193, 259.
synchronique, 32, 259.
synonymie, 53, 218.
syntagmatique, 55, 56, 97, 101, 161, 179, 183, 201 sq., 226, 237.
syntagme, 32, 33, 56, 104, 127 sq., 148, 149, 151, 172, 175, 183, 184, 187, 190, 207, 209, 225, 227, 232, 237.

syntaxe, 145 sq., 231 sq., 237.
syriaque, 242[4], 246.
système, 45, 219, 223, 227, 229, 236.
tabou, 255.
temporalité, 83, 84, 179 sq., 184 sq., 192.
— prospective, 76.
— rétrospective, 76.
temps, 67, 69 sq., 178, 180, 183, 187, 189.
— chronique, 70, 73, 77.
— linguistique, 73, 74, 77, 83.
— physique, 70, 73.
théorie de l'information, 226.
transformationnistes, 19.
transformation, 126 sq., 160, 161.
— conservante, 127.
— innovante, 126.
transposition, 113 sq.
tübatulabal, 109.
Tunica, 135.
turc (vieux —), 136, 157, 246[9].
typologie, 103 sq.
unité, 57, 93.
uto-aztèque, 108.
valeur, 101.
védique, 147, 150, 154, 155, 157, 158, 162.
verbe, 177 sq., 199, 204, 205, 211.
vieux-perse, 151, 152, 154, 155.
vocabulaire, 98, 100, 272.
vor, 137 sq.

AVANT-PROPOS 7

I. TRANSFORMATIONS DE LA LINGUISTIQUE

I. *Structuralisme et linguistique* 11
II. *Ce langage qui fait l'histoire* 29

II. LA COMMUNICATION

III. *Sémiologie de la langue* 43
IV. *Le langage et l'expérience humaine* 67
V. *L'appareil formel de l'énonciation* 79

III. STRUCTURES ET ANALYSES

VI. *Structure de la langue et structure de la société* 91
VII. *Convergences typologiques* 103
VIII. *Mécanismes de transposition* 113
IX. *Les transformations des catégories linguistiques* 126
X. *Pour une sémantique de la préposition allemande* vor. 137

IV. FONCTIONS SYNTAXIQUES

XI. *Fondements syntaxiques de la composition nominale*. 145
XII. *Formes nouvelles de la composition nominale* 163
XIII. *Structure des relations d'auxiliarité* 177

V. L'HOMME DANS LA LANGUE

XIV. *L'antonyme et le pronom en français moderne* 197
XV. *La forme et le sens dans le langage* 215

VI. LEXIQUE ET CULTURE

XVI. *Diffusion d'un terme de culture : latin* orarium 241
XVII. *Genèse du terme « scientifique »* 247
XVIII. *La blasphémie et l'euphémie* 254
XIX. *Comment s'est formée une différenciation lexicale en français* 258
XX. *Deux modèles linguistiques de la cité* 272

INDEX   283

tel

Volumes parus

196. Jean Maitron : *Le mouvement anarchiste en France*, I.
197. Jean Maitron : *Le mouvement anarchiste en France*, II.
198. Eugène Fleischmann : *La philosophie politique de Hegel.*
199. Otto Jespersen : *La philosophie de la grammaire.*
200. Georges Mounin : *Sept poètes et le langage.*
201. Jean Bollack : *Empédocle*, I *(Introduction à l'ancienne physique).*
202. Jean Bollack : *Empédocle*, II *(Les origines).*
203. Jean Bollack : *Empédocle*, III *(Les origines).*
204. Platon : *Ion, Ménexène, Euthydème, Cratyle.*
205. Ernest Renan : *Études d'histoire religieuse* (suivi de *Nouvelles études d'histoire religieuse*).
206. Michel Butor : *Essais sur le roman.*
207. Michel Butor : *Essais sur les modernes.*
208. Collectif : *La revue du cinéma (Anthologie).*
209. Walter F. Otto : *Dionysos (Le mythe et le culte).*
210. Charles Touati : *La pensée philosophique et théologique de Gersonide.*
211. Antoine Arnauld, Pierre Nicole : *La logique ou l'art de penser.*
212. Marcel Detienne : *L'invention de la mythologie.*
213. Platon : *Le politique, Philèbe, Timée, Critias.*
214. Platon : *Parménide, Théétète, Le Sophiste.*
215. Platon : *La République (livres I à X).*
216. Ludwig Feuerbach : *L'essence du christianisme.*
217. Serge Tchakhotine : *Le viol des foules par la propagande politique.*
218. Maurice Merleau-Ponty : *La prose du monde.*
219. Collectif : *Le western.*
220. Michel Haar : *Nietzsche et la métaphysique.*
221. Aristote : *Politique (livres I à VIII).*
222. Géralde Nakam : *Montaigne et son temps. Les événements et les* Essais *(L'histoire, la vie, le livre).*
223. J.-B. Pontalis : *Après Freud.*

224. Jean Pouillon : *Temps et roman*.
225. Michel Foucault : *Surveiller et punir*.
226. Étienne de La Boétie : *De la servitude volontaire ou Contr'un* suivi de sa réfutation par Henri de Mesmes suivi de *Mémoire touchant l'édit de janvier 1562*.
227. Giambattista Vico : *La science nouvelle (1725)*.
228. Jean Kepler : *Le secret du monde*.
229. Yvon Belaval : *Études leibniziennes (De Leibniz à Hegel)*.
230. André Pichot : *Histoire de la notion de vie*.
231. Moïse Maïmonide : *Épîtres (Épître sur la persécution — Épître au Yémen — Épître sur la résurrection des morts — Introduction au chapitre Helèq)*.
232. Épictète : *Entretiens (Livres I à IV)*.
233. Paul Bourget : *Essais de psychologie contemporaine (Études littéraires)*.
234. Henri Heine : *De la France*.
235. Galien : *Œuvres médicales choisies*, tome 1 *(De l'utilité des parties du corps humain)*.
236. Galien : *Œuvres médicales choisies*, tome 2 *(Des facultés naturelles — Des lieux affectés — De la méthode thérapeutique, à Glaucon)*.
237. Aristote : *De l'âme*.
238. Jacques Colette : *Kierkegaard et la non-philosophie*.
239. Shmuel Trigano : *La demeure oubliée (Genèse religieuse du politique)*.
240. Jean-Yves Tadié : *Le récit poétique*.
241. Michel Heller : *La machine et les rouages*.
242. Xénophon : *Banquet* suivi d'*Apologie de Socrate*.
243. Walter Laqueur : *Histoire du sionisme*, I.
244. Walter Laqueur : *Histoire du sionisme*, II.
245. Robert Abirached : *La crise du personnage dans le théâtre moderne*.
246. Jean-René Ladmiral : *Traduire, théorèmes pour la traduction*.
247. E.E. Evans-Pritchard : *Les Nuer (Description des modes de vie et des institutions politiques d'un peuple nilote)*.
248. Michel Foucault : *Histoire de la sexualité, tome I (La volonté de savoir)*.
249. Cicéron : *La République* suivi de *Le Destin*.
250. Gilbert Gadoffre : *Du Bellay et le sacré*.
251. Claude Nicolet : *L'idée républicaine en France (1789-1924). Essai d'histoire critique*.

252. Antoine Berman : *L'épreuve de l'étranger.*
253. Jean Bollack : *La naissance d'Œdipe.*
254. Donald Kenrick et Grattan Puxon : *Destins gitans.*
255. Isaac Newton : *De la gravitation* suivi de *Du mouvement des corps.*
256. Eberhard Jäckel : *Hitler idéologue.*
257. Pierre Birnbaum : *Un mythe politique : la « République juive ».*
258. Peter Gay : *Le suicide d'une République (Weimar 1918-1933).*
259. Friedrich Nietzsche : *La volonté de puissance, I.*
260. Friedrich Nietzsche : *La volonté de puissance, II.*
261. Françoise van Rossum-Guyon : *Critique du roman (Essai sur « La Modification » de Michel Butor).*
262. Leibniz : *Discours de métaphysique* suivi de *Monadologie.*
263. Paul Veyne : *René Char en ses poèmes.*
264. Angus Wilson : *Le monde de Charles Dickens.*
265. Sénèque : *La vie heureuse* suivi de *Les bienfaits.*
266. Rémy Stricker : *Robert Schumann.*
267. Collectif : *De Vienne à Cambridge.*
268. Raymond Aron : *Les désillusions du progrès.*
269. Martin Heidegger : *Approche de Hölderlin.*
270. Alain Besançon : *Les origines intellectuelles du léninisme.*
271. Auguste Comte : *Philosophie des sciences.*
272. Aristote : *Poétique.*
273. Michel Butor : *Répertoire littéraire.*
275. Xénophon-Aristote : *Constitution de Sparte - Constitution d'Athènes.*
276. Isaac Newton : *Écrits sur la religion.*
277. Max Horkheimer : *Théorie traditionnelle et théorie critique.*
278. Gaëtan Picon : *L'écrivain et son ombre (Introduction à une esthétique de la littérature, I).*
279. Michel Foucault : *Histoire de la sexualité, tome 2 (L'usage des plaisirs).*
280. Michel Foucault : *Histoire de la sexualité, tome 3 (Le souci de soi).*
281. Collectif : *Les Stoïciens, tome 1.*
282. Collectif : *Les Stoïciens, tome 2.*
283. Ludwig Wittgenstein : *Carnets 1914-1916.*
284. Louis Dumont : *Groupes de filiation et alliance de mariage.*
285. Alfred Einstein : *Schubert. Portrait d'un musicien.*
286. Alexandre Kojève : *Essai d'une histoire raisonnée de la philosophie païenne, I (Les Présocratiques).*

287. Alexandre Kojève : *Essai d'une histoire raisonnée de la philosophie païenne, II (Platon - Aristote).*
288. Alexandre Kojève : *Essai d'une histoire raisonnée de la philosophie païenne, III (La philosophie hellénistique - Les néo-platoniciens).*
289. Karl Schlechta : *Le cas Nietzsche.*
290. Valery Larbaud : *Sous l'invocation de saint Jérôme.*
291. Alain Jouffroy : *De l'individualisme révolutionnaire.*
292. Laurent Clauzade : *L'idéologie ou la révolution de l'analyse.*
293. Marcel Detienne : *Dionysos mis à mort.*
294. Henri Heine : *De l'Allemagne.*
295. Ernst Bloch : *Traces.*
296. Aristote : *Rhétorique.*
297. Friedrich List : *Système national d'économie politique.*
298. Emmanuel Jacquart : *Le théâtre de dérision (Beckett - Ionesco - Adamov).*
299. Alexandre Kojève : *L'athéisme.*
300. Mario Praz : *La chair, la mort et le diable dans la littérature du XIXe siècle.*
301. Jean Starobinski : *L'œil vivant.*
302. Alain : *Balzac.*
303. Mona Ozouf : *Les Mots des femmes.*
304. Philippe Muray : *Le XIXe siècle à travers les âges.*
305. Philippe Muray : *Désaccord parfait.*
306. Nietzsche : *Mauvaises pensées choisies.*
307. David Schoenbaum : *La révolution brune.*
308. Alfred Sauvy : *La vieillesse des nations.*
309. Charles Rosen : *Le style classique. Haydn, Mozart, Beethoven.*
310. Kostas Papaioannou : *Marx et les marxistes.*
311. Ludwig Wittgenstein : *Tractatus logico-philosophicus.*
312. Philippe Muray : *Céline.*
313. Wladimir Granoff · *Filiations (L'avenir du complexe d'Œdipe).*
314. Jean Starobinski : *La relation critique.*
315. Pierre Manent : *Les libéraux.*
316. Marc Fumaroli : *La diplomatie de l'esprit.*
317. Marcel Gauchet : *La démocratie contre elle-même.*
318. Bertrand de Jouvenel : *Arcadie. Essai sur le mieux-vivre.*
319. John Maynard Keynes & Jacques Bainville : *Les conséquences économiques de la paix. Les conséquences politiques de la paix.*

320. John Maynard Keynes : *La pauvreté dans l'abondance.*
321. Bernard de Fallois : *Simenon.*
322. Léon Bloy : *L'Âme de Napoléon.*
323. Patrice Gueniffey : *La politique de la Terreur.*
324. Denis Lacorne : *La crise de l'identité américaine.*
325. Angelo Tasca : *Naissance du fascisme. L'Italie de l'armistice à la marche sur Rome.*
326. Joseph A. Schumpeter : *Histoire de l'analyse économique*, I.
327. Joseph A. Schumpeter : *Histoire de l'analyse économique*, II.
328. Joseph A. Schumpeter : *Histoire de l'analyse économique*, III.
329. Mona Ozouf : *Les aveux du roman.*
330. Max Weber : *L'Ethique protestante et l'esprit du capitalisme.*
331. Ludwig Wittgenstein : *Le Cahier bleu et le Cahier brun.*
332. Pierre Manent : *Cours familier de philosophie politique.*
333. Jacques Bainville : *Napoléon.*
334. Benedetta Craveri : *L'âge de la conversation.*
335. Bernard Lewis : *Comment l'Islam a découvert l'Europe.*
336. Jean Fourastié : *Productivité et richesse des nations.*
337. Marcel Gauchet : *La condition politique.*
338. Marc Fumaroli : *Chateaubriand. Poésie et Terreur.*
339. Albert Thibaudet : *La poésie de Stéphane Mallarmé.*
340. Max Weber : *Sociologie des religions.*
341. Pierre Manent : *Tocqueville et la nature de la démocratie.*
342. Collectif : *Histoire des droites en France, I* (Politique).
343. Collectif : *Histoire des droites en France, II* (Cultures).
344. Collectif : *Histoire des droites en France, III* (Sensibilités).
345. Élie Halévy : *Histoire du socialisme européen.*
346. Bertrand Saint-Sernin : *Le rationalisme qui vient.*
347. Moses Mendelssohn : *Jérusalem ou Pouvoir religieux et judaïsme.*
348. Philippe Muray : *Après l'Histoire.*
349. Marcel Gauchet et Gladys Swain : *La pratique de l'esprit humain.*
350. Alexandre Kojève : *Esquisse d'une phénoménologie du droit.*
351. Pierre Manent : *Enquête sur la démocratie - Études de philosophie politique.*
352. Pierre Manent : *Naissances de la politique moderne Machiavel-Hobbes-Rousseau.*

*Ouvrage reproduit
par procédé photomécanique.
Impression Société Nouvelle Firmin-Didot.
à Mesnil-sur-l'Estrée, le 2 août 2008.
Dépôt légal : août 2008.
Premier dépôt légal : février 1980.
Numéro d'imprimeur : 91324.*

ISBN 978-2-07-020420-5/Imprimé en France.

161810